马 军·编

历史学家刘修明
纪念集

上海社会科学院出版社

目 录

生 活 之 路

苏州河水悠悠流 …………………………………………… 刘修明 3
呵，正红里 ………………………………………………… 刘修明 5
校园里种过庄稼 …………………………………………… 刘修明 7
楼道灯亮了 ………………………………………………… 刘修明 9
人生的路、探索的路 ……………………………………… 刘修明 11
读书累 ……………………………………………………… 刘修明 15
当年我写《汉武帝》 ……………………………………… 刘修明 17
难忘的一本儿童读物 ……………………………………… 刘修明 19
刘修明与明月湾 …………………………………………… 张小霖 21
刘修明口述：理论、历史、现实三者要结合 ………… 徐 涛 采访、整理 24

论 文 遴 选

中国封建社会的典型性与长期延续原因 ………………… 刘修明 33
"汉以孝治天下"发微 ……………………………………… 刘修明 45
两汉的历史转折 …………………………………………… 刘修明 60
秦王朝统治思想的结构和衍变 …………………………… 刘修明 76
历史科学和社会改革 ……………………………………… 刘修明 88
汉末至魏晋文人的心态转变与人生择向 ………………… 刘修明 102
"治水社会"和中国的历史道路 …………………………… 刘修明 115
农民问题
　——东方社会发展的关键 ……………………………… 刘修明 129

序 言 汇 集

《从崩溃到中兴——两汉的历史转折》自序 ⋯⋯⋯⋯⋯⋯ 刘修明　139
王守稼著《封建末世的积淀和萌芽》序言 ⋯⋯⋯⋯⋯⋯⋯ 刘修明　143
《毛泽东晚年过眼诗文录》前言 ⋯⋯⋯⋯⋯⋯⋯⋯⋯⋯⋯ 刘修明　149
《儒生与国运》自序 ⋯⋯⋯⋯⋯⋯⋯⋯⋯⋯⋯⋯⋯⋯⋯⋯ 刘修明　162
"话说中国"丛书总序：现代人与历史 ⋯⋯⋯⋯⋯⋯⋯⋯⋯ 刘修明　165
《老子答问录》修订版自序 ⋯⋯⋯⋯⋯⋯⋯⋯⋯⋯⋯⋯⋯ 刘修明　167

学 界 书 评

在两汉历史承继和转折的函线点上
　　——读刘修明著《从崩溃到中兴》 ⋯⋯⋯⋯⋯⋯⋯⋯ 盛巽昌　171
读《儒生与国运》 ⋯⋯⋯⋯⋯⋯⋯⋯⋯⋯⋯⋯⋯⋯⋯⋯⋯ 米　舒　174
在理想与现实的历史背面
　　——评刘修明新著《儒生与国运》 ⋯⋯⋯⋯⋯⋯⋯⋯ 陈祖怀　175
评刘修明著《儒生与国运》 ⋯⋯⋯⋯⋯⋯⋯⋯⋯⋯⋯⋯⋯ 沈渭滨　185
《儒生与国运》：解剖古代知识分子群体 ⋯⋯⋯⋯⋯⋯⋯⋯ 河　洛　187
文化史与政治史的新知
　　——读刘修明著《儒生与国运》 ⋯⋯⋯⋯⋯⋯⋯⋯⋯ 王子今　188
《儒生与国运》：一部为知识分子寻根的力作 ⋯⋯⋯⋯⋯⋯ 白　丁　191
《儒生与国运》
　　——一本帮助你读懂中国知识分子的好书 ⋯⋯⋯⋯⋯ 李海生　194

永 久 追 忆

刘修明：才华横溢的史学家 ⋯⋯⋯⋯⋯⋯⋯⋯⋯⋯⋯⋯⋯ 翁长松　201
忆修明，灵动生花笔一支 ⋯⋯⋯⋯⋯⋯⋯⋯⋯⋯⋯⋯⋯⋯ 司徒伟智　212
永怀刘修明老师 ⋯⋯⋯⋯⋯⋯⋯⋯⋯⋯⋯⋯⋯⋯⋯⋯⋯⋯ 马　军　216
我认识的刘修明先生 ⋯⋯⋯⋯⋯⋯⋯⋯⋯⋯⋯⋯⋯⋯⋯⋯ 张剑光　220

谈修明兄 ·· 杨善群 224

怀念我的父亲 ·· 刘潇江 226

"将一生与历史学和历史研究所紧紧地连在一起"
　　——刘修明研究员逝世一周年追思会记述 ············ 江文君 228

钻 研 轨 迹

刘修明研究员主要学术成果目录 ················ 马　军 编 235

感 怀 有 韵

让世界奏响《欢乐颂》 ·································· 刘修明 273

编后记 ·· 277

生 活 之 路

苏州河水悠悠流

刘修明

从小住在苏州河边,到河边直线距离不到 200 米。童年的梦总离不开苏州河。河水正好绕一条弯,一边是长寿路,一边是昌化路。那时没有桥,过河靠摆渡,付 5 分钱,就可来回。河畔都生着青草,河水是嫩黄色的。常有小鱼在河边游。

河边穷人多,在河边打上木桩,搭成简易的木屋,成为水上人家。一个同学就在这儿住,上他家,看临河来来往往的船,热闹有趣,但两边的水上人家把河水挤窄了,常有事故发生。解放后,人民政府给水上人家安置了岸上住处,苏州河变得宽敞流畅了。后来,长寿桥、昌化路桥也造起来了,浜南浜北的交通不再为河水所阻隔,我常去这两座桥溜达。长寿桥北塊,左右有两块绿地,一边临水,在那里看嫩黄的河水,看南来北往拖着船队的小火轮,突突突,冒着黑烟,激起黄色的水浪,荡得两旁的木船上下颠簸。因为河水比较清洁,常有人在夏天从桥头上跳下去游泳。水上公安局不得不涂上醒目的标志:"禁止游泳!"

1950 年代后期,河水变得浑浊了。开始是深黄色,后来就变成褐色、黑色,而且有股异味。这时,不用任何禁令,也不会有人下河游泳。黑与臭,使我很少再到河畔漫步。在我住的 6 层楼的阳台上,可以望见东流的河水。夏日,东南风吹来,阵阵腥臭,不得不关上窗。童年记忆中的嫩黄色的水,绿色的草,翕忽的游鱼,再也不见了。

1980 年代,一项伟大的合流污水工程上马了。随着这项浩大工程的完成,人们欣喜地看到,河水泛起了希望的黄色。它唤醒了我童年的梦,召唤着未来的希望。如果再把河底的污泥挖掉,严格控制再污染,苏州河水变清指日可待,游鱼再现的日子不会是梦想。然而,排污清淤的工程不能再为人为的污染毁于一旦。当我每天清晨走过长寿桥时,看到河里成片漂浮的垃圾,看到桥栏和人行道上随便向河里小便的尿迹(附近就有厕所!),不禁对那些污染苏州河的人感到气愤。看来,把苏州河污水引流入海容易,而要把人们头脑中的污水荡涤干净,要艰难得多!

　　人人都爱护我们的母亲河,苏州河、黄浦江就会成为清理后的泰晤士河、塞纳河。使她们成为上海大地上的绿树成荫、水质洁净的玉带,让她不断流淌清流,汇入长江,流进东海,在每天的清晨,托起一轮红日,照亮东方!

　　苏州河水,应当在每个在上海生活和工作的人们的心头,悠悠地流,清清地流……

(原载《新民晚报》1995年6月12日,第10版)

呵，正红里

刘修明

我住了几十年的正红里是座光荣的里弄。1920年代它是日本内外棉的工房，又叫东京里、五厂工房。顾正红烈士生前就住在原来7条弄堂的第一条里弄。中华人民共和国成立后，里弄改名为正红里，报上还报道过。

里弄居民绝大多数是工人。许多大爷大妈辛劳一辈子，从小在厂当童工，直到白发苍苍退休在家。他们在正红里度过了一生。几十年的老邻居，他们相敬如宾，纯朴、热诚，有事相托邻里，你可以完全放心。他们热爱着这块浸润着他们汗水、泪水和欢笑的土地。然而，50年的风雨，原来的矮平房成了危房，终于在1970年代后期被推倒，人民政府为正红里人重建了6幢6层的新工房。当老人们携着儿孙踏进这批市区最早重建的新工房时，他们在锣鼓喧天、红旗招展中迎来正红里的第二次新生。在里委沈妈妈的领导下，大家一齐动手搞卫生、讲文明，使里弄成为区文明单位。光荣的里弄获得了光荣的称号。

不知什么原因和从什么时候开始，生意经冲击了里弄。不少人通过劳动发了财，有了钱，可是里弄面貌却不知不觉发生了变化：私搭的棚棚一间又一间，绿化地带被吞食破坏，垃圾袋装化非常艰难，每天清晨抛下的垃圾"天女散花"，楼梯过道里堆满杂物。街道、里弄干部一次次打扫，一户户动员，可是"天女"们依然"散花"。终于，"文明单位"的牌子被痛心地摘掉了。事实教育了人们：身体养胖了头脑依然贫困的畸形人不是现代的文明人。根除千百年的习惯势力，要比发财致富艰难得多。人们痛感提高人的素质的重要性、紧迫性……

宣传"七不"和建设社会精神文明的春风吹到了上海的大街小巷，也吹到了正红里。乱搭建的棚子，在宣传和执法中被拆掉了，乱丢垃圾的也少了。里弄的面貌在发生变化。但总有那么少数人积习难改。但我相信，我们里弄干部的愚公移山的精神会感动这些不自觉的"上帝"的。公共利益和切身利益的统一，会促使他们像20世纪五六十年代搞爱国卫生运动一样,大家一起动手共建精神文明。

呵,正红里,愿这里的每一位居民通过自己的行动使里弄重新挂上"文明单位"的牌子,让我们的孩子在优美环境中,成长为跨世纪的一代新人,这样才无愧于先烈光荣的名字。

(原载《新民晚报》1996年5月9日,第15版)

校园里种过庄稼

刘修明

去复旦参加两位博士研究生论文答辩。到校时间还早,在校园里走了半圈,想找回依稀的旧梦。

到处是浓浓的夏日绿荫。教学楼前,曦园的假山曲径,老校长陈望道塑像旁的回廊花台,都笼罩在密密的树荫之中。日月光华催成的幽深中的宁静,是读书深思的好环境。

我在复旦读书时,这两块土地没有绿荫,不是花园,而是农田,两块典型的农田。种的是粮食和蔬菜。周围有沟洫、池塘。我们在这里挖过土,挑过粪,流过汗,出过力。

1958年进复旦,正逢"大跃进"时期。校园里支起好几座生产钢渣的小高炉,日夜开工。我们一天吃5顿饭。党委书记传达:"现在吃饭不要钱。今后要考虑粮食多了怎么办!?"说得大家群情振奋,意气风发。可是不久,粮食骤然紧张了。于是号召党团员上缴刚实行不久的粮票。食堂吃"蒸煮饭",二两一大碗,外加一小勺卷心菜。吃了不到一小时就喊饿。于是"大办农业,大办粮食"。复旦园内就开垦出几块农田,还有校外播种的大片农田。那时,下课后的第一件事就是组织学生的农业劳动:挖土,开沟,施肥,除草。复旦几千人,这点粮、菜当然不够。于是,组织师生去崇明围垦:担土,筑堤,开河,割芦苇……每当精疲力竭、饥肠辘辘吃着定量的胡萝卜糙米饭时,真恨不得我们挑运的泥土变成年糕和大块肉。这时,我们才真正懂得土地和粮食超越黄金和珍珠的价值。

初进校时,早上喝豆浆,午餐、晚餐都有大荤。有一周,吃了一星期的猪尾巴,食堂里马上贴出了漫画:"猪儿呼叫:我的尾巴呢?!"一顿饭吃下来,满桌剩菜剩饭,泔脚缸都溢出来。自从人人"节食"后,再也难见饭粒。食堂几头猪养得精瘦。那个特殊的岁月,养成我们吃饭不留一粒米粒的好习惯。

30多年过去了,重新在曾是农田的花园里漫步,真有隔世之感。粮票早就取消,大家不仅吃得饱而且吃得好,往年的饥饿感早已淡忘。于是,餐桌上又狼藉了,泔脚桶又满溢了,以致养猪农民都感慨:"猪吃得比我还好!"于是,大批一年几熟的良田被无计划地批租"开发",继之以长期地晒太阳。于是,人们只把眼光盯住流通的过程,而忘记农业是国民经济的基础。几十年来,可耕地递减,而人口几乎翻了一番。中国人总不能靠进口粮食过日子。

回头走向复旦文科大楼时,忽发奇想:如果在大学校园里开垦几分田种些粮食,或者在市中心像日本东京那样,留一块水稻田,或许这会提醒世人:不要忘了"民以食为天",不要忘了我们曾饿过肚子、患过浮肿病。也许大家会头脑清醒些,不至于"全民皆商"。

不知博士研究生有没有这方面的论文,我很想参加这样的论文答辩,因为这类论文更有价值。

(原载《新民晚报》1996年7月14日,第14版)

楼道灯亮了

刘修明

不久前的一个夜晚,我们正红里已熄灭了十多年的楼道灯,瞬间全亮了。这是长寿街道近期实施的"灯光工程",投射给广大居民的温馨和光明。

十多年前,楼道是有灯的,居民夜晚上下楼很方便。不知何故,后来灯一盏盏熄灭了,连灯泡、灯座、开关也不翼而飞。从此,黑暗就伴随着日落,准时地降临每一层楼道。夜晚,楼道两旁居民的灯光亮起,独有楼道从上到下黑黝黝地垂下一道黑幕,从此再也无人管问。大火表的公用电费也摊不清,谁还愿意让楼道灯再亮起来?在十多年不算短的岁月中,老老少少在黑暗的楼道里培养着耐心和摸索着上楼的基本功。自然,偷儿们也借助于夜幕的掩护,施展他们鼠窃狗偷的本领。

住在楼上的居民,都熟悉每层楼有两折楼梯,每折8级,只要心里默数,断不会踩空摔跤。可是,苦了老人。他们筋骨不好,步履蹒跚,一不小心就摔跤。我的老母亲为了来看她年幼的两个孙儿,从另一幢楼道的4楼摸索着下楼,再从我住的这幢楼的底层爬上6楼,常常要跌跤(当时没有电话,不知她要来)。看到老母摔得腰腿痛,做儿子的心也痛。但我无法使灯再亮起来,我只能在黑暗中搀扶老娘回去。

朋友来访,必须在黑暗中既耐心又当心地登楼。送行时,我备上电筒,免得朋友下楼时两眼一抹黑,还一再打招呼,请他们原谅。上海的朋友很理解:"都一样,我们那楼也没有灯。"外地朋友则感到纳闷:"上海人真奇怪。室内灯火通明,楼道里却漆黑一团。"我无法解释,只好打个哈哈,心里却感到尴尬和无奈。在难堪中,我常憧憬:楼道灯什么时候再亮起来?

两级政府、三级管理的改革春风,吹遍了上海,吹到了街道,也吹到了我们里弄。社区建设抓起来了,"灯光工程"就是我们里弄实施的一项造福于民的实惠工程。经过动员,居民捐上弃置的小火表,物业部分的师傅精心排电线、装电灯。终于,一夜之间,熄灭了十多年的楼道灯又大放光明了。灯光,象征着社会对人民群众的关怀。当广大人民重新感受到社会的温暖和光明,他们就会强化自己的公民意识和社会责任感,以真诚的微笑和不懈的努力,给社会以回报。

(原载《新民晚报》1997年9月22日,第13版)

人生的路、探索的路

刘修明

西方人求职，一生大概改变七八次，中国人则几乎一辈子"钉"在一个岗位上（现在也学会了"跳槽"，这是进步）。我就是这样，1960年代大学毕业后分配到上海社会科学院，30多年一直待在这里。即使在"文化大革命"动荡时期，工资关系也隶属原单位（那时改称市直机关干校6兵团，后来"四个面向"，人少了，改称6连）。看来我还要在社科院办退休。从当年进院时阅世不深的一个青年，至今两鬓斑白，面临人生黄昏，沧桑感在所难免。30多年是历史的瞬间，对一个人却是不算短的历程。

当时到万航渡路的院部报到，我们这批从复旦历史系毕业的共有8个人（现在只留存我一个），院领导对我们进行的启蒙教育是"要当战士，不要当院士"。说白了，就是只能当无产阶级理论战线上的战士，而不许当资产阶级的科学院院士。口号是当时上海市委一位宣传部长提出来的。按这个革命口号的要求，社科院是不能搞学术研究的，否则就可能走向"白专"，遭到批判。在"左"的思想路线左右下，社科院学术道路之艰难曲折，研究人员思想之彷徨苦闷，现在的青年学者很难体会。当时有5个研究所，拿得出的"名牌"成果是一"大"一"小"。"大"者，陕西南路经济研究所的大隆机器厂研究；"小"者，徐家汇历史研究所的小刀会研究。而当时社科院有500多人。

那个年头，谁敢放开思想写文章啊！好几位从国外归来的成绩斐然的老学者，在当时那个特定的时间空间里，竟然不再有论著问世。是他们江郎才尽？不是。是无形而严酷的思想禁锢束缚了学者无限的创造力。那时也组织写文章，那是领导布置、命题的批判文章，此即"战士"之谓也！如果你自由写文章，即使合乎风向，文章也达到发表水平，也必须由院所党委盖上公章证明作者"政治合格"才有效（这是1957年反右以后的不成文规定）。现在每年都要统计研究人员的研究成果，多少篇，多少字。那时是不允许研究人员多写论著的。不许写文章，干什么？编资料！成年累月抄报刊，编材料。从青年到中年，人人如此，老年学者也得上下班抄资料。厚厚的资料书出版了，论著却写不出。出版的资料书成为外国和港台学者唾手可得的资料库，他们据此写出了一厚本一厚本的专著，我们只有眼睁睁地看着。那羞愧，那怨愤！极"左"路线挫损、埋没了多少人的青春和才华！

1958年进复旦读书时，就看到高年级的学生激昂慷慨地批判我们的老师：周谷城、周予同、谭其骧、田汝康……进社科院后，打上无产阶级旗号的文化专制主义的"大批判"也从未间歇过。有思想、有成就的学者不得不三缄其口。以集纳6本专著的《欣然斋史论集》而著名的史学家、第一任历史所所长李亚农，因为为史论集写了总序《论承前启后》，肯定了康德，而遭到批判。他还写了一本有独特见解的太平天国史的专稿，因为担心流传出去再遭批判而不得不烧毁，冲进了抽水马桶！

"噤若寒蝉"和"狂呼乱叫"，是"文化大革命"那个特殊岁月中思想理论界和文化艺术界以声波形式表现出来的两极。上海社科院从上海市区被迁到奉贤海边的五七干校，再打散到工厂、农村、北大荒。残存的几十个人，或在大批判的长夜中苦熬，或在大海边呼啸的北风中守岁。"无产阶级全面专政"的履带彻底碾烂了本来应该是姹紫嫣红的文化艺术和学术理论的百花园。理论杂志停刊，书店里买不到几本学术书。然而，地火在岩层下燃烧，思想在寒流中升华。人的思维运动是无法禁抑的。事情走向极端

青年时代的刘修明先生

一定要转化。历史辩证法在无声无形无象中潜在地左右着历史的发展，以量变到质变的不可抗拒性，等待着历史的转折。作为一个进社科院以后基本上没有时间也没有条件搞学术研究的青年研究人员，我也在这长达十多年的岁月中，浮沉、思考、积蓄、等待着科学的春天到来！

人类文化史上的创造时期，都是在思想解放的特定时代条件下到来的。欧洲的文艺复兴，中国春秋战国时代的百家争鸣、"五四"以后的思想解放和学术

文化的繁荣,都是在摆脱了形形色色的文化专制主义的羁绊后,才迸发出无限的创造力。随着"文化大革命"及其发动者成为历史和客观上造就的"否极"的思想基础,新一轮的思想解放运动和文化学术的繁荣成为不可阻挡的趋势。党的十一届三中全会以后中国理论学术界也迎来了百花争艳的春天。虽然还有乍暖还寒的寒潮侵袭,民主、科学、自由、宽容的大趋势是任何力量也阻挡不了的。

大的环境气候的改变,给上海社会科学院带来新的生机,进入了真正意义上的新时期。老骥伏枥的老专家焕发了青春,新生的力量开始培养造就。经历过苦寒的人真正热爱春天,丧失了宝贵岁月的人才知道时间的可贵。作为一个开始步入中年的理论工作者,我以夜以继日的努力在学术园地里耕耘、播种。20多年来,我几乎没有星期天,也没有节假日。我要像夸父追日追回时光。当年历史所的杨宽先生大年初一还在著书立说。彼能为,我何不能为?学术耕耘只有劳而不获而没有不劳而获的。我只有用更多的努力,来弥补并不太聪敏的大脑的不足和丧失的时机。我相信,只要坚持不懈,方向正确,方法对头,苍天不会辜负辛勤的耕耘者。

这些年来,社科院成果之丰硕和社会影响之广泛,每每使我这个过来人感到振奋。无论在基础理论建设还是应用研究上,上海社科院已用成果和成绩确立了她在全国学术理论界的影响,涌现了一批有知名度的学者。院领导又及时提出"精品意识",这是非常正确的。科研成果的一定数量是质量存在的基础。但是数量不能代表质量。矿藏的品位和含金量才是第一位的。学术理论应该是思想的结晶,须经得起时间和考验。

社会人生的路,是不断探索、追求真理、造福人民的路。这就决定一个学者应该是安贫乐道的。心浮气躁、急功近利的人不能成为真正的学者。只有能静得下心、坐得下来、联系实际、勤于思考、不赶浪潮、不求浮名的人,才算得上一个真正的学者。在商品大潮汹涌、社会分化剧烈导致学者心态不平衡时,强调这点,对一个学者也许不是多余的。如果说,中华人民共和国成立初期学者的一本专著可以买一套不错的房子的话(杨宽先生1957年出版的24万字的《战国史》得稿酬7500元),那么,今天学者即使笔耕不止也不可能发财。学者这一职业注定必须付出多而回报少。即使有回报也是对社会的回报,对学术的贡献,对文化的积累。"安贫乐道"的"道"的追求和顿悟,是他真正的幸福和快乐。这使我想起隐居乡间的德国大哲学家康德和明清之际静思山村的大思想家王夫之,想起我们院里许多辛勤耕耘、不问报酬、不求闻达的俭朴的学者。他们没有名利的羁绊,不受利禄的诱惑,但他们不会丧失对国家、社会和民族的道德担当,也不会沉湎象牙之塔而忘却社会责任。"生有涯、知无涯"的认识论也使他们恰当地估量自己。即使著作等身,他也不会志得意满。因为他懂得在探索真理的大海边上,他至多只能拾得几颗彩贝。狂妄的自我标榜者没有资格成为学者。

(原载《新民晚报》1998年9月21日,第20版;上海社会科学院工会编《跨越不惑:我与上海社科院征文选》,1998年印)

读 书 累

刘修明

　　写这个题目,绝非同《读书乐》唱反调,而是抒发我读书至今的一个真实感受。

　　父母不识字,小时没人教我读书,小学老师水准也不高。乱读书是从做小生意的父亲包装用的旧书中开始的,能看懂的书很少。这样的读书自然很累,因为无人指导。

　　后来,进了大学,学了文科,摸进学术之门。每天在古今中外书海中浮沉,线装书、平装书、外文书,经史百家,越读越混沌,越读越感到似乎懂的明白的又不懂不明白了。那些大部头的哲学书,读了半天,头昏眼花,还不知它说了些什么。更苦恼的是:书上讲的,和现实中看到的全不一样,读了书反使我变成了看不懂世界的盲人。这样的读书,不仅眼睛累,心更累。

　　书读多了有时如同吃鸦片(恕我不敬),上了书瘾就难戒。累是累,还是要读。省下点心钱买书,到图书馆借书,积下上万册图书,坐拥书城,成了书虫。老婆孩子抱怨我的书占了大家的生存空间。有这种苦和累的读书人怕不止我一个。因此在叠床架屋式的藏书中明知有书而找不到,只能再跑图书馆。如此读书实在累。

　　最累的是眼睛。找资料,写论著,忽而大字,忽而小字,视力变化不定,结果视力大损,又是白内障,又是飞蚊症。几百万字变为铅字,比不上刘晓庆荧屏上的一笑。儿子从小见我伏在书桌上,头发由花变白,一发狠,硕士毕业赚钱去了。不过我看他赚钱也很累。

　　生下满月,父母按旧俗让我"抓未来"。我抓的是书,这决定了我毕生读书累的命运。其实生活本来就累,劳动累,脑力劳动更累。累垒成一个人的一生,累创造了人类,累创造了世界。人类的世界史就是累的历史,累的积累。

累与乐是相生相成的事物两面,但我更喜欢在读书累中品尝苦味,所以才写了这篇喊累的文章。但愿天下人不因我的喊苦叹累而不读书。在我永远休息之前,我也不会因为累而罢读书,因为总要认识这样一个道理:人类、世界、文化、创造,是累的积累。

(原载《新民晚报》1999年12月29日,第27版)

当年我写《汉武帝》

刘修明

说来惭愧,我的第一本书,不是皇皇巨著,而是一本 10 万字不到的小册子:上海人民出版社 1984 年出版(1985 年重印)的《雄才大略的汉武帝》。人说,不悔少作,我却实在没有勇气抖出这本书。

"文化大革命"的折腾,使我这个喜欢做学问的人一直没有机会真正做学问。只是在 1978 年以后我才有机会有志于学,发愤图强,把丧失的时间抓回来。在不太长的时间里,我连续在《历史研究》《中国史研究》《学术月刊》《文汇报》上发表了有一定见解的论文。我的想法很简单:只有在全国有影响的报刊上发表论文,才能补回"文化大革命"中的损失,把自己多年读书和思考的见解化为成果,实现自己做一个合格学者的目标。为此,我婉拒了某大报请我当记者、编辑的诚邀;为此,我也不急于写书。夜以继日耕耘的结果和实践证明,我的选择是正确的。

开始有了文章稿费,日子比以前好过些。但单篇论文稿费不多,几十元,上百元,单位开始还要提成。当电冰箱成为京城同行小康标志时,我也想添置一台,以减轻妻子的家务劳动。但千把元不易积聚,因为孩子小,又生病。正好,上海人民出版社拟出版的一套丛书要我写一本《汉武帝》。我很高兴,两三个月就写完了。一下子得稿费 1 500 元,很快通过友人买到一台进口组装的电冰箱。这是我的第一本书的一大收获。坦白地说,写这本书是为了钱。

《雄才大略的汉武帝》书影

当然，认真写的书，社会效应还是不错的。初版就印了 4.8 万册，再版累印数达 7.6 万册。一位外地读者千方百计打电话告诉我：开始他看不起这本小册子，后来读了热血沸腾，情不自禁要找我聊聊。或许这本不入大雅之堂的通俗读物，在爱国主义教育和普及历史人文知识上起了点作用。

以后，我完成了从 20 多万字到七八十万字的学术论著等约 10 种。即使下的功力再大，也没有达到这本小册子的印数。我感受最深的是：这第一本书让我有了电冰箱，使我这个 20 世纪 60 年代初毕业的穷了 20 多年的知识分子，进入了"小康"社会。

（原载曹正文主编《我的第一本书》，文汇出版社 2002 年版）

难忘的一本儿童读物

刘修明

读书几十年，搞学问数十载，影响我一生的一本书，不是皇皇巨著，而是一本儿童读物。

这是解放初出版的《居里夫人的故事》（不是居里夫人女儿写的《居里夫人传》），薄薄上下两册，装帧朴素，封面正中是居里夫人的照片。我是在小学毕业时读到这本书的。那时识字不多，但书看得下去。我记得是在一天放学后坐在家门口的小凳上开始读这本书的。

这本书像磁石一样吸引了我，诱导我一页页看下去，忘记了做功课，忘记了吃饭。我为这位出身波兰贫寒家庭的女科学家非凡的一生所倾倒。读到她忍着饥饿求学乃至晕倒，读到她和丈夫在冬寒夏热的玻璃房实验室里艰苦地进行镭的提炼，读到丈夫被惊恐的马车轧碎脑壳她闻讯后突然晕厥，而后又克服常人难耐的悲痛坚持两人未竟的科学事业，最终发现了镭元素，两次获得诺贝尔奖。我幼小的心灵不能不为这位伟大女性的人格力量和创造力所震撼。书中好几处使我激动得热泪盈眶。50多年后的今天，我仍能真实地感受当时的心情和泪水流淌面颊的感觉。

这本书好像突然结束了我童年时代的懵懂，让我开始领悟了人生的意义和价值，鞭策我刻苦勤奋，转向少年的激奋和幼稚的成熟。当时我就想，一个穷苦女孩尚能如此，身为一个男儿又该怎样？从此我有了努力方向。我父母不认识字，没有能力指导我学习。于是，我自己找书读。从初中开始，每到星期天、寒暑假就跑上海图书馆，徒步往返几十里，从上午到晚上，带上几个大饼，恨不能读尽上海图书馆全部藏书。中学时代，我还迷上了化学、物理学，自制仪器做实验。虽然后来因兴趣转移，大学我读了文科，但中学时代文理兼顾的苦学，打下了我日后搞学问的基础。几十年的努力，我的成绩及不到居里夫人伟大发现的万分之一,但激励我的精神力量一直是伟大的居里夫人。她不仅激励我励志于学,也在生活贫困和艰难的关键时刻伴我闯过难关,走向胜利。

(原载曹正文主编《影响我人生的一本书》,上海书店出版社2002年版)

刘修明与明月湾

张小霖

6月,上海市茶业职业培训中心组织茶艺教师到苏州西山开教学研讨会,食宿在农家。主人把我们带上楼,然后说,这第一间房是上海刘修明教授的,其余你们自行安排好了。哦,早就听说上海市茶叶学会的副理事长刘修明教授在乡间借了一间小屋,原来是在这儿。明月湾古村,依水傍山,风景秀丽,果然是个好地方,刘教授有眼光。

然而,后来才知道,刘教授来这儿时,全然不是现在的境况。还是在读初中时,刘教授就读到了关于西山的文章,从此西山在他的脑海中留下了印象,后来白居易、皮日休等描写西山的诗词也时时萦绕在他的心头。参与《太湖史》写作时,他走遍了太湖区域,那时对明月湾古村有了更深的了解,于是下决心要在这里觅一住处。1998年,即将退休的刘教授,来到明月湾,找到一吴姓农民,讲明了来意,两人一拍即合,老吴当即同意将一间农屋长期借给刘教授。

待住下来以后,刘教授才发现,虽说明月湾山清水秀,景色宜人;虽说它有诗一般的名字,是画一样的村落;虽说吴王夫差与西施美女曾在这儿赏月,但如今的西山远不是想象中的那样浪漫。刘教授感到,西山的湖光山色很美,而西山的茶农果农很累。明月湾不通公路,农民们外出多靠步行。每逢果实收获之时,老吴夫妇就要挑着担子,步行20多里到镇上去卖,丰收的喜悦里常常夹着销售难的无奈。因为在这唯一的坑坑洼洼的小道上,即便搭上个什么车,这水灵灵的杨梅一路颠簸到了镇上也无法再卖。碧螺春的命运也不怎样,养在深山无人识,虽说是历史名茶,销售情况并不好。农民的生活实在太艰辛,刘教授坐不住了。他写了一篇《沧桑明月湾》发表在《新民晚报》上,后来《苏州日报》也转载了这篇文章。进行了一番调查研究后,经过深思熟虑,刘教授又提笔给时任苏州市委书记的梁保华写了一封三四千字的长信,谈了自己对如何振兴西山,如何充分发挥西山湖光山色的优势开发旅游业,如何改善民生的看法。他相信为《苏州文献》作序的梁书记会与这封信产生共鸣,苏州的父母官会对开发西山给予重视。

刘教授与梁书记其实还是校友,先后毕业于复旦大学。刘修明1963年毕业于复旦历史系后,被分配至上海社会科学院历史研究所工作,这一干就干了一辈子。其间1969—1975年,曾被借调至上海市委写作班子工作,主要任务是参与校点、注释供毛泽东主席阅读的"大字本"古籍。回到研究所的刘修明则更努力地埋头于学术研究,他知道学者的生命在于学术,他要把一年当作两年用,先后在所刊、院刊及《求是》《历史研究》《中国史研究》《史学理论研究》《世界历史》等学术刊物上发表了许多论文,还撰写专著多本。在研究历史的时候,他常想如何把专业化的研究成果,特别是超越时空的中华文明的载体——中国历史科学回归到大众生活中去,将历史和理论回归人民,让历史学发挥出社会功能这样一个问题。他认为:"哲学、社会、科学文化要大众化,大众文化要精品化。" 1997年他又担任了《话说中国》的主编,历时8年从满头乌发到白发如霜,终于出齐全部16卷,2005年5月,中宣部将此书定为"民族精神史诗工程"首推书。徜徉在历史长河中的同时,刘教授始终清醒地注视着现实社会,简历中只一个工作单位,而他的视野却始终开阔。

关注农民,对于这个上海社科院历史研究所的研究员来说是由来已久,始终如一。1996年,刘教授还在《求是》杂志上发表了《农民问题——东方社会发展的关键》一文。他认为东方社会的社会结构、政治制度、观念形态和运动方式,任其如何变化发展,都离不开农民这个"根"。如今生活在农民中间,他对这个问题有了更深刻也更贴近实际的体会。他要为改变民生而鼓与呼,曾经为领袖服务的笔,现在要着实地为老百姓服务。

不久,公交车开进了西山,政府投资380万元,修通石公山周边道路,眼看着农民们的生活有了很大的改善,刘教授的信心更足了。这以后,他两次接受苏州电视台的采访,又先后写了《碧螺春与碧螺峰》《洞庭碧螺春茶香》等6篇文章发表在《新民晚报》上,在文中既对碧螺春茶名由来进行研究,也对茶农的艰辛寄予无限同情,"在沁人心脾的茶汤中包含了茶农几多的辛苦"。"碧螺春的香醇可口,是日月光华、太湖山水和万千茶农心血汗水,神奇的人与自然无比和谐完美的结晶。当你和亲友小聚,怡然品茗,享受天伦之乐时,莫忘了中国八千万茶农的艰辛!"拳拳爱民之心跃然纸上。对了,那次参观明月湾古村,见有农民把从报纸上剪下的刘教授的文章贴在墙上,当作广告了,这广告还不用花钱。儒雅、淡定、平易近人的刘教授与村民平等相处,村民们有话也愿意和刘教授说。一次,村民们忧心忡忡地对刘教授说,村头那棵大樟树正遭白蚁危害。这可是件大事,这棵千年大樟树是明月湾的一张名片,一定要着力保护。刘教授即刻给苏州电视台打了电话,向他们反映这一情况,请求他们给予帮助。电视台倒也不含糊,立即联系了市白蚁防治所,赶到明月湾进行诊治。现如今,我们看到这棵大樟树依然郁郁葱葱站立村口,为古村站岗放哨,为村民挡风遮雨。

刘教授当年住的平房已经翻建成了楼房,吴家兴办起了农家乐,水果、茶叶的销路也畅通了,生活一年好似一年。明月湾已成了西山主要旅游景点,古村既得到了保护,又有了新的发展。眼看着这些变化,刘教授打心眼里高兴,耳边仿佛又响起白居易在明月湾吟咏的诗句"湖山处处好淹留,最爱东湾北坞头",皮日休与陆龟蒙在西山唱和的情景也显现在眼前。

研究透了历史的他,也研究透了人生,落实好了退休生活的他,退下来后没有也不会失落。在茶叶学会换届选举之际,刘教授致信换届工作小组,恳请不再担任理事、副理事长,认真推荐了新增理事名单,说明理由并强调要坚持标准,坦诚之心让人感动。决心退出历史学,退出历史的刘教授,除了在城里与儿孙一起享受天伦之乐,还时不时地前往西山明月湾,感受乡村生活,关注乡村发展。

(原载《上海茶叶》2009年第3期)

刘修明口述：理论、历史、现实三者要结合

徐　涛　采访、整理

一

我在1940年出生于上海，小学、中学也都在上海就读。因为高中历史教师汪老师的精彩讲授，我对历史学产生了强烈的兴趣，此时我就通读了范文澜的《中国通史》《中国通史简编》《中国近代史》。当时考大学的时候可以填写6个志愿，我全部填写了历史系，最终我于1958年如愿考入了复旦大学历史系学习。1963年本科毕业后，因为当时国家比较困难，我作为筹备干部，拿着48.5元的月工资，接受分配，前往崇明劳动一年。一年后，分配正式工作，我于1964年进入上海社会科学院历史研究所工作。

当时63届、64届大学毕业生进入社科院工作的比较多，我和其他另外8名同学一起进入了历史所工作。后来因为各种原因，和我一道进所工作的同事都离开了历史所，只剩下我一个人。我常开玩笑说："对历史所而言，自己是硕果仅存。"当时进所工作后，因为政治大环境的影响，我们并没有开展科研工作，而是前往院部、华东政法大学学习。学习一段时间后，国家开展"四清"运动，我们也随之加入。当年前往松江乡下，前后去了两个地方：一个是佘山公社；另一个是天马（山）公社。"四清"运动期间，我整天在农村与农民兄弟在一起，下田劳动，并担任大队秘书，帮助大队长开会、学习、写材料等。这段时间的乡村经历虽然跟专业完全不相关，但这种实践经验，却也是书本里面无法读取的，有助于我日后的历史研究。当时我听到或亲身历经了很多故事。其中一个故事，至今萦绕我的脑际：话说，有一天半夜里我听到了惨绝人寰的哭声，经久不息。第二天早上，我作为大队秘书和大队的负责人吕书云同志了解情况，才知道这是一

个寡妇在哭她刚刚投河自尽的丈夫。死者名叫彭来余,民国时代做过一个小纠察,镇上开大会时被人揭发,被当时生产队队长傅华批评,在当时极"左"的环境中,他无法承受这种压力,最终选择了三九寒天中投河自尽。他当时只有30多岁,精瘦精瘦的一个人,我现在还记得当天渔民捞淤泥时误把他打捞出来时死者尸体的惨状。"文化大革命"开始后,我们回到上海,社科院里也在搞"斗批改"。就我记得,那时候,院里自杀的就有三位干部:一位叫金仲华,上海市副市长、国际问题研究所所长、国际问题专家,他自杀前将家里有文字的材料全部烧光;第二位是我们历史所的程天赋女士,人很好,延安的老干部,钱穆的学生,被她学生找去谈话,谈她的历史问题,之后她就失踪了,最后找到她时,她已经在一个小楼的储藏室里上吊自杀了;最后一个叫唐文章,哲学所的总支书记,他在原哲学所、现在华东政法大学的一栋三层小楼上跳楼自杀。当时人与人斗的情况非常普遍,历史所当时总支书记、办公室主任吕书云就被打成"走资派",也曾想过自杀,后来被任建树同志救下;至于历史学家徐崙、杨宽、汤志钧等,都已经是"死老虎"了。后来,我去了奉贤,进入了上海市直属机关五七干校,一待就是好几年。那时我也接受过审查,但因为年轻,没有历史问题,就没有受到冲击。

二

"文化大革命"前期,当时毛泽东有个录音讲话,意思是:孔子死了两千多年了,但是影响还是很大,要批判。有了这样的信息,《解放日报》的理论部就计划组稿阐释毛泽东的批判孔孟之道,也许我比较能写一点,就找到我来写一份稿件。我半夜在干校的草棚里,写了一篇批判孔孟之道的文章,加上理论部内部人员的参与修订,最终发表在了《解放日报》的头版,名为《孔家店的幽灵与现实的阶级斗争》。这篇根本不是什么学术文章,就是一篇政治批判文章。这篇文章发表后,《红旗》杂志紧接着转载,继而全国重要的报刊都转载了,影响很广,后来还专门出版了小册子。也是因为此事,1969年初,我就被正式借调到了由上海市革命委员会负责组建的专门写作组。这个写作组坐落于国际饭店对面的上海图书馆老大楼东楼的2014室,那是一个很大的房间,原来是用于接待外宾的地方。写作组的历史组,除了我之外,还有来自复旦大学的王守稼、许道勋、董进泉，历史研究所的吴乾兑同志，另外两位外文专业的同志，但写作工作主要由我们5位同志承担。当时我们历史组会接到中央指派的很多任务，比如《鲁迅批孔的资料汇编》《文化大革命期间各种思潮的资料汇编》《中苏边界问题史料汇编》等，写作组会编辑成册，印刷后，直接上报中央。写作组位于上海图书馆，这提供了我们借阅文献资料、开展工作的诸多便利。当时我们都是年轻人，接到中央的任务，干劲十足，几乎每天都会工作到夜里两三点钟。我还记得我们总是在半夜12点钟时到凤阳路吃一碗面，回来继续工作。除了编纂工作外，还有一项工作很重要，让我印象深刻。"文化大革命"全上海抄家的图书，共计420万册，我们私下称之为"四二零"，并没有化作纸浆或是烧掉，而是集中放在了北京路、虎丘路上海图书馆的书库里面，堆得像山一样高。我们作为内行专家，接到命令，负责挑书。400多万册都从我们手上过目，花了整整一个月的时间，挑选出来几万册书，现在还存放在上海图书馆。我在挑书的时候，就在想读书人真是惨啊，很多人一辈子就为了几本书，结果都在这里了。很多珍贵的图书，因为这样而保留了下来。"文化大革命"抄家在图书方面没有产生毁灭性的结果。后来，我们搬迁到了康平路182号，历史组在7楼，而余秋雨所在的文学组在5楼。当时写文章我们都用笔名来写。我在写作组的日子，一直到"文化大革命"结束。

三

粉碎"江青反革命集团"以后，"文化大革命"结束，上海社会科学院正式复院了。我却因为写作组的经历，必须参加整训，"说清楚"。经过一两年的整训，我通过了考察，正式回到了历史研究所，从事科研工作。不得不说我后来的工作还与之前写作组的经历脱不了关系。这其中最重要的就是《毛泽东晚年过眼诗文录》的编纂出版。

1971年林彪叛逃即"九一三"事件发生。一年后，从1972年10月至1975年6月，按毛泽东的要求校点注释的古代历史文献，共86篇，包括史传、政论、赋、诗词、散曲等体裁。前后有三种版本形式，字体都比较大，从正文四宋、注文小四宋，发展到正文三宋或二宋、注文四宋或三宋，最后成为特制的36磅长宋字体（正文、注文同）。这些历史文献都是毛泽东根据他当时关心和考虑的问题专门布置校点注释的，不少篇目正文前有提要，也是按毛泽东的意图写的。

前后近4年共86篇的大字本，按时期和内容划分，大致可分为三个阶段：一是1972年10月至1973年7月为历史传记借鉴期，这期间共选注了《晋书》《旧唐书》《三国志》《史记》《旧五代史》（按时间顺序排列）等史书的23篇传记（1974年11月还布置注释过《后汉书》中的《李固传》和《黄琼传》，不在此阶段）。另有屈原的《天问》、柳宗元的《天对》两篇古典哲学文献。二是1973年8月5日—1974年7月为"法家著作"注释期。这期间共选注了自先秦至近代的"法家著作"共26篇，包括《商君书》《韩非子》《荀子》以及晁错、柳宗元、刘禹锡、王安石、李贽、王夫之、章炳麟等人的著作。三是1974年5月—1975年6月14日为辞赋诗词阅读期。这期间校点注释了包括庾信、谢庄、谢惠连、江淹、白居易、王安石、陆游、张孝祥、陈亮、辛弃疾、张元幹、蒋捷、萨都剌、洪皓、汤显祖等人的辞赋、诗词、散曲共35篇。这三个阶段大体相衔接，又有所区别。结合这三个阶段的历史背景，可以清楚地看到毛泽东在他生命的最后4年（不含1975年6月以后的一年多时间）中关注和思考的问题、当时某些政治行动和方针政策的"历史触发点"，以及他在黄昏岁月的复杂心态。

这批"大字本"我作为有心人保留下来，于1993年5月以《毛泽东晚年过眼诗文录》为书名，由花山文艺出版社出版。后来这本书影响很大，不断重版，如今已经到第三版了。书名、书中的很多字都是由著名书法家顾廷龙题的。据我所知，顾廷龙一生题字，用"敬题"的只有两次，一次是给顾颉刚；另一次就是给这本书。当时顾老给这本书题字，也受到审查，承受一些压力。毕竟这本书还是"江青反革命集团"时候的事。顾老后来办书法展览会，还专门将这个题字借了去，说明他十分重视这个题字。

四

"文化大革命"过后一开始，我的处境很难，被讲作是"江青反革命集团"的"御用文人"，我也无法反驳。但是我知道自己没有做过坏事。不止一次，我曾代表写作组这个集体"说清楚"，我一再表示："自己没有什么别的想法，我只想做一个历史学者。"

方诗铭先生曾经说："你们真厉害，就那么三五个人就可以写出这么多东西。"但我明白,除了勤奋外,那时我们有得天独厚的优势,是别人无法比拟的。"文化大革命"当中,我们写作组写了很多文章。这些文章大部分都发表在《学习与批判》上面。所有这些文章的来由都可以说是毛泽东的"大字本"。我们写作组都是从毛泽东的"大字本"中寻找选题,得到启示,比如说我写过一篇《王安石的三不足》,来由就是王安石的《答司马谏议书》。所以我们写作组那时候写的文章,是别人无法写出的。与此同时,我写文章比较重视理论联系实际、讲思想性、讲观点,可以说我的文风就是在写作组写文章形成的。

回到历史所,从事科研工作,我告诫自己:"一切需要从零做起,搞学问总是不错的。"从头开始写文章,我有自己的强项,一是自己笔头比较快;二是自己的文风。我先是在上海的学术期刊,如《学术月刊》发表文章。那也不是没人反对的。蒋星煜就曾在看到我的文章后,致电给《学术月刊》编辑部说:"你们怎么会发表这样人的文章,我决定不再在你们刊物发文章。"我当时担心自己的身份,不知是否可以给《历史研究》写文章,在投稿之前,我给《历史研究》编辑部写了一封信,核心意思就是:欢不欢迎我们写文章?《历史研究》编辑部很快就回信:欢迎!后来我在《历史研究》一连发表了三篇文章:《中国封建社会的典型性与长期延续的原因》《汉以孝治天下发微》《两汉的历史转折》。上海学界在一两年当中连续在《历史研究》上发表论文还是比较罕见的。另外,我在《中国史研究》中发表了七八篇学术论文。这时,我就将自己的学术研究重点放在了秦汉史上面。因为这些论文的陆陆续续发表,我在秦汉史研究方面的学术声誉也越来越高,后来我担任了中国秦汉史学会副会长。这说明学界还是公正的,不会因为我的历史身份而排斥我。

除了古代史的研究,我还比较重视史学理论方面的研究,有点小成绩,在《中国哲学》上发表过文章。我一直认为,历史研究完全凭借史料堆积是没有出路的,必须通过史学理论的指导。陈旭麓先生就很重视这方面,我受其启发很大。我大学里面的老师陈守实先生也是如此。我的特点有三:一是写得多,笔力神速;第二点是有理论的指导;第三点是有实践,这跟自己的经历有关系。

受到20世纪80年代思想氛围和整体环境的影响,我一直想为中国的知识分子整理出一个目录,所以开始注意搜集这方面的材料和思考。1988年,我以这个题目申请了国家课题,北京方面的学者都挺支持我的研究,我的申请很快得到了批准,拿到了几千块钱的课题经费,后来就有了《儒生与国运》这本书。这本书上自汉唐,中涉宋元,下及明清的大量史料,对中国古代知识分子的形成、发展、作用及其分化、衍变的历史过程,作了比较深入的探讨。

后来历史研究所有一些人事矛盾,我原来担任《史林》副主编,因为不能与方诗铭所长共事,我决定辞去这个职务,调任到院报《社会科学报》担任常务副主编,并晋升了研究员。院报的工作十分繁重,因为身体原因(高血压),在一年半之后,我又申请调回了历史研究所,继续科研工作。

后来值得一说的还有,我策划、组织和主编了一套大型通俗图书——16卷本的《话说中国》。这套书前后历时8年多,我找了本所和华东师范大学的一批专业学者写作,出版社工作人员配了大量的历史图片,社会影响很大,不断重印。最终这套书的印数还是个谜。

"文化大革命"后这些年,我发表的论著共计有300多万字。如果说这些年的科研工作有点心得,总结起来就是一句话:"理论、历史、现实,三者一定要紧密结合起来。"

2014年10月13日

(原载《史苑往事:上海社会科学院历史研究所成立60周年纪念文集》,上海社会科学院出版社2016年版)

论文遴选

中国封建社会的典型性与长期延续原因

刘修明

探讨中国封建社会的基本特征、发展规律及其长远影响,是近年我国史学界密切关注的一个重大课题。它的正确解决,无疑会推动整个历史学科的进展。《历史研究》1981年第2期刊载的史学新人刘昶同志的《试论中国封建社会长期延续的原因》一文,蕴涵不少重要见解,才华初露端倪。但是文中的若干基本观点,笔者不敢苟同,不揣浅陋,申述于下,冀与刘昶同志切磋,并就正于史学界的专家们。

一、关于封建化的标准

刘昶同志的基本论点是:"中国始终没有完成封建化",这"是中国封建社会长期延续的原因",而封建化是"以农民农奴化、土地庄园化和政治多元化为标志的"。对这些提法,笔者认为有必要进行讨论。

封建制度是以封建主占有土地、剥削农民(或农奴)的剩余劳动为基础的社会制度。列宁指出,封建生产方式的特征是:(1)自然经济的统治地位;(2)农民被分予一般生产资料——土地,并且被束缚于土地;(3)超经济强制,农民对地主的人身依附;(4)受小生产限制形成的落后技术状态(见《俄国资本主义的发展》,人民出版社1956年版,第143—144页)。列宁在这里讲了封建生产方式的所有制特点、阶级关系、剥削方式和生产力水平。出发点是所有制形式,亦即毛泽东同志论中国封建制所说的"地主、贵族和皇帝,拥有最大部分的土地,而农民则很少土地,或者完全没有土地"。(《毛泽东选集》第2卷,第618页)因此,所谓"封建化",就是由奴隶主占有土地并完全占有直接生产者——奴隶的生产方式,"化"成封建主占有生产资料(主要是土地)和不完全占有生产者——农民或农奴的生产方式。刘文认为封建化的第一个标志是农民农奴化,基本上是正确的。但是不完整,因为他未讲生产资料的占有和自然经济的特点,特别是没有注意到列宁所说的农民被分予一般生产资料——土地的特点。农民被分予土地,即小农的形成与存在,是封建制的出发点和立足点。

刘文认为封建化的第二个标志是"土地庄园化",是套用西欧封建社会的特点而提出的。正确的说法应当是:封建土地所有制的形成,是封建化的标志之一。不能以封建土地所有制的"形式"(可以有各种形式),作为封建化的标志。西欧封建土地所有制是庄园领主制,庄园土地属于封建领主所有,国王、贵族和教会等封建主拥有数量不等、大小不一的庄园土地,农奴则在领地上劳动。但是,庄园制只是封建土地所有制的一种形式,而不是唯一形式,地主制经济也是封建土地所有制的一种形式。而作为地主制经济和庄园领主制经济基础的小农经济,则是封建土地所有制的细胞,始终存在于整个封建社会之中。因此,只要是封建土地所有制,只要是封建生产方式下自给自足的自然经济,就应当是封建化。

刘文所说的封建化第三个标志"政治多元化"或谓之政治上的分裂,也是西欧封建社会的历史现象,是特殊历史条件下的产物。日耳曼人的入侵,摧毁了西罗马帝国。5世纪末至6世纪前叶,西欧就建立了好几个日耳曼人的封建国家。因此,这种"多元"现象,是一开始就存在的,并非以后"化"出来的。它既不能作为封建化的标志,也不能作为西欧封建化的特点。马克思主义经典作家对欧洲封建社会的论述可谓多矣,但从未讲过"政治多元化"是封建化的标志。刘文提到查理大帝死后"三分天下"的分裂过程,认为这是封建化的结果。那是公元843年的事,他没有注意到12世纪中叶开始的西欧封建王权加强的趋势。法国在腓力二世统治期间(公元1180—1223年),王室扩张了很多领地。路易九世时(公元1226—1270年),通过司法、货币和军事改革,强化了王权。腓力四世时(公元1285—1314年)王室领地包括了法国大部分领土。1302年法国召开的第一次三级会议说明了封建领主已从过去的分裂状态,通过王权的加强向中央集权制的一个阶段——等级君主制发展。同样,英国虽在封建制初期的7世纪至9世纪分裂为七个小国,但在同侵入英国东北部的诺尔曼人的斗争中,七国逐渐统一。亨利二世(公元1133—1189年)与大封建主斗争,拆除了内战中建立起来的城堡300多座,并通过司法改革、军事改革,加强了王权。这些史实表明,随着封建制的发展,总是由政治上的分裂,走向政治上的统一和王权的加强,而不是"政治多元化"。中国从战国时的分裂,走向秦汉的统一,也反映了这一历史趋势。区别可能在于这一历程时间上的迟早和长短、曲折程度和王权的巩固程度。一个封建主也许欢迎分裂,但整个封建主阶级则是欢迎封建王权的加强。这就是封建社会史上分裂与统一既不断斗争、又不断并存的社会根源。刘昶同志引证了恩格斯论采邑制"导致王权之彻底破坏"的论述,但没有完整地看待经典作家关于封建王权的全面论述。恩格斯还说过:"在这种普遍的混乱状态中,王权是进步的因素,这一点是十分清楚的。"(《论封建制度的瓦解和民族国家的产生》,《马克思恩格斯全集》第21卷,第453页)我们不仅应看到封建社会历史发展的片断,更应看到它发展的全过程。这样也许可以少犯腰斩历史的差错。

标志应当是衡量总体中各单位所共同具有的特征,我们不能以个别事物的特征代替共同事物的特征。刘昶同志提出的"封建化"三个标志,即使用来衡量西欧的封建化,也是一份基本正确,一份失真,一份错误。如果以它为放之四海而皆准的原则,用来衡量中国乃至世界各国的封建社会,恐怕差错就更大了。

衡量封建化的历史,当然有客观的标志和尺度,这就是马克思主义关于封建社会的论述。人类社会发展的各个阶段,都是一个活的有机体。经济是它的骨骼,政治结构和思想意识则是它的血肉。把封建社会作为一个整体来看,首先得抓住它特定的生产方式,这是确定封建社会的基准和出发点。此外,还要注意建立在这一社会经济基础上的整个上层建筑,即维持这种生产方式的政治体制和意识形态。换言之,我们要从封建社会自基础到上层建筑的总体构成,来衡量是不是完成了封建化以及封建化的程度如何。下面,想以此为标准,也利用比较研究的方法,看看中国古代社会是否完成了封建化,并探讨中国封建社会长期延续的缘由。

二、中国封建社会是世界史上的典型

在人类文明的发展史上,各种社会形态都有过典型。所谓典型,就是比较集中地代表了这一社会形态的特征,或发展程度较高,并非除此之外"别无分店"。历史的发展是不平衡的。虽然各种社会形态的发展有其典型,但世界历史的发展却从未有过不变的"中心"。在某一历史时期,某个地区或国家的发展程度高些;在另一时期,另一些地区或国家的发展程度高些。历史就在这种不平衡和典型不断游动的运动状态中前进。全世界大多数史学家都承认,希腊、罗马的奴隶制是奴隶社会的典型。中国殷代也有奴隶制的生产方式、政治制度和高度发展的奴隶制文化,但它确实没有发展到希腊、罗马那种程度。近代的资本主义社会以英、法为代表,因为它们较早地形成了资本主义生产方式,踏上近代文明的阶梯。虽然以后法、意、俄、美、日等国相继跨入资本主义阶梯,历史学家却不得不以英、法为近代资本主义的代表。这种典型性,在世界历史的范畴内,有时被有意无意地注入了某种"中心"的含义,形成"××中心论"。在客观上,它意味着在这一历史发展阶段上的先进地位,或者说,是当时社会发展的高峰。

以客观的历史标准来审视世界史上封建制的典型,那就不是希腊、罗马,不是西欧,而是中国。从公元 2 世纪后期起,罗马的奴隶制就走向衰落。公元 476 年,在蛮族入侵下,西罗马帝国灭亡,此前 1 000 年左右,中国就进入了封建社会(我是战国封建论者)。而当时欧洲的许多地区,还处在原始公社制或其解体时期。美洲、大洋洲和亚、非的部分地区,仍然存在着原始公社制或奴隶制。即以史学界断限最迟的魏晋封建论来说,也要比欧洲封建社会早两、三个世纪。再从世界史上两个最强大的封建帝国唐王朝和大食(阿拉伯)帝国来看,中国的封建制也比大食帝国为发达。无论是封建制的成熟程度、国家的统一程度、科学文化的发展水平,唐王朝不只是中国封建制的黄金时代,也是当时世界封建社会发展的高峰。有充分的根据可以说,封建制的代表是中国。我们不承认什么"××中心",但如就历史发展的趋势和水准而论,当时世界发展的高峰已经由古代奴隶制典型的希腊、罗马,转移到了封建制典型的中国,在东方的舞台上演绎了波澜壮阔的封建社会的史剧,建造了瑰丽无比的文化艺术宫殿。同样,按照历史发展不平衡的法则,西欧渡过了它的长达 1 200 年之久的黑暗的中世纪,开始了文艺复兴,并以英、法资产阶级革命为轴心,通过工业革命,旋转到它的高峰,开辟了资本主义的典型发展道路,创造了人类历史上前所未有的生产力的飞跃发展和科学文化的巨大进步。典型的英、法资本主义社会使世界历史的"中心"转移到了西欧。这种发展反映在阶级利益和意识形态上,造成了直到今天还影响至深的"西欧中心论"。

鉴于刘昶同志否认中国完成了封建化,这种世界范围内社会形态的对比和所谓"中心"的转移,还不足以证明中国就是世界史上典型的封建社会。因此,我们不能不全面地解剖中国封建社会的骨骼和血肉,并同被认为是典型的西欧封建社会进行比较,以说明是非。

中国封建社会奠定了坚实的封建主义经济基础

什么是封建主义的经济基础和出发点？我认为,只要形成小农经济,便是封建化的开始。小农经济是封建土地所有制和农民农奴化的基础和出发点。封建化的标志是封建土地所有制的形成和相应阶级关系的确立,封建主通过劳役地租、实物地租和货币地租剥削农民。"封建主义的基础是农业。"(恩格斯:《论封建制度的瓦解和民族国家的产生》,《马克思恩格斯全集》第21卷,第450页)农业生产是以个体小农生产为基础进行的。只要社会形成了小农阶级和小农经济,社会便开始了向封建社会的过渡。没有小农,就没有封建农业生产,没有封建阶级关系,也就没有封建国家。

从中国封建社会的历史看,自战国秦汉进入封建社会以来,就形成小农经济和相应的新兴地主阶级。自商鞅变法开始,小农经济便从法律上合法地开始了它的时代。商鞅变法规定"僇力本业耕织致粟帛多者,复其身"(《史记·商君列传》),《商君书》所记"能得甲首一者,赏爵一级,益田一顷,益宅九亩"(《境内篇》),就是承认小农阶级存在的合法性。秦始皇三十一年"令黔首自实田"也是从法律上承认自耕农。再如《居延汉简》中关于小农经济大量的记载等,都表明小农经济是秦汉以来封建制度的经济基础。历代大土地所有制是在这一经济细胞的基础上建立并在吞噬这些细胞的过程中发展起来的。"大地产是中世纪封建社会的真正基础。"(马克思:《对民主主义者莱茵区域委员会的审判》,《马克思恩格斯全集》第6卷,第290页)这种"大地产"在欧洲是领主庄园,在中国就是土地兼并。只要正视事实,就没有理由否认中国封建社会是客观存在的。正是中国封建社会中的无数小农,以一家一户为生产单位、用自给自足的生产方式,承担了封建制度下的全部沉重劳动,构成了中国封建社会的坚固基石。

中国封建统治阶级从本身的利益出发,非常清楚小农经济的重要性。他们懂得,离开小农经济,封建土地所有制是无法存在的。没有小自耕农的自然经济基础,就不可能有封建国家所需要的大量赋税收入和繁重的力役、兵役的来源,就谈不上封建国家的存在、巩固和强大。如果大土地占有超过了度,造成对自耕农的严重摧残,那将会导致封建国家的经济和政治危机。因此,历代有远见的政治家、思想家都注重"民本"和"农本"。所谓抑制兼并,打击豪强,重农抑商,均田措施,黄老之治,究其根本,都是"固本",即维护封建统治的基石——小农经济。虽然每个封建王朝都经历了从王朝初年小农占优势,到后期的大规模土地兼并的过程,但新王朝的统治者,几乎无一例外地都要在大规模农民战争以后为重建封建统治而复苏小农经济。即使在农民起义失败导致政治分裂的情况下,割据者若想存在下去,也不能不扶植小农经济,例如曹魏的屯田,不过是披上军屯外衣的小农经济罢了。中国封建社会历经 2 000 年而不败,是以坚实的小农经济的经久不衰为前提的;而每一个封建王朝的兴衰,又是随小农经济的兴衰而变化的。没有小农经济,就没有中国的封建社会。刘昶同志既承认中国小农经济的存在,但又不承认中国的封建化,这在历史上、逻辑上似乎都是讲不通的。

但是,小农经济是一种巨大的惰性力量,它被破坏后可以更生,却很难发展,更谈不上自发地产生新的社会因素。如果封建统治者经过长期的统治实践后,懂得用各种行政的、经济的、思想的力量保护它(同时也不可避免地摧残它),小农经济就可以长期地存在下去。马克思在谈到东方的村社制度时说:"这些自给自足的公社不断地按照同一形式把自己再生产出来,当它们偶然遭到破坏时,会在同一地点以同一名称再建立起来,这种公社的简单的生产机体,为揭示下面这个秘密提供了一把钥匙:亚洲各国不断瓦解、不断重建和经常改朝换代,与此截然相反,亚洲的社会却没有变化。这种社会的基本经济要素的结构,不为政治领域中的风暴所触动。"(《资本论》第 1 卷,人民出版社 1975 年版,第 396—397 页)中国古代村社的躯壳,是同小农经济牢固地结合为一体的,它具有马克思所说的"不变性"的特点。这一经济结构的稳定性和不变性,是中国封建社会长期延续的主要经济原因。

还要简述一下农民起义和小农经济的关系。刘昶同志也认为"小农经济是封建化的历史和逻辑的出发点",同时,"它本身的弱点又使它无法阻挡封建化的变革"。但又认为,由于兼并等原因激发出来的农民起义是"一种巨大的破坏性力量",使"整个社会连简单再生产也难维持下去",结果是"每一次大的农民起义都严重地打断了封建化进程,断送了封建化所已取得的成果"。这里姑且不谈作者的立论有自相矛盾之处,就以农民战争的作用而言,事实上,中国封建统治者在每个历史转折点上所采取的重大政治经济措施,几乎都是以大规模的农民起义为契机的。恰恰是农民起义,在横扫旧王朝的大土地所有制基础上重建了新王朝的经济基础。说它再生了专制制度也好,说它再造了皇帝也罢,都是事实。不过同刘昶同志的结论相反,我认为:每一次农民起义不是打断了封建化的进程,而是推动了封建化的发展;不是断送了封建化的成果,而是巩固了封建化的成果。

中国封建社会建立了完整严密的封建政治结构

政治是经济的集中表现。中国封建社会有在牢固的封建经济基础上形成的完整严密的封建政治体制。自下而上金字塔式等级制,叠床架屋的封建官僚机器,专制主义的中央集权,全面而有效地控制了整个社会。在这套封建体制中,"皇帝有至高无上的权力,在各地方分设官职以掌兵、刑、钱、谷等事,并依靠地主绅士作为全部封建统治的基础"。(《毛泽东选集》第2卷,第618页)中国封建社会的专制集权制度(在某种程度上又保持封建割据状态),是封建经济制度的产物,是小农经济的产物。小农经济是分散、落后的自然经济,农民没有共同的特别是全国性的政治联系。这种生产方式是专制政权建立和存在的前提。专制政权和小农经济的关系,犹如一个麻袋中盛着的马铃薯,装起来是集中的一袋,倒出来是分散的一堆。因此,封建专制制度是封建经济制度的产物,而不是刘文说的"始终没有完成封建化"的结果,不是超然于封建经济基础之外的怪物。

中国封建社会完整严密的政治结构,在形式上、功能上是世界封建社会政治史上的典型。早在公元前2世纪的秦汉时代,随着封建经济的确立,地主阶级就成立了以皇帝为首的、庞大系统的官僚机构和郡县制。在世界中世纪史上,阿拉伯帝国直到8、9世纪才在阿拔斯王朝时期实行政教合一的中央政权统治。印度自5世纪至7世纪形成封建制度以后,长期陷于分裂割据状态,直到莫卧儿帝国的阿克巴统治时期(公元1556—1605年)才开始加强中央集权。至于西欧封建制和封建国家体制的完成和加强,是和王权的加强联系在一起的,那已经是12世纪中叶以后的事。时间观念也许只能说明中国封建国家体制的"早熟",而不能说明它的"成熟",那么,我们再来看看中国封建国家的组织体制吧,从战国秦汉以后,封建统治者就不断地探索和强化封建国家的组织机构,在总的体制中建立了各种严密、细致的具体制度,如官僚制、科举制等,盘根错节,相辅相成,有效地维持了两千年,其功能是显著的,中国封建政治制度成了世界上第一等的几乎是牢不可破的封建专制制度。所以,黑格尔在论述中国封建体制时说:皇帝"站在政治机构的顶尖上,具有君主的权限","政府的形式必然是专制主义","全部行政是由一个官吏网来包办的","就像自然界的途径一样,这种机构始终不变地、有规则地在进行着,古今并没有什么不同"。(《历史哲学》,

商务印书馆1963年版,第167、168、170页)这些是西欧封建政体所不能比拟的。在西欧封建社会中,国王不是至高无上的,许多权力掌握在领主手中,一个国家分成许多独立自主的区域。中国封建专制主义的中央集权比西欧那种分散的、各自为政的小诸侯国较有利于政治的统一,更能发挥超经济强制的职能。全面掌握行政、司法和军事大权的中央政权,能够代表整个地主阶级,对全国人民进行统治,把他们编制起来,征收赋税、调集他们服徭役和兵役。这是东方封建制的特点,是它的"优点",也是它的弱点,由此造成它的顽固性、反动性和劣根性。

中国的专制集权制是封建地主经济、小农经济的产物,它反过来又维护封建生产关系的存在与巩固。封建统治阶级的重农抑商政策就是一个重要方面。刘昶同志也说:"在中国,专制集权制度为了维护、巩固统治的经济基础,一贯采取重本抑末的政策。"足证中国的封建国家机器并不是超然于封建经济基础之外的。刘文还说"在中国封建社会中,整个社会实际上很大程度地被专制政权组织成为一个经济共同体,全国的人力、物力都随时处于专制政权的动员和无偿征用的状态之下,产品发展成为商品的途径大都被堵塞了"。这正说明封建专制制度是封建经济基础的产物又反作用于经济基础。但这样说还过于笼统。封建国家机器与封建生产关系经历着辩证的发展过程。在封建社会前期,它对封建生产关系的形成与发展起到了推动作用;在封建社会中期,对封建社会的发展起到了巩固作用;在封建社会后期起到了抑制作用。这是就全局来看的,就局部而言,在每一个王朝中,又分别有促进、巩固、抑制的三段式进程,它表现为这一朝代的兴衰的历史。整个中国封建社会就是由这种发展的大螺旋形套小螺旋形的历史组成的,这是合乎历史发展规律的。

刘昶同志力图说明,中国历史上未曾出现过封建化的经济基础,也未有过封建化的政治——这种政治必以"多元化"为特征,而中央集权制度的形成,主要是"游牧民族圈"严重挑战的结果。我却认为,中国当时不仅有了牢固的封建化经济,而且恰恰是在这种经济基础上形成了发达的、典型的封建集权专制制度。这种制度,并不是游离于经济条件之外的其它因素的产物,事实上它对封建经济基础也发生了不同方向的重要作用。当然,自秦汉起就存在的北方游牧民族的侵扰,对集权专制制度的早熟与强化发生了何等作用,还是值得探讨的。

中国封建社会形成了精致的封建主义意识形态

中国封建地主阶级从登上历史舞台起,就开始了建造封建意识形态的活动。经过长期探索,终于形成了以儒家学说为骨干的统治思想。古希腊哲学产生于奴隶制时代,而中国的儒学,则是在奴隶制解体、封建制产生的历史条件下孕育、发展起来的,它是封建生产方式的产物。由于中国封建主义经济基础的坚固性和政治制度的严密性,使得中国的封建意识形态也具有了特殊的精致性、渗透性和权威性。而且随着封建社会螺旋形的发展,封建意识形态也相应地作螺旋形发展,汉代董仲舒为儒家学说披上神学外衣,把它推上正统的地位;魏晋时期,虽有不同的哲学思潮出现,但绝没有舍弃儒家的"名教";南北朝迄隋唐佛教盛行,但儒家思想仍作为强大的主流在社会生活中存在;宋元以降,封建社会进入后期阶段,儒家思想辄进一步被哲理化为道学,敬天、法祖、尊君融于一体,儒、佛、道合于一流。在整个封建时代,儒学不断用各家学说充实和发展自己,形成一整套适应中国封建经济基础与宗法专制体制的意识形态,并能渗透到社会生活的一切方面和黎民百姓的心灵之中,其作用可谓非凡。无数正统派思想家为维护封建制度进行了艰巨、长久的思维劳动和建造、丰富理论体系的工作,这在世界封建社会思想史上几乎找不到先例。希腊、罗马有辉煌的古代哲学,但中世纪以后便黯然无光了;近代英、法、德等国出现了光辉的哲理,但在中世纪却茫无头绪。没有一个国家的封建时代,能形成中国那样的儒学,并能够一、二千年地延续下来。

欧洲中世纪的经院哲学,不能同中国哲学相比。欧洲中世纪是黑暗的、野蛮的,在思想上也是肤浅的、苍白的。它的特点,一言以蔽之,即宗教和神学。西欧封建统治者惯于通过教会以蒙昧主义和禁欲主义统治人民。中古初期的教皇格利哥里一世(公元590—604年在位)宣扬:"不学无术是真正虔诚的母亲。"奥古斯丁(公元354—430年)写的《上帝之城》要求人们用信仰上帝、禁欲、忏悔、斋戒、出家等忍受一切痛苦,放弃反抗斗争。经院哲学只能用形式逻辑的抽象推理方法论证封建秩序是上帝意志的产物,保持神学教条在思想上的垄断地位,禁止异端思想,阻挠科学发展。西欧中世纪意识形态的落后愚昧状态是由当时封建制度的发展水平决定的。中国的封建意识形态细致、周密、老练,日臻成熟;西欧中世纪的封建意识形态粗疏、浅陋、愚昧,还处在初级发展阶段。中国式的封建意识形态由于它的成熟、完善,已能有效地渗透到它的臣民们的血液之中,可以做到"礼教吃人",而不必用刀杀人(当然也有用暴力的一面);西欧封建意识形态由于其低级、愚昧,往往得靠火刑柱来实施它的统治。

一切事物都有两重性。由于中国封建意识形态的发展程度较高,更易于将一切都纳入封建主义轨道,从而严重地阻碍和排斥了反映资本主义萌芽的启蒙思想的产生与发展,阻碍了新的社会因素的成长。西欧的封建制度和意识形态,一切方面都是那样令人不能容忍,这就推动人民起来反对它,给资本主义的发展扫清道路,使事物走向反面,在资本主义时代赶上了东方。典型性往往导致顽固不化,而薄弱点则每每易于被冲破而走向新的未来。世界史就是这样发展过来的。

科学文化的杰出成就说明中国封建社会是世界封建社会的高峰

科学文化的发展水平是一个社会发展水平的标志。典型的希腊、罗马奴隶制造就了世界奴隶制文化的高峰,近现代资本主义也激发了人类社会迄今为止未曾有过的科学技术的发展。因此,以科学文化的水平作为衡量一个社会发展水平的标志之一,在理论和实践上都是说得通的。

当古代文明的夕阳斜辉消逝在欧洲中世纪的黑暗中的时候,东方的中国却呈现出科学文化蓬勃发展的壮丽景色。中古初期的西欧,在基督教会的指使下,不少古代建筑、雕像和其他历史文物被破坏,不少有价值的图书典籍被毁掉。教士们把写在羊皮纸上的古代文稿刮去,用来抄写上帝显灵的记载、"圣者"的事迹和修道院的编年史。基督教对世俗学问采取仇视的态度,哲学成了神学的婢女,自然科学不复存在。由于这种窒息气氛的弥漫,即使在经济比较发达的英国,进步思想家罗哲尔·培根(公元1214—约1292年)也要遭受教会残酷的迫害,在狱中被囚禁50年之久。可惜我们在刘昶同志文章中没有看到对西欧中世纪这种落后状况的完整介绍。他只是说:"到十四世纪,西欧已经出现了资本主义黎明的曙光。"我们不能用文艺复兴和资本主义初期的历史代替全部西欧封建社会的历史,正像不能用中国封建社会后期的历史代替它前、中期的历史一样,以偏概全是不能正确审视和评价历史的。

当西欧处于中世纪学术文化上的黑暗时期时,我国封建社会出现了一大批成就卓著的科学家、思想家、文学家、艺术家,在科学文化的许多领域取得了具有世界水平的成就,成了许多国家学习和模仿的对象。英国科技史学家李约瑟博士在《中国科学技术史》一书中列举了从公元1世纪到18世纪由中国传到欧洲等地的26项有重要意义的发明,强调指出:"所有这些例子有一种共同之点,这就是它们在中国应用的时期,确实早于它们在世界其他部分出现的时期。有时甚至要早得多。"(中文版第1卷,科学出版社1975年版,第547页)把李约瑟博士的这段话和刘昶同志文章中引述的另一段话全面理解,才不至于曲解中国古代科学文化的成就与作用。

中国高度发达的封建制度创造了那个时代所能达到的最高的物质文明和精神文明。但是,先进可以转变为落后,辉煌的成就也会变成沉重的包袱。随着中国封建社会走向后期,它的逐步木乃伊化的社会结构和政治结构阻碍了科学技术和工商业的发展,先进的科学文化为陈旧的社会结构所桎梏,从而造成了近代中国的落后。而西方国家则在新的历史条件下冲破了封建的樊篱,经过痛苦和曲折而走上迅速发展的道路。如何看待中国近一二百年来这种"令人黯然神伤"的事实?我认为,第一,要看到这是中国封建社会后期的现象,不能代表中国封建社会历史的全部,不能用后期封建社会代替中国全部封建社会。第二,中国近代的落后,有内因,也有外因。除了中国封建专制制度及其推行的一系列政策外,外国资本主义的侵入也是一个重要原因。否则,中国社会是有可能通过内部因素的发展逐步走上资本主义道路的。

三、简要的结论

综上所述,中国封建社会是典型的封建社会,从经济基础到上层建筑都封建化了,而典型性又发展为坚韧性、顽固性。

以农业和手工业相结合的小农经济,是封建所有制的社会细胞,具有极强的再生力,是使中国社会长期停留在封建时代的基本因素。土地兼并、王朝危机都没有从根本上瓦解和破坏它,商品经济的发展也未对它产生决定性影响。与此同时,中国封建社会的政治结构和思想意识,全面而有效地维护着封建经济基础,使经济基础虽有周期性的危机而不致被瓦解,保证着封建生产方式不为新的生产方式所破坏,保证着封建宗法制度的统治。在这种情况之下,新生产关系的萌芽势必很难产生与发展,新的社会力量难以壮大。能够推翻与消灭封建制度的是封建社会后期成长起来的市民——资产阶级,而在中国,耕织结合的小农经济从根本上限制了商品经济的发展和资产阶级的形成。封建专制统治者的重农抑商、闭关锁国、强征派买,又严重遏制与摧残了商业资本的扩大。同时,由于土地买卖是一种更稳妥的获利源泉,许多商业资本积极地参与兼并土地的活动,结果形成了地主—商人—高利贷者三位一体的剥削阶层。明清以来社会经济条件有了进一步变化,但是,新的阶级的萌芽犹如滚滚大河中的少量砂石，一冲即散，无法凝聚成足以改变现有生产方式的新的社会力量。结果，存在和活跃于封建政治舞台并与封建地主阶级抗衡的，只有农民阶级。而中国农民的生产方式、生活方式、思想意识，无一不被封建的经济关系与宗法制度所制约，根本摆脱不了封建制度的桎梏。农民阶级和地主阶级之间的冲突，主要是围绕土地问题进行的，社会中呈现：小农经济的大量存在——封建社会经济的相对繁荣——土地兼并和社会危机……这样往复运动的过程，农民反抗斗争此伏彼起，但是触动不了封建生产方式，找不到通向新社会的道路，轰轰烈烈的大起义充其量成为地主阶级改朝换代的工具，并使封建社会沿着小的螺旋形略为前进一步。

因此，我的结论与刘昶同志相反：中国封建社会所以长期延续，不是因为中国社会未完成封建化，而是充分地封建化了。中国封建社会的典型性导致了它的坚韧性、顽固性，产生了巨大的阻滞作用，阻碍和窒息了在封建社会中能够掀起巨大的根本性变革的经济（同时也是政治）力量，从而使中国封建社会长期延续。但是，延续只是说它的发展速度十分缓慢，不是静止，不是反复，更不是找不到出路的"六道轮回"。

（原载《历史研究》1981 年第 6 期，1981 年 12 月 15 日）

"汉以孝治天下"发微

刘修明

"孝"是伦理道德观念,却成为汉皇朝治天下的原则和准绳。这是一个尚未引起史学界重视和研究的问题。本文试图通过对这一历史现象的分析,透过"孝"在汉代社会生活中的表现和特征,探索汉代的社会结构,研讨产生"孝"的社会基础以及"孝"的历史作用和社会影响。论之不当,尚祈史学界前辈、专家、新进批评指正。

一、汉代政治和社会生活的思想浸润剂

"汉以孝治天下",集中表现为"孝"是汉代政治和社会生活的思想浸润剂。汉代帝王除西汉高帝刘邦、东汉世祖刘秀外,自西汉惠帝、东汉明帝以下,帝王谥号无不标以"孝"字。郑玄指出:"孝者,善继人之志,善述人之事者。"[1]颜师古说:"孝子善述父之志,故汉家之谥,自惠帝以下皆称孝也。"[2]汉代帝王可以因祥瑞、灾异而"改元",唯独不能去掉谥号上的"孝"字。"孝"是刘姓皇朝保证长治久安的纽带。秦始皇有万世统治的奢望,但没有以"孝"系万世。先秦诸侯有鲁孝公、晋孝侯、秦孝公、赵孝成王、燕孝王,但也没有以"孝"谥一以贯之。汉以"孝"为谥,涵义何在?唐张守节说:"五宗安之曰孝""慈惠爱亲曰孝""秉德不回曰孝""协时肇宗为孝"[3]。释义认为,应通过世代不绝的尊祖爱亲,以求一族一姓统治权的安享延续。汉代以"孝"为谥,也是这个目的。

---

[1] 《周礼注疏》卷十二,《均人》。
[2] 《汉书》卷二,《惠帝纪》注。
[3] 《史记正义·谥法解》。

"孝"还在封建政权和官僚制度上留下了烙印。汉代"举孝廉"制度的确立,即其表现。元光元年,汉武帝采纳董仲舒的建议,"初令郡国举孝廉各一人"①。元朔元年,武帝下诏:"兴廉举孝,庶几成风,绍休圣绪","有司奏议曰:'……不举孝,不奉诏,当以不敬论。不察廉,不胜任也,当免。'"②自此以后,以"孝"为本的察举制遂成定制。帝王有关的诏令很多,如地节三年宣帝诏令"郡国举孝弟有行义闻于乡里者各一人"③。有孝行的人可到地方乃至中央做官,如王吉、京房、师丹、孟喜均以举孝廉为郎④。东汉继承此制,要当官必走此途,如张衡"举孝廉不行,连辟公府不就"⑤。曹操年少时也"举孝廉"⑥。东汉郡太守任务之一,就是"并举孝廉,郡口二十万举一人"⑦。刘秀曾下诏说,"自今以后,审四科辟召,及刺史、二千石察茂才尤异孝廉之吏",选拔官吏必须有"孝悌廉公之行"⑧。由于强调以"孝"为选拔官吏的标准,封建统治者要求孝廉尽可能地在全国合理分布。东汉和帝时,大郡五六十万人举孝廉2人,小郡和边疆地区20万人举2人。"帝以为不均,下公卿会议",后定为20万人者举1人,不足20万2年1人,不足10万3年1人⑨。孝廉遍布全国,不仅见之于文献,也见之于汉碑等实物记载。如《孝廉柳敏碑》⑩《泰山都尉孔宙碑》《冀州刺史王纯碑》《荆州刺史度尚碑》《车骑将军冯绲碑》⑪《汉故司隶校尉忠惠父鲁君碑》《费凤别碑》⑫《成皋令任伯嗣碑》⑬《司隶校尉杨淮碑》⑭《卫尉衡方碑》⑮等。以孝廉为选拔官吏的标准,对汉皇朝有非常重要的意义,桓帝诏书说,"孝廉、廉吏皆当典城牧民,禁奸举善,兴化之本,恒必由之"⑯。宋代徐天麟说,汉代"得人之盛,则莫如孝廉,斯为后世所不能及"⑰。可见孝廉任官,对稳固汉朝的统治秩序具有长效作用。

---

①② 《汉书》卷六,《武帝纪》。
③ 《汉书》卷八,《宣帝纪》。
④ 《汉书》卷七二,《王吉传》;卷七五,《京房传》;卷八六,《师丹传》;卷八八,《儒林传》。
⑤ 《后汉书》卷五八,《张衡传》。
⑥ 《三国志》卷一,《武帝纪》注引《魏武故事》十二月己亥令。
⑦ 《后汉书》志第二八,《百官五》。
⑧ 《后汉书》志第二四,《百官一》注引应劭《汉宫仪》。
⑨ 《后汉书》卷三七,《丁鸿传》。
⑩⑪⑫⑬ 《隶释》卷八、卷七、卷九、卷十五。
⑭ 《隶续》卷十一。
⑮ 见文明书局影印孙星衍旧藏本。
⑯ 《后汉书》卷七,《桓帝纪》。
⑰ 《东汉会要》卷二六,《选举上》。

"孝"不仅是建立汉皇朝各级统治机构的灵魂,也是封建皇权维系农村基层统治的纽带。封建统治者非常重视奖掖"孝"的伦理道德的体现者"孝悌"。"孝悌"是汉代的乡官(它的作用、职能和实质下面再谈),"孝悌"的直接语义是上下代之间纵向的血缘关系("孝")和同代之间横向的血缘关系("悌")的结合,这两种关系构成汉代广大农村中的家族血缘关系。汉代的封建统治者非常重视这种血缘关系。汉初惠帝四年正月,"举民孝悌力田者复其身"①。西汉盛期,对此奖掖更为重视,武帝元狩二年夏四月诏曰:"朕嘉孝弟力田,哀夫老眊孤寡鳏独或匮于衣食,甚怜悯焉。其遣谒者巡行天下,存问致赐。"②昭帝年间,"赐郡国所选有行义者涿郡韩福等五人帛,人五十匹,遣归。诏曰:'朕闵劳以官职之事,其务修孝弟以教乡里。'"③这种优抚"孝悌"等人的诏令不断发布,几与两汉皇朝相始终④。两汉史书上这种习见的"赐爵""赐帛""复其身",不能简单地用统治阶级笼络被统治阶级的措施和手段来解释。政策是一个阶级的行动准则,有特定的阶级内容,反映一定的阶级利益,总是同一定的社会结构相联系的。组成汉代社会结构的社会集团(阶级),又是同反映血缘家族关系的"孝"相联系的。只有把汉代统治阶级的政策措施和反映家族血缘关系的"孝"联系起来考察,才能阐明这种优抚政策的阶级本质。

　　"汉以孝治天下"的另一个重要标志,是《孝经》经学地位的确立。武帝时立五经博士,以后增《论语》为六经,再增《孝经》为七经。"孝"的思想通过《孝经》立为经典而成为汉代的指导思想之一,这在汉代思想史和社会史上都具有重要的意义。地主阶级从登上历史舞台以后,曾在长期的过程中摸索、酝酿、选择本阶级的统治思想,最后选择了以儒家思想为主干,兼采各家思想的适用部分。其中,包括以《春秋》为代表的儒家大一统思想,"礼"所反映的封建等级制思想和"孝"所反映的维护家族血缘关系的伦理思想。而"孝"的思想,则有更广泛的社会基础,在社会实践中起着更重要的作用。它标志着维系家族血缘关系的"孝"的思想,已经成为封建统治思想的重要组成部分。《孝经》的成书时间,说法不一。我认为《孝经》应成书于战国末年至秦汉之际,这就为《孝经》在西汉的

---

① 《汉书》卷二,《惠帝纪》。
② 《汉书》卷六,《武帝纪》。
③ 《汉书》卷七,《昭帝纪》。
④ 《汉书》之《宣帝纪》《元帝纪》《成帝纪》《哀帝纪》《平帝纪》,及《后汉书》之《明帝纪》《章帝纪》《和帝纪》等,有大量优抚三老、孝悌、力田的记载,不赘举。

流传准备了物质条件,适应了汉代重孝的时代特点和社会需要。汉代传《孝经》者很多(《汉书·艺文志》载《孝经》十一家,五十九篇),汉代的谶书和经注家也亟力强调《孝经》地位崇高,把它与政治经典《春秋》并提,如《孝经纬·钩命诀》说,"孔子曰:吾志在《春秋》,行在《孝经》也"①;郑玄在注"大本大经"时说,"大经谓六艺,而指《春秋》也;大本,《孝经》也"②。汉代大臣奏疏中引《春秋》与引《孝经》并驾,前者是政治上的根据,后者是思想上的准绳,两者相辅相成,成为汉代政治思想和意识形态的两大精神支柱,《孝经》遂成为汉代通行的教科书。最高统治者首先要读《孝经》,昭帝诏书云:"(朕)修古帝王之事,通保傅,传《孝经》《论语》《尚书》未云存明。"③《孝经》也是汉皇朝培训官吏的必修课,平帝时,"征天下通知,……以《五经》《论语》《孝经》《尔雅》教授者,在所为驾一封轺传,遣诣京师"④。"元始三年,安汉公奏立学官。……序、庠置《孝经》师一人。"⑤《孝经》是经师传授的主科之一,如武荣"传讲《孝经》《论语》《汉书》《史记》《左氏国语》,广学甄微,靡不贯综"⑥。汉代《孝经》的教育已普及农村,《四民月令》说:"十月,砚冰冻,令幼童读《孝经》《论语》。"不仅中原地区读《孝经》,边远地区也读《孝经》。宋枭为凉州刺史,曾谓盖勋曰:"凉州寡于学术,故屡致反暴。今欲多写《孝经》,令家家习之,庶或使人知义。"⑦"孝"的教育还以碑刻、画像石等形式遍及各地,如武梁祠画像中有许多孝行故事入画⑧,画像刻词赞扬"曾子□□孝以通圣明",老莱子"事亲至孝"⑨。遍及全国的"孝"的教育,哺育出无数的"孝子"。乡里组织中著名孝子死后,直接以"孝子"题名墓碑,如《都乡都里孝子严举碑》⑩,通过颂扬孝行,对活人进行"孝"的教育。

"孝"的思想,就是这样通过政治的、思想的、教育的、伦理的、艺术的、礼仪的各种渠道,渗透到汉代社会生活的一切方面,名副其实地成为汉代政治和社会生活的思想浸润剂,在社会各个角落发挥它有形的和无形的作用。

---

① 见赵在翰《七纬》所辑《孝经纬·钩命诀》。
② 《礼记正义》卷五三,《中庸》郑玄注。
③ 《汉书》卷七,《昭帝纪》。
④⑤ 《汉书》卷十二,《平帝纪》。
⑥ 《汉故执金吾丞武荣碑》,有正书局石印本,《明拓汉隶四种》之一。
⑦ 《后汉书》卷五八,《盖勋传》。
⑧ 参见常任侠编著《汉画艺术研究》,上海出版公司1955年版。
⑨ 见《全后汉文》卷九九,《武梁祠堂画像》。
⑩ 《隶续》卷十一。

二、"孝悌""力田""三老"和汉代封建村社制的社会结构

汉代封建统治者为什么要"以孝治天下"?这当然不是统治者主观愿望。"唯物史观是以一定历史时期的物质经济生活条件来说明一切历史事变和观念,一切政治、哲学和宗教的。"①只有从汉代的社会结构,即汉代社会的物质生产关系、阶级构成的客观存在中,才能找到"孝"的社会历史根源。"汉以孝治天下",实质上是封建统治者重视"孝"所代表和反映的家族宗法血缘统治的表现,是封建制度下的村社制("封建村社制")在意识形态方面的一个重要反映。

"孝"作为一种伦理道德观念,有悠久的历史渊源和深厚的社会根源。它首先是原始社会末期父系家长氏族制的产物,是人类社会的家族血缘关系在伦理观念上的反映。恩格斯说:"亲属关系在一切蒙昧及野蛮民族底社会制度中有决定作用","父、子女、兄弟、姊妹等称谓,并不是什么仅仅尊敬的称呼而已,而是一种负有完全确定的、异常郑重的相互义务的称呼,这种义务底总和便构成这些民族底社会制度底主要部分。"②"孝"即这种义务的表现。《说文》:"孝,善事父母者。""弟"对兄而言,颜师古说:"弟者,言能以顺道事其兄也。"③两者反映了以父系家长制为中心的家族宗法关系,社会的基本细胞是由这种血缘关系构成的家庭组成的。"孝弟"强调的是后代人对前代人的怀念和因循,前代人的社会制度、生活方式和思想观念由此可以得到继承和巩固,这是古代社会存在和延续的基本条件。

"孝"的概念,是"孝"的事实的反映。原始社会末期有祖先崇拜的事实,但无文字记载。商代的种族奴隶制度是以血缘制为纽带维系的,殷王武丁之子"孝已",是古籍中有关商代"孝"的最早记载④。卜辞中有"兄已""父已",王国维认为就是"孝已"⑤。卜辞中有"考""老"二字,与"孝"通,金文亦同⑥。殷人强调"孝",是为了通过维护血缘关系来维护种族奴隶制统治。周取代了商,建立了

---

① 恩格斯:《论住宅问题》,《马克思恩格斯选集》第2卷,第537页。
② 《家庭、私有制和国家的起源》,人民出版社1955年版,第28页。
③ 《汉书》卷二,《惠帝纪》。
④ 参见《战国策·秦策》《庄子·外物》《荀子·性恶》《汉书·古今人物》等。
⑤ 《观堂集林》卷九,《殷卜辞中所见先公先王考》。
⑥ 朱芳圃:《甲骨学文字编》,"文八"注云:"古老、考、孝本通,金文同。"

宗法奴隶制度的统治。"孝"的思想不但得到继承而且加以发挥。周金彝铭中常有"用高用孝"或"高孝（先祖）"的句法，如"覣孝于申（神）"，"祖孝先王"①。周代文献中有关"孝"的记载很多，如"有孝有德"②，"用孝养厥父母"，"追孝于前文人"③，"假哉皇考，绥予孝子"，"于乎皇考，永世克孝"④，"遹追来孝"，"永言孝思，孝思准则"，"孝子不匮，永锡尔类"⑤。"宗孝"即"尊祖"，"尊祖"即"尊制"。只要恪守孝道，即使人口繁衍，支族增多，也能维护宗法奴隶制的统治。周金上的"子子孙孙永保用之"，就是要求通过对祖宗的追缅和继承，达到世代宗法奴隶制统治的目的。殷周的奴隶制，是借助于古代村社制度的社会组织而建立起来的阶级制度，这种制度仍套着血缘家族关系的躯壳，并没有摆脱村社制度的社会组织形式。反映这种社会存在的意识形态和维系这种社会制度的伦理道德观念，只能是"孝"的思想。殷周时代建立在村社制基础上的奴隶制度，可以称之为"奴隶制村社制"。

春秋战国时期，封建制的生产方式逐步取代奴隶制的生产方式，但是，以家族血缘关系为纽带的村社制度的坚韧外壳并没有为社会的动荡所震碎。杨宽指出："西周、春秋间贵族中的大小宗族，都设有宗子或宗主作为族长，掌有主管全族的一切权力。当是由父系的氏族长的制度变质和发展而成。"⑥这种情况不啻是贵族，农村基层也尽然。村社的社会组织以不变应万变，逐步适应和容纳了封建主义的生产方式和生产关系。原先建立在村社基础上的奴隶和奴隶主的阶级关系，演化转变为同样也是建立在村社基础上的农奴主和农奴、地主和农民的阶级关系。因此，反映封建村社制度的意识形态的"孝"的观念，仍为思想家们所宣扬。如墨家要求做到"为人子必孝，为人兄必友，为人弟必悌"⑦。儒家认为"宗族称孝焉，乡党称弟焉"⑧。"孝"的思想的延存，表明它赖以生长的社会基础——以血缘家族制为核心的村社制度并没有消亡。中国古代社会有一个特点，即新制度不仅产生于旧制度之中，而且很难摆脱旧制度的桎臼。例如，

---

① 郭沫若：《两周金文辞大系考释》，第121页。
② 《诗·大雅·卷阿》。
③ 《周书·酒诰》、《周书·文侯之命》。
④ 《诗·周颂》之《雝》《闵予小子》。
⑤ 《诗·大雅》之《文王有声》《下武》《既醉》。
⑥ 《试论西周春秋间的宗法制度和贵族组织》，载杨宽著《古史新探》，中华书局1965年版，第183页。
⑦ 《墨子·兼爱下》。
⑧ 《论语·子路》。

井田制度是从原始社会末期的村社制度演变而来的①。就社会组织形式而言，春秋战国以来的"大小邑""乡遂""书社"，乃至秦汉时代的"乡亭""里社""聚"等等，实际上都是村社组织的次生、再次生形态或变种。童书业认为："鄙意'书社'者，即井田，亦即村社。"②战国秦汉以降的封建制度，是在村社制组织形式和基础上建立起来的封建制度。地主阶级借助于社会上广泛存在的村社制度，建立了以无数分散的家族宗法制的村社为基础的封建主义的集权统治。以汉代的"里社"而言，作为基层政权的"里"与作为村社的"社"是结合在一起的，即里社合一的制度。无论是在春秋战国时代，还是在秦汉时代，它们都是通过血缘关系的纽带，组成广大农村社会的生产生活单位，构成当时农业社会的基本细胞。反映这一社会存在和社会基础的伦理道德观念，仍然是"孝"。"孝"的思想根植于封建村社制度的土壤之中，它的反馈作用又维护和促进封建村社制的存在与巩固。经过战国、秦、汉初几百年社会的大动荡，中国古代社会的发展，终于以封建村社制的社会结构形式，建立了封建专制主义的西汉皇朝。

封建村社制既不同于奴隶制的村社制，更不同于原始社会末期的村社制。封建村社制是一种在家族血缘关系外壳的笼罩下，具有封建生产关系特点的新型村社制。它既有原来村社制的某些特征（家族血缘关系、某种成员间的平等关系、一定数量的公田、族长的领导等），又具有新的生产方式和阶级关系的内涵（封建主义的生产方式和表面上为家族关系所掩盖的阶级关系）。它产生了新的封建生产关系和阶级关系，又保留着原有的家族宗法关系的组织形式，这就是封建村社制的特征。在生产方式和阶级内容等方面，它不仅同原始村社迥然有别，同奴隶制村社制也有质的差别。但在村社的组织形式，家族的血缘关系，一定数量的"公田"和某种互助、平等关系（不排斥兼并和分化的过程），村社领袖的领导、社的祭祀形式、村社的意识形态等方面，它又具有原始村社、奴隶制村社的某些共同特征。以往的研究者，或者只注意到村社制度，或者只注意到社会形态的更迭，而没有能从两者的结合上研究中国古代社会的变化。我以为，如果能把两者结合起来研究，不仅符合中国的历史实际，而且可以悟出许多新义来。

仅仅追溯"孝"的历史渊源和社会根源，以及相应的理论和逻辑的说明，还

---

① 见杨宽著《战国史》修订本，第 126—127 页。
② 童书业著《春秋左传研究》，上海人民出版社 1980 年版，第 187 页。

不足以证明汉代的社会结构是封建村社制。我们必须直接从汉代史料中寻找能证实这种社会结构的信息。有两段常被征引而未引起深究的史料，其中包含着汉代社会结构的重要信息，为探索汉代社会的奥妙提供了重要线索：

（西汉文帝）诏曰："孝悌，天下之大顺也。力田，为生之本也。三老，众民之师也。廉吏，民之表也。朕甚嘉此二三大夫之行。"①

（东汉章帝）诏曰："三老，尊年也。孝悌，淑行也。力田，勤劳也。国家甚休之。其赐帛人一匹，勉率农功。"②

孝悌、力田、三老都是承袭古代社会中的村社领袖变化而来的乡官③。"三老"一名沿袭古代的称谓，"孝悌""力田"则是汉代按乡官的不同职务给予的新称呼。汉高后元年，"初置孝悌、力田二千石者一人"④。文帝木简诏书云："县置三老二，兴肷（？）十二，置孝悌力田廿二。"⑤说明孝悌、力田是汉初新命名的乡官。这些乡官的职责是什么呢？文帝十二年诏云："以户口率置三老、孝悌、力田常员，令各率其意以导民焉。"⑥这条史料表明：一、户口为三老、孝悌、力田统计、管理；二、三老、孝悌、力田"各率其意以导民"，即允许以原有的组织方式领导和管理农村中的成员。汉皇朝的统治者从社会实际出发，承认这些乡官有权统率广大农民的生产活动和其他活动。这些乡官只能是在农村中有社会影响、有群众基础的村社领袖，而不是由政府委派的官吏。这些乡官在政治上、思想上是汉皇朝的支柱，在农业经济上也有重大作用。如武帝时，赵过施行代田法，"过使教田太常、三辅，大农置工巧奴与从事，为作田器。二千石遣令长、三老、力田及里父老善田者受田器，学耕种养苗状"⑦。由于乡官对维护封建国家的统治具有重要性，封建统治者理所当然地给他们免除徭役、赏赐、加爵等特权。

孝悌是掌握封建村社中农民伦理道德行为和社会风尚的乡官。汉代农村中有关孝行方面的很多事，如教育、表彰、劝诫等，是由他们承担的。

力田是管理、监督封建村社中农民生产活动的乡官。力田本义为致力于耕作，语出秦国吕不韦"今力疾作，不得暖衣余食"⑧。西汉转借为乡官名。

---

① ⑥ 《汉书》卷四，《文帝纪》。
② 《后汉书》卷三，《章帝纪》。
③ 参见《后汉书》卷三，《章帝纪》李贤注；《二十二史札记》卷二，中华书局版，第40页。
④ 《汉书》卷三，《高后纪》。
⑤ 《中国全集·历史中国卷》，台北锦绣出版社1982年版，第56页。
⑦ 《汉书》卷二四，《食货志》。
⑧ 《战国策·秦策五》。

乡官力田和孝悌,是分别从物质生产方面和精神意识方面维护封建村社制的。西汉初年,由于刘邦适应社会上广大封建村社农民的要求,使农民"各归其县,复故爵田宅"、奴婢"免为庶人"①,大量封建村社得以恢复正常的生产活动,它们是汉皇朝赖以生存的基础,力田和孝悌对稳固、健全这一社会基础,起着统治阶级起不到的作用。侯外庐早就敏锐地注意到这个问题:"中国劳动力的丰厚源泉,既然以这种家族制为基础,那么我们就知道统治阶级为什么把'孝悌'和'力田'相互关联起来了。"②

有关汉代封建村社中农民的生产活动以及乡官力田组织、管理农业生产的情况,两汉文献和考古材料留下的信息是有限的。但马克思主义经典作家的精辟指示,仍可使我们从有限的史料中窥其历史面貌。被朱熹称为"见当时风俗"的《四民月令》,是汉代封建村社制的实录。它十分具体地描述了汉代封建村社中,农业生产与家庭手工业相结合的自然经济的社会经济结构,记载了封建村社成员的生产、生活状况。《四民月令》里的生产活动,是集体和个体劳动的结合。农业生产以大田作物为主,除粮食、蔬菜外,还有果木、林业、蚕桑等。家庭手工业有丝绸品和纺织麻布等。此外,还有大量的社会活动,如在"九族"范围内进行的"振赡匮乏""救丧纪""宗族、婚姻、家长""讲好和礼,以笃恩纪",乃至访候"君师、故将、耆老"等活动。还有村成员的教育、武备活动,如"命幼童入小学,学篇章""缮五兵,习战射",所有的生产和社会活动,都是以个体家庭结成的家族共同体为单位进行的。汉代史料中可以找到不少类似的记载。例如,黄霸"使邮亭乡官皆畜鸡豚,以赡鳏寡贫穷者,然后为条教,置父老、师帅、伍长,班行之于民间,劝以为善防奸之意,及务耕桑,节用殖财,种树畜养,去食谷马"③,秦彭"每春秋飨射,辄修升降揖让之仪。乃为人设四诫,以定六亲长幼之礼。有遵奉教化者,擢为乡三老,常以八月致酒肉以劝勉之"④,又如武都太守耿勋"率士普议,开仓振澹……扶活养餐千有余人,出奉钱两□□振衣赐给贫乏,发荒田耕种,赋与寡独王佳小男杨孝等三百余户,减省贪吏二百八十人。劝勉趋时,百姓乐业,老者得终其寿,幼者得以全身"⑤。这些史料证明了《四民月令》中记载的

---

① 《汉书》卷一,《高帝纪》。
② 侯外庐等著《中国思想通史》第2卷,第39页。
③ 《汉书》卷八九,《黄霸传》。
④ 《后汉书》卷七六,《秦彭传》。
⑤ 《武都太守耿勋碑》,《隶释》卷十一。

封建村社,不是汉代社会的个别现象,在汉代农村社会里有普遍性。

《四民月令》里描述的汉代封建村社,有三个特点:第一,生产活动是由从事生产的土地所有者——小农担任的,但又具有集体劳动的特点。马克思指出:"社会底基础在于它的成员系由从事劳动的土地所有者即小块土地耕作者构成的;从另一方面看,这些小块土地耕作者所以能够独立自主是因为他们以社会成员底资格彼此间具有那种互助关系,因为公地保证了他们的集体需要和集体荣誉等等。"①《四民月令》所反映汉代的土地关系不够具体,但郑玄用汉代事例注释"里宰"中"合耦于锄"一语时的解释,可以帮助我们理解汉代农村的土地关系。他说:"锄谓里宰治处也,若今街弹之室,于此合耦,使相佐助,因放而为名。"②贾公彦疏云:"锄,助也,谓合两两佐助于里宰处。"③在解释"街弹之室"时又说:"汉时在街置室,检弹一里之民,于此合耦,使相佐助。"④《四民月令》所反映封建村社的生产方式和土地关系的特点,正如马克思所说,一方面是"小块土地耕作者";另一方面又有村社成员"彼此间具有的那种互助关系"。这种土地占有和劳动生产上的两重性,是封建村社制生产方式的特点。第二,封建村社中的全部生产活动,是农业和手工业相结合的自然经济的生产方式,生产只是为了村社成员本身的消费(另一部分产品上缴封建国家),而不是为了交换。这种生产活动如颜之推所说:"闭门而为生之具已足,但家无盐井耳。"⑤马克思分析印度村社制度经济方式的论断,对它是适用的:"他们又散处于全国各地,因农业和手工业的家庭结合而聚居在各个很小的地点。""这种制度使每一个这样的小单位都成为独立的组织,过着闭关自守的生活。"⑥第三,村社的全部生产和社会活动,都是在村社领导人的"命"、"令"或"可"的指示下进行的,如"命女工趣织布""命缝人浣冬衣";"令蚕妾治蚕室""令馈渍麴,酿冬酒,作脯腊";"可作瓜""可蓄美田""可种植禾"等等。这种村社领导者对村社成员的生产和社会活动的组织领导方式,同古代文献中所说"以岁时稽其人民,而授之田野"⑦,几乎一样。《四民月令》里记载的村社领导人是"家长",德高望重者,威重权大,在村社中是至尊,并不亲自指挥复杂细致的生产活动。具体的生产组织者,则是《四

---

① 《马恩列斯论资本主义以前诸社会形态》,文物出版社1977年版,第306页。
②③④ 《周礼注疏》卷十五,《里宰》。
⑤ 《颜氏家训·治家篇》。
⑥ 《不列颠在印度的统治》,《马克思恩格斯选集》第2卷,第66页。
⑦ 《周礼·遂人》。

民月令》中所称之的"田者"。他们的主要职责,就如马克思所说的,把从事劳动的土地所有者即小块土地耕作者,按照村社成员的相互依存关系组织起来进行生产。这种生产关系导致封建村社的土地制度具有"公有"和"私有"的双重性质。从村社土地所有权的传统观念和有一定数量的公田来说,可以称之为"公有";从土地分属村社农民自己耕种以及三老、孝悌、力田对土地耕作和产品分配的支配权的意义上讲,又有"私有"的性质。村社农民面临几层关系:一、同土地的关系("私有""公有"的双重关系);二、同其他村社成员的关系(这是同同一家族系统的劳动者之间的关系);三、同村社领导人三老、孝悌、力田的关系(这是一种更重要的社会关系。它的性质和蜕变,下面再作分析)。

"三老"即《四民月令》中的"家长"。他们是汉代农村中封建村社组织的领导人,亦即战国以来的"里正""父老"①,或称"里父老"②"里老"③"老"④,汉代史料中习称为"三老"。秦汉的乡里组织"大率十里一亭,亭有长。十亭一乡,乡有三老,有秩、啬夫、游徼。三老掌教化,啬夫职听讼,收赋税,游徼徼循禁贼盗。……皆秦制也"⑤。高帝二年二月诏曰:"举民年五十以上有修行,能帅众为善,置以为三老,乡一人。"⑥文帝时木简诏书云:"县置三老二。"⑦东汉又有从乡三老中选为"郡三老""国三老"者⑧。汉代碑刻中有关"三老"的记载很多,如"衡县三老上官凤""衡县乡三老时勤"⑨"县三老商量伯祺""乡三老司马集仲裳"⑩等。乡官三老为封建政权所承认,因此,"三老有印。十钟山房印举举二、五十二页,有'万岁单三老'印"⑪。可见,乡官三老是汉皇朝的基层属吏。三老不是秦汉才有的,周代就有"三老五更"⑫,这是原始公社后期村社的长老制度在奴隶社会和封建社会中的延续。摩尔根说:"罢免世袭酋长的权利和选举他们的权

---

① 《春秋繁露》卷十六,《止雨》。
② 见《史记》卷一二六,《滑稽列传》;《汉书》卷二四,《食货志》;《居延汉简释文》四五·一、五二六·一。
③ 《太平御览》卷五三二,《社稷》引《邴原列传》。
④ 《睡虎地秦竹简》第 143、193、230 页。
⑤ 《汉书》卷十九上,《百官公卿表》。
⑥ 《汉书》卷一上,《高帝纪》。
⑦ 《中国全集·历史中国卷》,台北锦绣出版社 1982 年 3 月版,第 56 页。
⑧ 参见《后汉书》卷七六,《王景传》;《隶释》卷六,《国三老袁良碑》。
⑨ 《汉书补注·高帝纪》,沈钦韩引仓颉庙碑阴文字。
⑩ 《金石萃编》卷十八,汉十四《郃阳令曹全碑》。
⑪ 见陈直《汉书新探》,天津人民出版社 1979 年版,第 140 页。
⑫ 《礼记·文王世子》:"适东序释奠于先老,遂设三老五更群老之席位焉。"《礼记·乐记》:"食三老五更于大学。"

利是同样重要的,这一权利是每一氏族成员所享有的。"①这种情况以后有衍化,即逐步变成世袭制,但长老制度一直延续下来,周秦两汉的三老就是这种制度的延伸。三老的职责是"掌教化",即从思想上领导整个封建村社的成员。《后汉书》诠释"三老掌教化"的内容说:"凡有孝子顺孙,贞女义妇,让财救患,及学士为民法式者,皆扁表其门,以兴善行。"②即以维护家族血缘制的"孝"为中心进行教育和领导。郑玄注"三老五更"说:"三老五更各一人也。皆年更事致仕也。天子以父兄养之,示天下之孝悌也。以三、五者,取象三辰五更,天所因之照明天下者。"③汉代"天子"对乡官三老也确实做到了"以父兄养之,示天下之孝悌"。无论是在事实上还是概念上,三老在汉代社会中都有重要的地位和突出的作用。文帝十二年诏"三老,众民之师也"④。元狩六年,武帝"遣博士(褚)大等分循行天下","谕三老、孝悌以为民师"⑤。《后汉书·明帝纪》注云:"(三老)劝导乡里,助成风化。"封建统治者力图通过具有传统历史影响的三老、孝悌的民师身份和教导作用,从政治上、思想上控制封建村社中的农民,以稳固封建统治的社会基础。雄才大略的汉武帝甚至不允许边远地区成为封建统治不能起作用的真空地带,曾专门派司马相如晓谕巴蜀"让(责)三老、孝悌以不教诲之过"。⑥这表明,即使在边远地区,历史上沿袭下来的村社制度,依然是汉皇朝封建统治的社会基础。

　　三老、孝悌、力田和封建村社成员农民的关系,虽然仍有共同的血缘家族关系,但实质上已逐步转化为农奴主和农奴、地主和农民的阶级关系,虽然原来名义上的平等关系还存在。三老等人的身份名义上不变,实质已随社会的变化、新的阶级关系的形成而发生蜕变。他们不仅属于被封建皇朝统治者信任和依靠的基层领导阶层,又享有种种特权,汉代社会中与时俱增的大大小小的"强宗豪右",其中相当一部分就是由他们变化发展而来的。"强宗豪右"就是封建村社家族组织成员中的强者、富者、能者、狡者。所以称为"豪右",是为同居住在里门之左的贫苦村社成员"闾左"相区别。"豪右"和"闾左"的区别,就是封建村社中阶级分化的结果和反映。随着封建社会的发展,这种分化更为明显。例如,表面上充满平等互助风尚的《四民月令》里,也有"同宗有贫窭久丧不堪葬

---

① [美]莫尔根著《古代社会》,生活·读书·新知三联书店1957年版,第77页。
② 《后汉书》志第二八,《百官五》。
③ 《礼记正义》卷二,《文王世子》。
④ 《汉书》卷四,《文帝纪》。
⑤ 《汉书》卷六,《武帝纪》。
⑥ 《汉书》卷五七,《司马相如传》。

者",贫穷得不能下葬,可见贫富分化的剧烈,因此,《四民月令》里也强调"以亲疏贫富为差"。西汉时,"兼并豪党之徒以武断于乡曲"①。兼并是在封建村社"乡曲"范围内进行的。东汉明帝诏曰:"滨渠大田,赋与贫人,无令豪右得固其利。"②可见豪右兼并大田的情况很严重。"强宗右姓,各拥众保营。"李贤注:"右姓犹高姓也。"③这些"强宗豪右"即"高姓",是从村社领导人中间凭权势上升为特权阶层,其他封建村社成员即广大农民则沦落为被剥削者、被压迫者,即史料中所说的:"邑有人君之尊,里有公侯之富,小民安得不困?"④宁可指出:汉代村社中的"里父老","可由具有一定数量以上家产的人户轮次充任"⑤。这正可说明,"三老"等人和地主是可以相互转变的。仲长统说:"井田之变,豪人货殖。馆舍布于州郡,田亩连于方国。"⑥道出了强宗豪右的形成,是封建村社的土地关系受到破坏,原有社会关系瓦解的结果。农民也因此"卖田宅,鬻子孙",由村社中的自由农民沦为农奴。这种情况西汉中后期更为严重,两汉皇朝经济上的兴衰、政治上的成败,都可从封建村社制度是否受到破坏这个问题上得到解答。

两汉的社会经济基础和结构是封建村社制。东汉、三国时代的"领客""宾客""宗部""部曲",也是以封建村社的组织形式形成的封建隶属关系。侯外庐指出:"问题的关键,即在于农村公社又在封建体制的建立过程中重新依附于封建制度,而不是如有些人说,在商鞅变法以后就一次地瓦解了。"⑦在中国古代社会的发展变化过程中,陈旧的社会躯壳和社会组织形式,既不能完全阻止生产关系和阶级关系的演变,又顽固地保持它坚韧的甲胄,紧紧地套在发展变化的中国古代社会的身躯上,束缚着它的成长和发展。这说明,在社会的发展过程中,新生的依附于陈旧的,陈旧的束缚新生的,也是某种规律性的反映。

三、封建村社制是汉皇朝专制政体的社会基础

封建村社制是汉皇朝封建专制政体赖以生长和存在的土壤。封建专制政

---

① ④ 《汉书》卷二四,《食货志》。
② 《后权书》卷二,《明帝纪》。
③ 《后汉书》卷三一,《郭伋传》。
⑤ 宁可:《关于〈汉侍廷里父老僤买田约束石券〉》,《文物》1982年第12期。
⑥ 《后汉书》卷四九,《仲长统传》。
⑦ 侯外庐等著《中国思想通史》第2卷,第35—36页。

权和封建村社制是不可分解的。杨宽论述春秋贵族体制时曾说:"这种族长主管制,使大小宗族拥有本族的财权、兵权、法权和神权,对本族成员有统率、管理和处分之权,当然对于所属劳动人民,更有生杀之权。当时政治组织体系,是和宗法组织体系紧密结合在一起的,大小宗族长的专制权力,在政治组织上就表现为君主和卿大夫的专制权力。"①封建专制政体同样派生于封建村社的族长主管制的基础上,汉皇朝的专制政体,犹如一个庞大无比的麻袋,装满了千万个分散的、有着独立生息机能的马铃薯式的封建村社,从而组建为封建大一统的帝国。封建政权通过从中央到地方的各级行政机构(郡县制),直接和每一个村社发生政治经济上的关系(赋税、兵役等)。各封建村社之间基本上不发生联系。它们的分散和独立为封建集权提供了有利的条件。这种个体的分散和中央政权垂直式的控制,是矛盾的对立统一。

从意识形态上看,封建村社的指导思想"孝",是同对封建君主的"忠"一致的。"其为人也孝悌,而好犯上者鲜矣。"②孝于封建村社的家长,一定会忠于封建帝王。这就是《孝经》宣扬的忠孝两全思想成为汉代人普遍遵循思想的原因。"君子之事亲孝,故忠可移于君。"③"以孝事君则忠。"④汉初陆贾就强调孝是忠的基础:"在朝者忠于君,在家者孝于亲。"⑤因此,统治者的统治思想是,"以孝治天下","故得万国之欢心";"以事其先王","故得百姓之欢心";"以事其先君","故得人之欢心"⑥。社会基础和意识形态两方面的原因,都说明了:"凡是这种社会形态占优势的地方,它总是产生这种专制制度,总是在这种专制制度中找到自己的补充。"⑦

作为汉皇朝专制政体基础的封建村社制度,必然关系到汉皇朝盛衰存亡的命运。只要封建村社能基本维持正常的生产活动,封建王朝就能基本安然。汉初,刘邦实行的政策复苏了被秦皇朝的苛政和战乱破坏的封建村社,加上文景时代"无为而治"的政策,使封建村社依靠农民自己的力量得以复兴,在文景之治基础上造成武帝时期经济的高涨。随着土地兼并、官吏重赋和武帝的穷兵黩

---

① 《试论西周春秋间的宗法制度和贵族组织》,杨宽著《古史新探》,中华书局1965年版,第187页。
② 《论语·学而》。
③ 《孝经·广扬名章》。
④ 《孝经·士章》。
⑤ 《新语·至德》。
⑥ 《孝经·孝治章》。
⑦ 《马克思恩格斯选集》第2卷,第624页。

武政策,村社的正常生产活动受到严重影响,从而造成武帝后期村社破坏、"流民愈多"①的状况。哀帝年间更发生"豪强大姓,蚕食无厌""苛吏徭役,失农桑时"②的惨状。王莽改制,议复"井田",是想通过"分余田予九族邻里乡党"③的办法,把土地分给失去土地的村社农民,借以修葺被破坏的封建村社制。但大厦将颓,修葺无济于事,社会被搅得大乱。村社农民逼得无法生存,利用"三老"等名义组织了赤眉大起义。起义农民"常思岁熟得归乡里"④,即渴望重新回到村社平静地生产和生活。赤眉起义具有村社农民起义的特点⑤。光武帝慑于赤眉起义的威力,在赤眉起义军被镇压下去之后,不采取屠杀政策,而多次下令解放奴婢让沦落为奴的村社农民重返封建村社,在一定程度上是顺应村社农民的要求。所谓"光武中兴",是汉皇朝封建村社制度的中兴。东汉末年的黄巾起义,同赤眉起义一样,也是封建村社农民破产的结果。为平息这次起义,统治阶级主张用"孝"的思想平定农民叛乱,"但遣将于河上北向读《孝经》,贼自当消灭"⑥。两汉皇朝的历史命运,是直接同皇朝赖以生存的封建村社制的稳固程度和强弱变化相联系的。从这个意义上说,"汉以孝治天下"确实是汉皇朝的根本,因为它道破了汉皇朝兴衰存亡的秘密。然而,汉皇朝的天下能不能"治"好,不是以统治阶级意志为转移的。正如元帝时民谣所说:"何以孝弟为?财多而光荣。何以礼义为?史书而仕宦。何以谨慎为?勇猛而临官。"⑦剥削阶级贪婪的本性和眼前利益,往往导致他们竭泽而渔,破坏赖以生存的基础。汉代的历史就是在这种矛盾的对立统一的运动中发展过来的。

(原载《历史研究》1983 年第 6 期,1983 年 12 月 15 日)

---

① 《汉书》卷四六《石奋传》载,元封四年,出现了 200 万的流民,其中 40 万为"无名数者"(无户籍者)。这是封建村社破坏后被迫外流的村社农民。
② 《汉书》卷七二,《鲍宣传》。
③④ 《汉书》卷九九,《王莽传》。
⑤ 请参阅拙作:《从"三老"、"臣人"、"从事"看赤眉起义》,《秦汉史论丛》第 2 辑(即出),陕西人民出版社出版。
⑥ 《后汉书》卷八一,《独行·向栩传》。
⑦ 《汉书》卷七二,《贡禹传》。

两汉的历史转折

刘修明

历史的转折,是历史发展过程中即量变到质变或部分质变的表现形式,是历史发展的一种跳跃。但这种运动方式并非一蹴而就,它可以是反复,暂时的倒退,甚至会一度跌入社会的深渊、历史的峡谷。经过痛苦的跋涉,人类又将迈上新的进程,攀登更高一层的历史阶梯。

在中国历史漫长的进程中,有过多次的历史转折。本文论述的只是两汉(西汉和东汉)的历史转折,主要表现在两汉之际。它不是先秦和近代那种大的历史转折,也不是魏晋南北朝时期那类中等规模社会历史的代谢,也不同于一姓王朝取代另一姓王朝的封建统治的更迭。但两汉的历史转折确实是对中国封建社会的发展产生过影响,曾牵动了社会各阶级和各阶层,震动并改造了社会经济基础,摇撼了建立在这个基础上的全套上层建筑。两汉的历史转折,是中国封建社会从不成熟向成熟转变的一个重要阶段。经过两汉之际社会上各种势力的浮沉、纷争、痛苦和曲折以后,从社会经济基础到上层建筑发生了很大变化,用血与火书写了发人深省的历史启示录。

一、两汉历史转折的契机和动力

西汉王朝曾是中国封建社会史上一个统一、强盛的王朝。以武、昭、宣为标志的西汉极盛时代,在政治、经济、文化上都达到中国历史上前所未有的高峰。汉初70多年相对稳妥平静的发展,一改秦王朝那种急于求成、好大喜功的方针,带来了社会全面的繁荣。史书所记"非遇水旱,则民人给家足,都鄙廪庾尽满,而府库余财"①,是符合客观实际的。同世界上一切事物都在发展变化一样,西汉王朝也经历了一个盛极而衰的过程。元、成、哀、平以后每况愈下,同样也是不能改变的客观事实。由盛而衰是历史现象,需要探讨的是它的社会根源。在各种关于社会动因的理论中,我坚持认为社会变化的根本动因是日趋尖锐的生产关系和生产力的矛盾。

西汉是早期封建制社会。战国以来,封建制与奴隶制的斗争及其长期的犬牙交错的取代过程,只是为封建制的发展扫除了障碍,开辟了道路,而不是封建制的确立和最后的胜利。秦王朝的统一和失败,实际上包含着封建制和奴隶制斗争的大反复的重要内容。在秦末复杂交错的阶级斗争基础上建立起来的西汉王朝,才正式开始了中国封建社会的初级阶段。中国社会的第一次历史性大转折(封建制取代奴隶制),在经历了激烈的政治、军事斗争以后,必须经过一个相对稳定的经济恢复与发展的历史阶段,封建经济(生产力和生产关系)才能渐臻成熟与巩固。这一历史环境,先秦和秦代都不曾出现过,西汉王朝的建立才使之成为现实。

封建生产关系的基础是封建主占有生产资料(土地)和不完全占有生产者。封建土地制度的基础是封建土地所有制。但这些都必须以自耕农及其土地所有制的存在、发展、分化为前提。没有小农,便没有封建制。从这个意义上说,封建生产关系赖以建立的原始基础是小农(自耕农)所有制。西汉王朝正是以小农的存在和发展而建立发展的。刘邦称帝后三月,即发布诏令,"兵皆罢归家";"民前或相聚保山泽""令各归其县,复故爵田宅";"民以饥饿自卖为人奴婢者,皆免为庶人"②。这三条都是为了恢复和发展小农经济。汉初 60 年的"无为"政策和几度减免田赋,文帝、景帝一再倡导"民本""农本"思想,就其本质说,是让小农经济按照其自身规律和活力平静而稳步的发展。西汉和中国封建社会史一再证明,小农经济的稳定发展是社会繁荣、国家富强的经济根基和先决条件。

经济上孤立、单薄的小农经济,毕竟是一种不稳定的经济形态。它承受不了国家租赋和徭役的重压以及天灾人祸的袭击,也不能构成典型的封建经济。西汉初期,小农的分化过程,几乎是和小农经济的恢复、发展过程同时并进的。

---

① 《汉书·食货志上》。
② 《汉书·高帝纪下》。

在文、景的经济恢复、发展阶段，贾谊就尖锐地指出："汉之为汉几四十年矣！公私之积犹可哀痛。失时不雨，民且狼顾；岁恶不入，请卖爵、子。"①小农分化的基本形式是土地兼并。土地兼并是完成封建生产关系的主要途径，它导致自身不稳定的小农蜕化为佃农或流亡人口。兼并的主体，一是腰缠万贯的商人，"此商人所以兼并农人，农人所以流亡者也"。②二是享有特权的官僚贵族，如萧何"贱强买民田宅数千万"③，"（淮南王）后荼、太子迁及女陵得爱幸王，擅国权，侵夺民田宅"④。在土地兼并的问题上，封建王朝的统治者的态度是：一方面，为了王朝的存在与发展，必须同破坏其经济基础的商人进行较量，打击商人的土地兼并活动。如张汤"承上指，……排富商大贾，……钼豪强并兼之家"⑤。另一方面，对作为自己阶级基础的官僚地主的兼并活动，王朝的任何法制都不可能起决定性的抑制作用。董仲舒曾把"塞并兼之路"作为最严重的社会问题提到汉武帝面前，然而，竭尽全力以缓和社会矛盾的汉武帝也无力阻止土地兼并的趋势。自元帝到哀帝的40余年间，土地兼并日趋剧烈，"强者规田以千数，弱者曾无立锥之居"⑥。成帝时大官僚张禹"以田为业，及富贵，多买田至四百顷，皆泾、渭灌溉，极膏腴，上贾（价）"⑦。哀帝宠臣董贤一次得赏田达2 000多顷。在起决定作用的官僚地主的兼并活动推动下，地方上的大地主势力也得到发展，"邑有人君之尊，里有公侯之富"⑧。

以土地兼并为途径和标志，逐步完成封建生产关系的历史趋势，改变了王朝初年自耕农占主要成分的局势，形成封建社会的所有制形态和阶级关系：地主对土地的占有以及对农民人身的不完全占有。土地的占有，可以是封建制国家的土地所有制（如西汉的"公田""郡国田"），也可以是地主私人的土地所有制，实质上都是封建地主阶级借以榨取农民剩余劳动的根本条件。地主对农民人身的不完全占有，史籍也透露不少信息："（倪宽）时时行佣贷，以给衣食。"⑨"衡好学、家贫，庸作以供资用。"（颜注："庸作，言卖功庸为人作役而受顾也。"）⑩

---

① ② ⑧ 《汉书·食货志上》。
③ 《史记·萧相国世家》。
④ 《史记·淮南衡山列传》。
⑤ 《汉书·张汤传》。
⑥ 《汉书·王莽传中》。
⑦ 《汉书·张禹传》。
⑨ 《史记·儒林列传》。
⑩ 《汉书·匡衡传》。

始元四年(前83年)七月诏:"比岁不登,民匮于食,流庸未尽还。"(颜注:"流庸,谓去其本乡而行,为人庸作。")①"其子孙,咸出庸保之中。"②地主与农民,这是基于西汉封建生产关系逐步形成而构成的相应的阶级关系,也是基本的社会矛盾。这对基本矛盾影响和决定着西汉封建王朝的盛衰。

  早期的封建制是不成熟的封建制。不成熟的封建制包含着非封建性的生产关系和阶级关系,这就是奴隶制的严重残余。中国古代社会东方式的特殊社会结构,使家族宗法制成为中国古代社会的支配方式。汉代以"孝"为核心的家族宗法制十分典型③,它曾使中国奴隶社会的躯壳(宗法奴隶制),又延伸到以后一个很长的历史时期。秦汉早期的封建社会包含着大量的奴隶制残余。西汉是一个蓄奴很盛的时代,特别是在手工业、商业经济中,有大量奴隶从事这方面的劳动。不仅私人占有奴婢,官家也占有奴婢。这些奴婢大都由"良民"转化而来,或因贫穷而卖身,或因犯罪被没入。究其主要的社会根源,是小农破产的结果。"耕豪民之田"的佃农,无法忍受苛重剥削,一部分"亡逃山林,转为盗贼"④,另一部分则卖身为奴。汉代的奴隶制残余,既是先秦奴隶社会的残留,也反映了早期封建制的不成熟性和自耕农的破产。同古代奴隶制所不同的,一是对奴婢不能随意杀戮(但可以买卖),二是奴婢局限使用于工商业和家庭役使。西汉奴隶制残余的存在,构成了西汉社会的另一对矛盾:没落奴隶主和奴隶的矛盾。没落奴隶主主要由两方面构成:(一)以奴隶从事生产的工商奴隶主;(二)部分兼有奴隶主身份的大地主。至于封建国家占有的奴婢,一部分是私有奴婢的转移,如武帝行告缗令,"得民财物以亿计,奴婢以千万数"⑤;一部分是犯罪没官为奴。这也是奴隶制在封建社会中残留的反映。在西汉社会中,地主与农民的基本矛盾制约并左右了没落奴隶主与奴隶的次要矛盾。在社会矛盾的斗争形式上主要不是表现为奴隶的反抗斗争,而是表现为农民的反抗斗争,其原因就在于地主与农民的矛盾是复杂而不成熟的西汉封建社会的基本矛盾,在绝大多数情况下又表现为主要矛盾。由于它的存在和发展、规定或影响着其它矛盾的存在和发展。

---

① 《汉书·昭帝纪》。
② 《汉书·高惠高后文功臣表序》。
③ 参见拙作《"汉以孝治天下"发微》,《历史研究》1983年第6期。
④ 《汉书·食货志上》。
⑤ 《汉书·食货志下》。

不成熟的西汉封建社会的生产力，无论是作为社会基本生产领域的农业还是工矿业和商业，都曾达到当时所能达到的前所未有的高度。生产关系不成熟又能与生产力基本相适应并促进生产力的发展，看来很奇怪，实际上正反映了中国古代家族宗法制社会的社会结构和借以构成的封建宗法制经济形态的一个特点：除了封建大一统局面的形成促进了经济的发展外，作为不成熟标志的封建宗法制社会系统生产力主体的自耕农的大量存在及其能动性的发挥，在恢复和发展生产力中起了决定性的作用。这种以自耕农为主体的封建家族宗法制不成熟的生产关系，正是形成封建大一统政治局面的经济结构的骨架。西汉中叶以前的政策，大体是保护自耕农和中小地主发展的。以"六条问事"为标志的打击豪强政策，目的在于维护以自耕农为主体的封建家族宗法制社会经济结构①。然而，不成熟的封建社会结构必然要向成熟阶段发展。途径是土地兼并，标志是大土地所有制的形成。这种矛盾又造成封建生产关系发展中的对抗性。"为了正确地判断封建的生产，必须把它当做以对抗为基础的生产方式来考察。"②地主和农民的矛盾，是这种生产方式对抗人格化的表现。西汉中叶以后疯狂发展的土地兼并使这种对抗日趋尖锐。不成熟的西汉封建社会的生产力发展水平及其产品毕竟是有限的，来自封建国家和大地主阶级的双重剥削和暴力掠夺，是"百亩之收不过百石"③的小农难以承担的。作为封建国家经济支柱的家族宗法制的自耕农经济终于被压垮，导致王朝濒临崩溃、社会面临解体的危险边缘。在不成熟的封建经济结构中，生产关系和生产力由开始的基本相适应转变为后来的基本不适应。社会矛盾激化了，"阴阳未调，三光晻昧，元元大困，流散道路，盗贼并兴，有司又长残贼，失牧民之术"④。西汉中叶以后，政治、经济危机不断，农民贫困、流亡以至暴动，根本原因就在于以自耕农为主体的封建家族宗法制的社会经济结构，被日趋发展的大地主经济破坏殆尽。

社会因矛盾的发展而濒临危机，又因矛盾的发展和转化具有再生力。构成阶级社会矛盾两方面的统治阶级和被统治阶级，都有生存的本能要求。这是人类社会存在与发展的原始出发点。西汉王朝经历了由秦末的波谷发展为武、昭、宣的波峰，又逐步滑向波谷的波浪式运动的历程。生产关系和生产力不可

---

① 参见拙作《汉代监察制度述论》，《光明日报》1984 年 8 月 29 日。
② 马克思：《哲学的贫困》，《马克思恩格斯选集》第 1 卷，第 119 页。
③ 《汉书·食货志上》。
④ 《汉书·元帝纪》。

调和的矛盾,以政治、经济危机和不断的灾变①的形式表现出来。

"一种历史生产形式的矛盾的发展,是这种形式瓦解和改造的唯一的历史道路。"②西汉王朝国运的衰微,是王朝赖以生存的不成熟的封建经济关系内部矛盾发展的结果。这一生产形式在瓦解中要求得到进一步的改造,发展为成熟的封建制度。促使社会运动和经济关系改造的基本矛盾,仍然是生产关系和生产力的矛盾。"社会的生产发展同它的现存的生产关系之间日益增长的不相适应,通过尖锐的矛盾、危机、痉挛表现出来。"③西汉王朝由盛而衰的历史和西汉末年层出不迭的危机,形象地表现了这一原理。这也是两汉之际历史转折的契机和动力源。

二、历史转折和社会势力

西汉社会生产关系和生产力的矛盾是社会深层的矛盾,它通过人的矛盾与对抗表现在社会表层上。这就是在封建社会历史转折中起巨大杠杆作用的地主和农民的斗争,以及间接反映这个斗争的统治阶级的内部矛盾和斗争。两汉历史转折的事实,把这种内在联系明朗化、简单化了。无论是改良、暴动,还是在前者基础上的"中兴",都是阶级斗争不同的表现形式。

"危机是政治变革的最强有力的杠杆之一。"④表现为危机形式的转折,对社会各阶级、各阶层都是巨大的冲击。统治阶级由于处在统治地位,感受的冲击波就更为强烈,导致的直接结果就是实施改良,以缓和冲击波对整个统治的震荡。西汉末年社会政治、经济生活的混乱、衰败和停滞,促使封建统治阶级尽他们的一切可能,通过各种方案,对危机四伏的社会进行自救活动。首先是一批敏感性很高的儒生,借神学化的谶纬儒学,向统治者提出警告与谏诤,让封建统治者不要竭泽而渔,破坏自身统治与生存的社会基础。然而,这种思想上、舆论上的自救活动不能缓和尖锐的社会危机,现实迫使统治者采取实际措施,从生产资料和生产者的人身自由两方面缓解矛盾。封建统治者以国家占有的公田

---

① 见《汉书·五行志》的灾异记载。
② 马克思:《资本论》,《马克思恩格斯全集》第23卷,第535页。
③ 马克思:《经济学手稿》,《马克思恩格斯全集》第46卷下,第268页。
④ 恩格斯:《致爱·伯恩斯坦》,《马克思恩格斯全集》第35卷,第258页。

借与贫民,以缓和土地兼并造成的农民无地的矛盾。从元帝初元元年(公元前48年)正月开始,"以三辅、太常、郡国公田及苑可省者振业贫民,赀不满千钱者,赋贷种食"①。以后,哀帝、平帝时又多次以公田借予贫民耕种。其次,是限制大官僚大地主的土地兼并。师丹的限田议,孔光、何武奏请贵族、官僚等名田不得超过30顷,就是为了改变"豪富吏民訾数巨万,而贫弱愈困"②的局面。对劳动者的人身自由,相应地采取两项措施:一是"赦天下徒"③。元、成、哀、平年间,多次颁诏释放因贫穷犯罪沦为罪犯(也即国家奴隶)的百姓。二是限制贵族、官僚、商人、地主占有奴婢的数字,如孔光、何武建议诸侯王奴婢不得超过200人,列侯公主不过百人,关内侯、吏民不得超过30人④。上述四条措施,实质上是企图缓解生产关系和生产力之间的矛盾。

王莽改制,是封建统治阶级自救活动的集中体现和高潮,也是最后的归宿。王莽改制抓的两个主要问题——"王田"和"私属"问题,说明他看准并抓住了激化社会矛盾的根本问题。他"提出了改制的问题,特别是如何阻止土地继续集中和农民继续奴隶化的问题,这不能说王莽在当时统治集团中不是一个独具卓见的人物"⑤。"王田"即解决封建农业社会中主要的生产资料问题,"私属"即解决封建农业社会中的劳动力问题。土地兼并促使无数自耕农丧失土地,沦为奴婢,生产关系和生产力的矛盾由此激化并导致社会的危机。王莽的"王田"制,规定"男口不盈八而田过一井者,分余田予九族邻里乡党"。值得注意的是"分余田予九族邻里乡党"这句话的内涵,这实际上是在"复古"的外衣下反对土地兼并,企图恢复以自耕农为主体的封建家族宗法制的经济制度。"井田"不过是一种形式,也是一种合乎宗法社会结构农民心理状态的号召。简单地认为这些措施是"复古""倒退",显然是离开了当时的社会实际。问题不在于王莽是否应该这样做,而在于他如何做,能不能做。王莽的失败,第一,由于他急于求成,仓皇更张,把一切都搞乱了。例如,奴婢问题,不仅没有解决,反而通过苛繁的法令,又制造了大量的国家奴隶。此外,币制之改,五均六管之设,把社会搅得乱上加乱。第二,大地主阶级的反抗,使触及他们命脉的"王田"之议根本不能推

---

① 《汉书·元帝纪》。
②③ 《汉书·食货志上》。
④ 《汉书·成帝纪》。
⑤ 《翦伯赞历史论文选集》,人民出版社1980年版,第420页。

行。区博谦以为"违民心"①，章太炎引荀悦论曰："'土田布列豪强，卒而革之，兹有怨心。'此其所以致败也。"②第三，连年不断的饥荒，加剧了社会危机和王莽的垮台。

从师丹到王莽的封建自救运动，是以不破坏统治阶级的政权基础为前提的。皇权的阶级基础是大地主阶级。这个阶级以大土地所有制为生存与统治的基础，这就造成一个无法克服的矛盾现象：即在维护大地主阶级统治的基础上要求改变大地主土地所有制。这无异是与虎谋皮。改制幻想和实践的彻底失败，表明老的当权的大地主阶级已经不可能挽回封建大厦于颓势。亲见这一过程的刘秀说："倘使成帝复生，天下不可得。"③西汉末年，任何一个帝王将相（大土地所有制人格化的表现）都无法改变自己赖以生存和统治的社会物质基础。

统治阶级谋求出路的尝试失败后，被饥寒逼得活不下去的被统治阶级，就只能以他们自己认可的方式，谋求自身的生存，即用暴力摧毁大土地所有制。"自古乱世则大家先覆。"④农民起义的杀戮与破坏，本质上是对大地主阶级的人身消灭和对大土地所有制的扫荡。这就是西汉末年以赤眉、绿林大起义为代表的农民的狂暴行动产生的社会原因和阶级原因。以暴力摧毁大地主阶级和大土地所有制，这是一方面；另一方面，暴动农民又想重新恢复他们长期以来赖以生存的生产方式，即重建家族宗法制度下带有一定平等意义的小农生产方式。起自东方的赤眉军是这方面的代表。起义军在组织方式上保持了家族宗法制度下农民的特点，把定居时农村的宗法组织形式全盘带到起义队伍中去。起义军没有严密组织和正式旌旗、文书、号令，以语言互相约束；义军首领不用尊贵位，只用宗法制农村社会中习用的乡官称号，最高称"三老"（如赤眉首领樊崇"自号三老"）；次为"从事"；次为"卒史"，一般相称为"巨人"⑤。"三老"是乡官，是西汉社会基层细胞组织农村家族宗法制度在政治、伦理方面的代表。西汉王朝原来相对稳定的统治，就建立在无数这样的宗法社会细胞的基础上，赤眉起义军则是这种宗法社会细胞的流动形态。在这种家族宗法制度下生活惯了的

---

① 以上均见《汉书·王莽传中》。
② 《检论》卷七，《通法》。荀悦语见《通典》卷一，《食货·田制上》。
③ 《后汉书·王昌传》。
④ 《西园闻见录》卷四，《教训》。
⑤ 中华书局点校本《后汉书·刘盆子传》校勘记引《后汉书刊误》谓"卒吏"当作"卒史"，但改"巨人"为"巨人"不对。"巨人"应为宗法制度下农民的相互称呼。隶字刻写"巨"可作"巨"。刻本原作"巨人"不误。今人著作多讹作"巨人"，是以讹传讹。

农民并没有很大的企求,他们的唯一愿望,就是在推翻使他们无法生存下去的统治者以后,重新回到安定的宗法农村社会里去生产、生活、生育。这也可以解释,为什么"赤眉众虽数战胜,而疲敝厌兵,皆日夜愁泣,思欲东归"①。在西汉农村的家族宗法制的社会里,多少还保留着互助平等的风尚,这对以落后方式从事生产以求温饱的农民具有极大的吸引力。

以雷霆万钧之力震撼了西汉和王莽政权大地主统治的赤眉等各路起义军,并没有能按照他们的意愿,重建封建宗法社会的小农经济。"由于农民的分散性以及由此而来的极端落后性,这些起义也毫无结果。"②即使重建这种生产方式,也不意味着封建制的成熟与发展。长期生活在西汉宗法制度下的农民,使他们即使在造反时也没有忘记西汉200年来宗法社会最大的宗主——刘氏皇族——才是社会当然的统治者,这也正是刘秀称道赤眉所说的"立君能用宗室"③。正是这种宗法社会阶级意识的熏陶,使赤眉、绿林等起义军拥立刘氏宗室(刘盆子、刘玄)为帝。

封建宗法社会农民的局限性,极大地便宜了西汉王朝长期培植起来的刘氏宗室地主。王莽"篡汉""改制"招致的天怒人怨,给在野的刘氏宗室"中兴"汉室带来良机。他们在主客观方面的优越条件(阶级力量、知识水准、社会影响等),不仅使绿林军成为他们手下的小卒,也使拥有几十万众的赤眉军最后向他们投降。两汉历史转折中的斗争、沉浮、选择,使刘氏宗室杰出的政治代表——"起于学士大夫,习经术,终陟大位"④的刘秀取得了胜利。"光武中兴",标志着刘氏皇族地主阶级在经过了历史的"之"字形发展与转折后,在新的基础上重建了封建统治。

两汉历史转折的过程,是一个矛盾—中断—发展的运动过程,经历了改制—暴动—"中兴"三个相连接的不可分割的阶段,代表着不同阶级、不同集团的社会势力血与火的拼搏,其目的都是一个,即试图以不同的方式使社会回复到它能够重新进行生产、继续发挥职能的水平。在这个过程中,各种社会势力,不论它是正宗的,还是僭越的,或是叛逆的;不论是失败的,还是成功的,都以自己独特的阶级特性和运动方式在历史转折中起了各自的作用。他们用血与火、失败与成功的具体而形象的事实,表明了"历史是这样创造的:……有无数互相

---

①③ 《后汉书·刘盆子传》。
② 马克思、恩格斯:《德意志意识形态》,《马克思恩格斯全集》第3卷,第59页。
④ 《读通鉴论》卷六,《光武》。

交错的力量,有无数个力的平行四边形,而由此就产生出一个总的结果,即历史事变,这个结果又可以看作一个作为整体的、不自觉地和不自主地起着作用的力量的产物"①。两汉历史转折,提供的是这样一个生动活泼的历史唯物主义的例证。

三、历史转折和封建社会的成熟

历史转折的辩证法,使西汉王朝从高峰跌入深谷,又通过东汉的中兴,从深谷转向山陵。透过"中兴"表面的更新气象,深层的社会变化,还是社会生产关系的变化和发展。两汉历史转折的一个重大结果是,原来不成熟的封建经济关系,通过矛盾的激化和暂时解决,发展为成熟的封建经济关系。

成熟的封建生产关系,必须是封建主占有生产资料(土地)和不完全地占有生产者(农奴)。西汉时期,由于家族宗法制农村社会中自耕农的大量存在,以及自耕农破产造成的奴隶的存在,没有形成典型意义的成熟封建生产关系。东汉王朝则不然。王朝赖以建立的社会阶级基础,是豪族地主和归返田里的农民。以豪族地主而言,刘秀和他的亲戚都是豪族地主,外祖家樊氏"为乡里著姓,……至乃开广田土三百余顷"②,岳家阴氏"田有七百余顷,舆马仆隶比于邦君"③。东汉开国功臣也多出身富家豪族。由于他们在动乱中往往率宗族宾客起兵,因此,他们的阶级基础没有受到过分的冲击和破坏。封建政权的重建,使他们理所当然握有特殊的政治权力,也因此占有了更多的经济利益,名正言顺地扩大了封建土地所有制。如马援儿子马防"资产巨亿,皆买京师膏腴美田"④。除了以政治特权发展起来的达官贵戚型的大地主阶级外,还有一批"馆舍布于州郡,田亩连于方国"⑤的商人地主、地方豪族地主势力。他们同上层的贵族官僚地主构成为上下呼应、互为依傍的统治势力。中国封建社会大土地所有制的形成,东汉是一个重要时期。王朝建国伊始,就是以大土地所有制为经济基础

---

① 恩格斯:《致约·布洛赫》,《马克思恩格斯全集》第37卷,第461—462页。
② 《后汉书·樊宏传》。
③ 《后汉书·阴识传》。
④ 《后汉书·马援传》。
⑤ 《后汉书·仲长统传》。

建立封建统治的,几乎没有经过西汉时期那种由小农经济经土地兼并再发展为大土地所有制的过程。再看农民,以刘秀为代表的东汉大地主统治集团,在"中兴"和重建封建一统政权的过程中,对农民采取了相联系的两个措施:第一是在镇压赤眉、铜马等农民起义的过程中,保护农业劳动力,尽量不杀降,让他们回归故乡,与土地相结合,重新转化为生产力;第二是下决心解决西汉、新莽以来的奴婢问题。从建武二年(公元 26 年)到建武十四年(公元 38 年),刘秀先后下了 6 次解放奴婢、3 次禁止虐杀奴婢的诏令。保护和解放生产力最重要的组成部分——生产者,实现其身份根本性的转变,并使之与大地主土地所有制结合为完整的封建生产关系和阶级关系,这是东汉封建统治者顺应时势的行动。成熟的封建生产关系,必须以奴隶制的残余的消灭为先决条件。"一切免为庶人"①,这在西汉和新莽时期不能做到,只有在农民大暴动扫荡封建关系的基础上,新的封建统治者才有可能付诸实践,才有可能在封建宗法制社会结构中,形成以大土地所有制为基础的封建经济形态。大地主阶级以聚结宗族、收养宾客的形式,巩固并发展大土地所有制,成为东汉王朝的统治基础。在这种封建经济中,依然存在"奴婢"和"徒附",如"豪人之室,连栋数百,膏田满野,奴婢千群,徒附万计"②。但这是文义的延续,而不是奴隶制的延续。从本质上说,他们都是依附于大地主的农奴,是大地主阶级不完全占有的生产者,有别于没有独立人格的奴隶,更何况血缘家族宗法关系,还给这种阶级关系抹上一层平等互助的油彩。

基本上消灭了奴隶制残余的大地主土地所有制,是中国封建社会成熟的主要标志。两汉社会经济形态的主要差别在于此。如果说,家族宗法社会的小农经济在西汉社会还曾具有强大的生命力并成为王朝强盛的基础的话,那么,从东汉王朝建立时起,这种经济形态基本上没有起过决定性作用。奠定东汉王朝经济基础的,是以家族宗法制社会为躯壳的大地主土地所有制。

奴隶制残余的基本消灭,有利于生产力的解放。大土地所有制的成熟与发展,并不符合起义农民重建家族宗法社会自耕农经济的初衷,这又相对限制了劳动者生产积极性的发挥与生产力的发展。聪明而有远见的统治者刘秀看到了并企图解决这个问题。建武十五年(公元 39 年)颁布的"度田"诏,就是为了

---

① 《后汉书·光武帝纪下》建武十四年诏。
② 《后汉书·仲长统》。

解决贵戚、功臣占田逾制的问题。刘秀为了达到目的,甚至在翌年杀了十几个"度田不实"的郡守,结果非但不能如愿,还激起"郡国大姓"聚众反抗。原因就在于王朝统治的经济基础正是大土地所有制。"河南帝城,多近臣;南阳帝乡,多近亲。田宅逾制,不可为准。"①从这点上,大土地所有制的存在与发展,既是封建制成熟的标志,也是不以任何人意志为转移的历史的必然。扎根于一定所有制基础的阶级意志才是最强有力的意志。

社会经济关系的这种变化,在上层建筑特别是意识形态领域也会反映出来。除了封建集权制在东汉初期得到进一步加强外,突出的表现是东汉统治思想的国教化、法典化、神权化。具体表现为,赋以"国宪"②崇高地位并以神学理论为根据的谶纬法典的最后完成。从光武中元四年(公元56年)宣布图谶于天下,到章帝建初四年(公元79年)白虎观会议统一经义,把图谶的法典和国教更系统化,是从观念形态上反映了以大土地所有制为核心的封建家族宗法制经济关系转变的完成。"在经义统一之后,它是'永为世则'的统治阶级的支配思想,不能再有异义。皇帝是以一个大家长和大教主的身份参与经义的裁决的。"③这一过程不自东汉始,西汉的董仲舒就开始构建,稍后,还有宣帝时石渠阁会议的中间环节;谶纬也不自东汉始,秦汉之际就制作出来(说法有不同)。但谶纬化儒家的法典化、国教化的完成,是在东汉光武、明、章之际。这恰恰是同两汉历史的转折、封建经济关系的成熟同步合辙的。"占统治地位的思想不过是占统治地位的物质关系在观念上的表现,不过是表现为思想的占统治地位的物质关系。"④神权化、法典化的《白虎通义》直言不讳地反映了这种以大土地所有制为基础的封建家族宗法制度的社会本质:"宗者何谓也?宗者尊也,为先祖主者,宗人之所尊也。""族者何也?族者凑也,聚也,谓恩爱相流凑也。"⑤血缘宗法关系的温情脉脉的面纱,掩盖了等级森严的阶级关系,维护了大地主土地所有制的经济基础。

两汉的历史转折,是以封建生产关系的成熟和反映这种关系成熟的上层建筑机制的总体完成,为其标志和结果的。

---

① 《后汉书·刘隆传》。
② 《后汉书·曹褒传》。
③ 侯外庐等著《中国思想通史》第2卷,人民出版社1957年版,第227页。
④ 马克思、恩格斯:《德意志意识形态》,《马克思恩格斯全集》第3卷,第52页。
⑤ 《白虎通义·宗族》。

四、两汉历史转折的哲理启示和辩证法

从合理到不合理，从现实到不现实，从适时到过时，从不成熟到成熟，从低级到高级，是历史发展的客观规律和客观过程。两汉历史就是遵循这个规律和过程发展过来的。从西汉王朝（中经短命的新朝）的崩溃，到东汉的"光武中兴"，标志着中国封建社会在经过第一次的历史回旋以后，进入一个相对稳定发展的时期。

鉴于这一发展过程中社会势力斗争的复杂性和尖锐性，揭示的历史哲理也是深刻而丰富的：

第一，"恶是历史发展的动力借以表现出来的形式。"[①]统治阶级恶劣的阶级本性和贪欲，对两汉历史的转折起了巨大的杠杆作用。西汉初年的统治者，由于秦汉历史转折的血与火的教训和经济发展水平的限制，不得不抑制贪婪的阶级本性，而表现为生活上的"节俭"，剥削上的"轻赋"和政治上的"宽平"。然而，剥削阶级本性只能抑制而不能改变。只要条件改变，贪婪、淫欲、残暴的"恶"的本性就一定要勃发。以元、成、哀、平为代表的一代不如一代的统治者，生活上的奢侈荒淫，其继承者公子哥儿们触目惊心的腐败荒淫现象，作为贵族集团扩大的裙带关系外戚集团的形成与发展，作为封建统治各级支柱的官僚集团的扩充和整个吏治的腐败，……这一切都转化为对人民的敲骨吸髓的剥削和暴虐惨毒的压迫。古代经济发展的有限水平，不足以承受日益扩大的剥削集团与时俱增的消费的重负。古代统治者兼剥削者的阶级本性和认识上的短见，又决定他们不可能去核算，怎样一个恰当的剥削率才能维持本阶级统治的长治久安。这就必然激化上层建筑和经济基础不可调和的矛盾，加剧社会危机，激发对抗阶级之间的斗争，促进了两汉之际历史的转折。"人们称为封建主义的好的方面和坏的方面，可是，却没想到结果总是坏的方面压倒好的方面。正是坏的方面引起斗争，产生形成历史的运动。"[②]从这个意义上说，剥削阶级的"贪欲和权势欲"，对社会的发展不自觉地起着催化作用。

[①] 恩格斯：《路德维希·费尔巴哈和德国古典哲学的终结》，《马克思恩格斯选集》第4卷，第233页。
[②] 马克思：《哲学的贫困》，《马克思恩格斯选集》第1卷，第118页。

第二,历史的转折最终意味着历史的发展与进步。发展与进步不能是无偿的,它要求构成社会主体的人们必须付出巨大的代价。代价的表现形式是历史的灾难。第一项原则表明统治阶级是阶级社会里社会灾难的主要制造者(自然灾难有时是社会灾难派生出来的)。灾难的主要承担者是以农民为主体的劳动人民。在两汉历史转折三个阶段的五六十年中,劳动人民支付了无计量的血的代价。西汉元始二年(公元2年),全国有民户 13 233 612 户,人口 59 194 978 人。经过王莽篡汉,更始、赤眉之"乱",各地大小军阀割据,刘秀"中兴",到中元二年(公元 57 年),全国只剩民户 4 271 634 户,人口 21 007 820 人①。50 多年只是历史的瞬间,却带来"百姓虚耗,十有二存"②的惨状:"城郭皆为丘墟,生人转于沟壑。今其存者,非锋刃之余,则流亡之孤。迄今伤痍之体未愈,哭泣之声尚闻。"③作为封建社会脊梁骨的劳动人民,几乎承受了全部苦难。当然,制造灾难的封建统治阶级也必须付出家破人亡乃至死无葬身之地(如王莽被碎尸切舌)的代价,被压迫者对他们进行报复性的杀戮直至掘墓毁尸(如赤眉发汉帝诸陵,取其宝货,污吕后尸④),这是蓄积已久的阶级仇恨总爆发的结果。封建统治者"到了他们败亡的时候,一切就都颠覆了,而他们也就成为鱼肉"⑤。但是,哲学家和史学家不必为历史灾难感叹。从事物发展规律上说,"没有哪一次巨大的历史灾难不是以历史的进步为补偿的"⑥。没有紊乱和灾难,就不可能摧毁和打击旧的封建统治,新的统治者也不可能吸取教训、革故鼎新。以"光武中兴"为标志的东汉封建制的成熟,是两汉之际历史灾难转化与升华的社会成果。

第三,在阶级社会里,人民是推动历史进步的动力。历史同时又表明一个事实:历史的进步又不能离开高明的统治者的组织与指挥。一个统治者能不能在历史转折时期能动地起到组织社会进步的作用,决定于客观的社会历史条件,又取决于他主观的素质(才、学、识、德)。主客观条件较好的结合,是完成转折时期历史使命的必要保证。在两汉的历史转折中,历史把一个个弄潮儿推向风云突变、浊浪排空的社会汪洋。王莽、刘玄、刘盆子、樊崇、王郎、公孙述……这些不同阶级、不同阶层、不同集团的人,以他们各自的特性和能耐,在随时会

---

①② 《后汉书·郡国志一》注引《帝王世纪》。
③ 《后汉书·窦融传》。
④ 《后汉书·刘盆子传》。
⑤ 《培根论说文集》中译本,商务印书馆 1986 年版,第 205 页。
⑥ 恩格斯:《致尼·弗·丹尼尔逊》,《马克思恩格斯全集》第 39 卷,第 149 页。

遭灭顶之灾的大浪中翻腾了一阵子,最后都失败了。只有出身于皇族又是太学生的刘秀,在大浪淘沙的历史选择中取得了成功,成就了"中兴"之业。他的成功,既有深厚的阶级基础,又因为他有出类拔萃的才能。这里不说昆阳大战和刘縯被杀后刘秀出色的才能和表演,仅就他在夺取政权和巩固政权的两个事例上,剖析他的主观才能是如何适应社会的客观规律的:(一)春陵起兵后,南阳地区民谣说:"谐不谐,在赤眉;得不得,在河北。"①"谐不谐,在赤眉",是指能不能正确对待代表宗法社会农民利益的赤眉军,是夺权能否成功的关键;"得不得,在河北",指示了能否夺取以邯郸为中心的具有战略意义的河北地区,是能否取得天下的根本,两者都合乎当时的实际。刘秀经营河北,正确对待投降的赤眉大军(不杀降),正是顺应时势与民心,实践这十二字诀。(二)建武十七年(公元41年),刘秀回故乡春陵(此时改章陵),对酣悦的宗室诸母说:"吾理天下,亦欲以柔道行之。"②以柔道治天下,是刘秀适应历史趋势、巩固政权的战略指导思想。他"量事度力,举无过事,退功臣而进文吏,戢弓矢而散牛马"③,"解王莽之繁密,还汉世之轻法"④,是把这一指导思想切实付诸实践。王夫之评曰:"(光武)以静制动,以道制权,以谋制力,以缓制猝,以宽制猛";"帝之言曰:'吾治天下以柔道行之。'非徒治天下也,其取天下也,亦是而已矣。"⑤

第四,历史矛盾是一个不会终结的运动过程。两汉的历史转折,是中国封建社会大一统以后,继秦汉之际历史转折的另一次转折。历史辩证法的推进,把这两个历史转折,有区别又有联系地联结为有机的螺旋形运动过程。这个过程并没有就此终止,它因内在的社会矛盾继续在发展,在变化。相对稳定时期,表现为阶级矛盾;历史转折时期,表现为阶级对抗。中兴后的东汉王朝,由于包蕴在封建家族宗法制外壳下的大土地所有制的发展,阶级矛盾从王朝建立之始就相当尖锐,只是还没有发展到阶级对抗,刘秀也看到这一点。建武三十年(公元54年)春,车驾东巡,群臣建议光武帝封禅泰山,刘秀发怒说:"即位三十年,百姓怨气满腹,'吾谁欺?欺天乎!'"吓得"群臣不敢复言"⑥。东汉社会的基本矛盾仍然是生产力和生产关系的矛盾。这对矛盾在成熟的封建社会内发展、激

---

① 《后汉书·光武帝纪上》注引《续汉志》,又见《后汉书·五行志一》。
②③ 《后汉书·光武帝纪下》。
④ 《后汉书·循吏传序》。
⑤ 《读通鉴论》卷六,《光武》。
⑥ 《资治通鉴》卷四十四,汉纪三十六。

化,通过统治阶级与被统治阶级的主要矛盾、统治阶级内部的次要矛盾等各种形式表现出来。东汉中叶以后,连续不断的农民起义,外戚、宦官的角逐,中小地主联合世家豪族反对宦官的斗争,汉族统治集团与边疆少数民族的斗争,为基本矛盾所左右的各种社会矛盾,上下交叉,内外纠缠,最后发展为大地主与农民的对抗形式,以农民大起义的形式震撼、瓦解了东汉帝国的统治,导致中国封建社会历史第一阶段终结的第三次历史转折——魏晋南北朝时期——的出现,并把中国社会推向封建制的高峰——隋唐时代封建社会经济、政治、文化的全面繁荣与高涨。中国社会的发展,主要是通过历史转折的形式不断进行的。

(原载《历史研究》1987年第6期,1987年12月15日)

秦王朝统治思想的结构和衍变

刘修明

一个统一王朝在政治上确立以后,除了要在经济上强固它的统治基础之外,还必须从统治思想形态上构造其模式。只有这三者站得稳,王朝的统治才能稳固。秦王朝是我国历史上第一个封建统一的专制主义王朝,在建造封建统治思想结构的过程中,经历了一个曲折的过程,其经验教训对后代封建王朝是一笔宝贵的思想遗产。

秦国的传统文化和传统思想

秦王朝的统治思想呈现着阶段性和复杂性。在完成建立封建中央集权统一国家的过程中,法家思想是秦王朝的主导思想。在这一任务基本完成以后,秦王朝除继续实践法家的专制主义思想外,阴阳家的迷信思想又成为秦王朝统治思想的重要组成部分。儒家思想的某些部分也为之采用。范文澜曾指出:"秦统一后,正统派儒家连同阴阳五行家在朝廷上也有一定的势力,比起李斯为代表的荀派儒家和法家学派来,自然是劣势,但正统派儒家还是进行了激烈的斗争。"[1]这种情况是当时各家思想在秦王朝均有一定地位的反映。统一的秦王朝建立以后,在实践上也或多或少、有意无意地接受了吕不韦杂家思想的某些部分,特别是阴阳家、儒家思想。这是秦始皇代表的封建统治阶级寻求封建统治结构的上层建筑和统治思想的一种朦胧尝试的反映。

秦国的传统文化是外来文化,这直接影响了秦王朝统治思想的形成。

---

[1] 范文澜著《中国通史简编》第2编,第18—19页。

春秋以来，秦国称霸西方，但僻处西陲，文化相当落后。"秦始小国僻远，诸夏宾之，比之夷狄。"①中原各国不认为秦是礼仪之邦，秦国自然也没有资格同中原各国会盟，"秦僻在雍州，不与中国诸侯之会盟"②。但也因为本国文化太落后，秦国文化也就受到中原文化很大的影响。秦人自称祖先"鼏宅禹责(绩)"③，即说明秦文化与中原文化的关系。缪公时，秦人"东境至河"④，以后再向东发展，与晋国交往多，受晋国文化影响也深⑤。公元前 626 年(秦穆公 34 年)，戎王命由余使秦，对秦国的思想文化产生重大影响。由余认为"中国人以诗书礼乐法度为政"，是"中国所以乱也"⑥的原因。他看到了商周以来奴隶制固有典章制度已变得陈腐不适用。由余后来归顺秦国，不仅促进了秦"益国十二，开地千里，遂霸西戎"⑦，而且对秦国的思想文化的发展产生特殊影响：一方面受着中原文化的影响；另一方面又受到戎人文化的影响。原来文化落后的秦国成为华戎文化的混合地带。秦国这一文化史上的特点，使它对于任何外来文化都比较容易接受，为商鞅变法创造了条件(东方各国由于固有文化强，商鞅一派的理论就不易为之接受)，尚战功、讲实用的法家理论可以救秦国富国强兵的燃眉之急。"理论在一个国家实现的程度，总是决定于理论满足这个国家的需要的程度。"⑧客观需要自然使法家思想在秦国得到主尊地位，其他各种思想则被斥之为"治烦言生"的"六虱"⑨。所以，秦昭王才会对荀子说"儒无益于人之国"⑩。荀子称赞秦国"佚而治，约而详，不烦而功，治之至也，秦类之矣"⑪，正是秦国政治奉行的原则。秦始皇无疑接受了秦国的这个传统思想。他和吕不韦矛盾和斗争的一个重大原因，就是思想上的不一致。秦始皇在消灭了吕不韦以后加速发展并实践了荀韩的法家思想与政策。他赞赏韩非学说，重尉缭，用李斯，这一切，使秦王朝当时的政策和措施基本适应了历史潮流，建立了封建统一的专制主义秦王朝。

秦统一中国后，法家学说中反映地主阶级对农民的专制主义的残酷剥削与

---

① ④ 《史记·六国年表》。
② ⑥ ⑦ 《史记·秦本纪》。
③ 《秦公毁》铭文，见郭沫若《两周金文辞大系》。
⑤ 参见郭沫若：《殷周青铜器铭文研究》。
⑧ 《马克思恩格斯选集》第 1 卷，第 10 页。
⑨ 《商君书·靳令》。
⑩ 《荀子·儒效》。
⑪ 《荀子·强国》。

血腥镇压的内容,马上显示出它的作用,迅速地激化了社会阶级矛盾。"六王毕,四海一,蜀山兀,阿房出。……使负栋之柱,多于南亩之农夫;架梁之椽,多于机上之工女;钉头磷磷,多于在庾之粟粒;瓦缝参差,多于周身之帛缕;直栏横槛,多于九土之城郭;管弦呕哑,多于市人之言语。"①封建专制君主的奢侈享受,必定转化为人民的沉重负担。秦统一后不久,"隐宫徒刑者七十余万"②,是秦始皇代表的地主阶级阶级本性和法家政策的必然结果。"天下苦秦久矣"③的呼喊,代表了劳动人民对地主阶级的阶级政策的强烈反抗。法家思想促进了秦王朝的建立,也加速了秦王朝的灭亡。这个矛盾的历史现象是历史的事实。两千年来,多少人曾想解释清楚此中的原因。汉代的司马谈对这个问题的回答是最简单而明了的。他说,法家学说"可以行一时之计,而不可长用也"④。统治思想必须按实际社会状况的改变而改变。秦始皇既不懂得按照实际情况改变统治思想的重要性与迫切性,也来不及这样做,结果使事物走向了反面,法家学说与政策加剧了秦王朝的社会矛盾,招致了它的短命和灭亡。

儒家思想和秦王朝

儒家思想也影响着秦国。那种认为儒家在秦国原无影响,只是后来奴隶主为了"复辟"的需要大批儒生才蜂拥入秦的说法,是不符合历史事实的。韩愈说:"孔子西行不到秦。"⑤是说孔子认为秦国是"夷翟"之邦,文化太落后,因而不愿去秦国,而不能说明儒家思想以后不曾在秦国发生过影响。最明显的证据就是同商鞅辩论的大臣甘龙、杜挚都是典型的儒家思想。"圣人不易民而教,知者不变法而治""利不百不变法,功不十不易器,法古无过,循礼无邪"⑥,正是典型的"法古""循礼"的儒家理论。商鞅同杜、甘的论战发生在公元前359年,离孔子死(公元前479年)已经120年,可见在商鞅变法前,儒家思想在秦国有一定的影响。商鞅变法后,法家思想占据主导地位,儒家思想是否销声匿迹了呢?没

---

① 杜牧:《阿房宫赋》。
② 《史记·秦始皇本纪》。
③ 《史记·陈涉世家》。
④ 《史记·太史公自序》。
⑤ 韩愈:《石鼓歌》。
⑥ 《史记·商君列传》。

有。吕不韦执政时,他的 3 000 名门客中就有为数众多的儒家之徒。在《吕氏春秋》140 篇论文中,儒家篇章就占了 30 篇之多,这就足以说明问题。

即使在公元前 213 年秦始皇焚书坑儒后,儒家势力影响仍不小。秦代的博士中,不少人就是儒生。《史记·秦始皇本纪》说:"始皇置酒咸阳宫,博士七十人前为寿。"博士仆射①周青臣也许算不上儒,博士齐人淳于越是儒是没有问题的。坑儒事件后留下的儒生,史册有名的就有济南人伏生②、薛人叔孙通③、羊子④、鲍白令之⑤、陆贾⑥、陈余⑦等人。《史记·秦始皇本纪》又说有诸生。《叔孙通列传》并言有"博士诸生"。陈胜起义时,秦二世"召博士、诸儒生问",博士、诸生 30 余人引《春秋》之义以对⑧。可见秦代的儒家及其生徒不乏其人。王国维《汉魏博士考》已涉论到这个问题⑨。至于秦始皇坑儒,有两点应当指出:第一,所坑多为方士,并非都是儒;第二,即使其中有儒,也是不合他需要,动了他肝火的儒。朱彝尊说:"彼之所坑者,乱道之儒,而非圣人之徒也。"⑩张燧也说:"焚书之令,以淳于越议封建;坑儒之令因儒生辈窃议时事而下,要亦有所激而然也。"⑪郑樵的《通志·校雠略·秦不绝儒家论》、马端临的《文献通考·经籍考》都认为秦代并没有绝儒学。秦始皇的长子扶苏为儒生辩护,本人也受儒家影响,甚至可能受过儒家教育,那是《史记》有记载的,也可证秦不绝儒学。所以,明代焦竑引证郑樵的意见后说:"秦时未尝不用儒生与经学也。况叔孙通降汉时,自有弟子百余人,齐鲁之风,亦未尝替。故项羽既亡之后,鲁为守礼义之国,则知秦时未尝废儒;而始皇所坑者,盖一时议论不合者耳。"⑫章太炎说:"秦虽钳语,烧诗书,然自内外荐绅之士,与褐衣游公卿者,皆抵禁无所惧,是岂无说哉?"⑬

---

① 《汉书·百官公卿表》:"仆射,秦官,自侍中尚书、博士郎皆有之。"
② 《史记·儒林传》。
③⑧ 《史记·叔孙通传》。
④ 《汉书·艺文志》:"儒家《羊子》四篇。自注:百章,故秦博士。"
⑤ 《说苑·至公》。章太炎《秦献记》:"《说苑》有鲍白令之,斥始皇行桀纣之道,乃欲为禅让,比于五帝,其骨鲠次淳于。"
⑥ 《史记·陆贾列传》。
⑦ 《史记·陈余列传》。
⑨ 《观堂集林》卷四。
⑩ 《曝书亭集》卷五十九,《秦始皇论》。
⑪ 《千百年眼》卷四。
⑫ 《焦氏笔乘》卷三。
⑬ 《秦献记》。

问题还不在于秦代有没有儒,儒是不是当官,更重要的是秦王朝的统治思想是否包括儒家思想在内？为说清楚这个问题,需要把战国时代儒家的变化略作介绍。战国时期的儒家学说,随着时代变化有了很多变化。《韩非子·显学》说,孔子死后,儒家分为八派。儒家变化的原因,除师承不同的原因外,时代的影响而导致学派的变化是更重要的原因,也就是说,儒家思想已在部分地向适应时代变化的方向变化。战国时代最大的变化就是封建集权制和封建统一。不属于"八派"的"子夏氏之儒",显然与前期法家李悝、吴起、商鞅有关①。"孙氏之儒"即荀卿(孙卿)一派的儒,其思想和主张都是为封建专制主义统一国家服务的。"孟(轲)氏之儒"倡导的"天下""定于一"②的大一统思想也是这个历史趋势的反映。孟轲儒家思想的前驱——子思的思想,早已有了这样的变化,如《中庸》说:"今天下车同轨,书同文,行同伦。"③最明确提出"大一统"口号的是儒家的公羊学派。"何言乎王正月？大一统也。"④儒家理想中的"太平世",政治上是大一统的局面:"夷狄进至于爵,天下远近小大若一。"⑤战国时代儒家思想趋向于统一的趋势,是儒家思想发生的重要变化。这个变化来源于时代,又影响了时代。

变化了的儒家思想也影响秦王朝的政治。秦始皇巡游时的几次刻石(相传是李斯手笔,当然应得到秦始皇的批准),反映了秦王朝统治思想。这些刻辞,是多种思想的混合物,其中也有儒家思想。主张统一,即其重要内容。《之罘刻石》,"经纬天下""大矣哉,宇县之中"。《东观刻石》,"清理疆内""禽灭六王,阐并天下"。《碣石刻石》:"德并诸侯,初一泰平。"《琅邪刻石》:"六合之内,皇帝之土。西涉流沙,南极北户。东有大海,北过大夏。人迹所至,无不臣者。"

儒家提倡的等级制度和伦常观念有助于巩固封建统治秩序,因此也为秦王朝统治者所接受,如《泰山刻石》说"贵贱分明",《之罘刻石》说"昭设备器,咸有章旗",《琅邪刻石》说"尊卑贵贱,不逾次行"。儒家的伦理道德观念在刻石中反映得更为明显。如《琅邪刻石》说"皆务贞良""专务肃庄,端直敦忠",《泰山刻石》所说"专隆教诲,训经宣达,远近毕理,咸承圣志",都是典型的儒家伦常观念。儒家的封建礼教,也为秦统治者所提倡。如《泰山刻石》说要"贵贱分明,男

---

① 参阅郭沫若:《十批判书·前期法家批判》。
② 《孟子·梁惠王》。
③ 《礼记》。
④⑤ 《公羊传》注,隐公元年。

女体(礼)顺,……昭隔内外,靡不清静"。《琅邪刻石》说要"匡饬异俗",《会稽刻石》说得更详细:"饬省宣义,有子而嫁,倍死不贞。防隔内外,禁止淫佚,男女絜诚。夫为寄豭,杀之无罪,男秉义程。妻为逃嫁,子不得母,咸化廉清。"其目的是为了清除夷翟旧俗,建立和维护新的封建统治秩序:"大治濯俗,天下承风,蒙被休经。皆遵度轨,和安敦勉,莫不顺令。"秦王朝在促进共同文化的共同心理状态即所谓"行同伦"方面,基本上是以适应封建家族宗法制度的孔孟正统儒家学说为思想工具的。封建统一王朝一旦建成,儒家的政治观、道德观、历史观很快便可以为新的统治阶级服务。当然,儒家思想的分封制和繁文缛节,不适用于秦王朝,理所当然地受到排斥。秦王朝统治思想吸收的是儒家思想的适用部分,并没有照单全收。

秦王朝和阴阳家思想

子思、孟轲是五行学说的创始者。《中庸》就说:"国家将兴,必有祯祥;国家将亡,必有妖孽,见乎蓍龟,动乎四体。"① 孟子也说:"五百年必有王者兴,其间必有名世者。"② 但真正把五行学说建成思想体系的是比孟子稍后的邹衍。"自邹衍与齐之稷下先生,……各著书言治之事,以干世主。"③ 邹衍曾在魏、燕、赵等国活动④。他用什么"以干世主"呢?这又必须联系到当时封建统一的历史趋势来考察阴阳五行家的思想及其作用。顾颉刚指出:"在(邹衍活动的)这半世纪中,战国的时势有没有重要的变动?有的,是帝制运动。"⑤ 帝制运动实质上就是封建统一运动。当时秦国与齐国都有条件"帝"天下。秦昭王五十九年(公元前288年)十月,秦昭王自为西帝,并派魏冉至齐,致东帝于齐湣王⑥。昭王晚年,秦国成为唯一的强国,当然更有资格称"帝"。邹衍的"大九州说"和阴阳五行理论都是为这个历史趋势作准备的。"大九州",是在地理观念上反映了这种统一趋势;"五德终始"则是通过五行相胜、后朝之起必因前朝之德衰的简单理由说

---

① 《礼记》。
② 《孟子·公孙丑下》。
③ 《史记·孟子荀卿列传》。
④ 见《史记》之《魏世家》《燕召公世家》《平原君虞卿列传》。
⑤ 《五德终始说下的政治与历史》,《古史辨》第5册。
⑥ 见《战国策·齐策四》,《史记》之《秦本记》《田敬仲世家》《六国年表》。

明统一全国的真命天子是应天命而出现的。在科学技术不发达、不普及的古代,这种思想很有市场。在秦统一中国前,这种起自东方的学说,很快在秦国有了市场,被秦国统治者用作秦"帝"天下的根据。所以,"自齐威、宣王之时,驺子之徒论著终始五德之运。及秦帝而齐人奏之,故始皇采用之"。①《吕氏春秋》十二纪以阴阳家思想为纲穿插各家思想,就可见阴阳家在当时秦国是有一定影响的。

秦始皇采用阴阳家的五德终始说神化皇帝威势,还有一个重要原因,就是为了防止亡国的六国贵族的反抗。他必须把皇帝的威权抬高到至高无上的地位,必须有一套神权化的学说作为推行各种统一措施的依据,"证明"秦王朝的建立及其措施是出于神的意志。在当时历史条件下,只能借助于超自然的力量来达到这个目的。五德终始说恰好适应了这种需要。事实上,阴阳家的五德终始说在秦王朝的统一中也确实起到它独特的作用。例如:

> 秦始皇既并天下而帝,或曰黄帝得土德,黄龙地螾见。夏得木德,青龙止于郊,草木畅茂。殷得金德,银自山溢。周得火德,有赤乌之符。今秦变周,水德之时。昔秦文公出猎,获黑龙,此其水德之瑞。于是秦更命河曰德水,以冬十月为年首,色上黑,度以六为名,音上《大吕》,事统上法。②

> 始皇推终始五德之传,以为周得火德,秦代周德,从所不胜,方今水德之始,改年始,朝贺皆自十月朔,衣服旄旌节旗尚黑,数以六为纪,符法冠皆六寸,而舆六尺,六尺为步,乘六马。更名河曰德水,以为水德之始。③

阴阳五行思想在秦统一中的这种特殊作用,是有限的,不能同荀韩法家思想的作用相比,同儒家思想在秦王朝统一中起的作用也不相同。它较多的是形式上的反映,如"数以六为纪"等。王国维说:"秦之遗物,殆无一不用六之倍数。"④如秦泰山、芝罘、东观、峄山刻石,皆12韵,144字,为6的24倍;会稽刻石

---

① ② 《史记·封禅书》。
③ 《史记·秦始皇本纪》。
④ 王国维著《简牍检署考》。

24 韵,288 字,为 6 的 48 倍。全国 36 郡,是 6 之乘数①。这些规定很划一,给人们留下"统一"的印象,实际上对统一的封建制国家本身并无决定性的影响。

阴阳五行思想以及与之相关联的神仙方士的长生不死思想,还有其荒诞迷信的消极一面。封建统一国家建立后,这一面很快开始发挥腐蚀作用,并直接对封建统治产生恶劣影响,激化了社会矛盾。邹衍学说除了讲"五德终始"、大九州说、谈祥瑞的"符应"以外,还谈"方术"。据说,邹衍曾著有《重道延命方》②一书,那是专讲长生不死的迷信之学。"驺衍以阴阳主运显于诸侯,而燕齐海上之方士传其术不能通,然则怪迂阿谀苟合之徒自此兴,不可胜数也。"③鲁迅曾指出:"燕齐派,则多作空疏迂怪之谈,齐之驺衍、驺奭、田骈、接子等,皆其卓者,亦秦汉方士所从出也。"④秦始皇迷信神仙方士之说,由来已久,但实际行动却开始于始皇二十八年(公元前 219 年)他中年(41 岁)以后,即统一中国后的第三年。这个时间观念很重要,它说明了阴阳家思想在秦统一前后对秦王朝所起的不同作用。如果说,阴阳家思想在此前对秦的统一还起了积极作用的话,那么,在统一任务基本完成后,起的就完全是一种反作用。始皇二十八年以后,秦始皇不断派人入海寻仙求药,以期长生不死。直到三十七年他死为止,一直迷恋着神仙方士的迷信思想。如果这种消极思想影响仅仅是王朝统治者的个人问题,关系还不太大,问题在于它直接影响到秦代社会矛盾的激化,直接关系到对劳动人民政治上的压迫和经济上的剥削。必须从社会实践上来考察秦统一后阴阳术数、神仙方士思想对秦王朝的影响,才能正确解释统治思想对社会实践的反作用。

自始皇二十八年至三十七年这 10 年间,由于秦始皇对阴阳五行术数思想迷恋到如此地步,对秦王朝的社会矛盾和阶级斗争引起的后果是十分严重的:

在从始皇二十八年至三十七年这几年间,除了三十三年那一年咸阳宫秦始皇主持的一次(李斯与淳于越)辩论、同年派兵南征桂林等郡、西北逐匈奴外,很难找到政治上的"德政"。除上述连续不断的求仙拜神活动外,我们见到的是无休止的动用民力,而且大多数是对社会无益的。例如,三十五年,营造渭南上林苑,作阿房宫,筑骊山墓,"令咸阳之旁二百里内宫观二百七十,复道甬道相连,

---

① 王国维著《秦郡考》。
② 见《汉书·刘向传》。
③ 《史记·封禅书》。
④ 《汉文学史纲要》第 3 篇,《老庄》。

惟帐钟鼓美人充之"。①发隐宫徒刑者70余万人,关中建宫三百,关外四百。这些延续多年的浩大工程,把成千上万的人民淹没在无休止的徭役、兵役的苦海里,在生产刚有所恢复的时候又严重地破坏了社会生产力。

连年不断的求仙拜神,劳民无日、困民不止。泛海求仙,派人都是"数以万计",到底有多少,无法统计。迷信甚至支配了政治:"燕人卢生使入海还,以鬼神事,因奏录图书曰:'亡秦者胡也。'始皇乃使将军蒙恬发兵三十万北击胡。"②

阴阳家的五德终始说甚至还成为法家专制独裁思想的一种恶劣补充。秦为水德,水德主阴,阴在政治上就表现为残酷的刑罚。"刚毅戾深,事皆决于法,刻削毋仁恩和义,然后合五德之数。于是急法,久者不赦。"③根据这个原则,对一切不合秦政原则的人都可以处于苛刑严法。阴阳家思想掺和法家思想,对秦王朝的严刑苛法起了助纣为虐的恶劣作用。秦王朝后期的社会状况是"男子疾耕不足于粮饷,女子纺绩不足于帷幕。百姓靡敝,孤寡老弱不能相养,道死者相望"。④"丁男被甲,丁女转输,苦不聊生,自经于道树,死者相望。"⑤秦代历史告诉我们,一种思想即使在一定历史阶段上有适合于历史趋势的积极成分,在历史条件变化的情况下,它的消极成分一旦同剥削阶级的劣根性结合起来,造成的后果就可能是不堪设想的。这也就是思想意识的反作用吧!

秦王朝的统治思想,不仅是法、儒、阴阳思想的结合,墨家的思想也有影响。自秦惠王以来,墨家思想就渗入秦国,墨家巨子腹䵍曾为惠王"先生",墨者唐姑果是惠王亲信,田鸠、谢子这些墨者也曾在惠王时代入秦。秦始皇时墨家也很有势力。《吕氏春秋》中墨家篇章就有十多篇,这都表明墨家在当时的秦国有一定市场,这里就从简了。

对秦代统治思想的反思

秦王朝的统治者是企图为新建立的封建一统帝国寻求适当相应的统治思想和统治哲学的。"他们还作为思维着的人,作为思想的生产者而进行统

---

① ② ③ 《史记・秦始皇本纪》。
④ 《汉书・主父偃传》。
⑤ 《汉书・严安传》。

治。"①然而，他们对这一点并不很明确，有很大的朦胧性和不自觉性。他们并没有完成这种选择，也不清楚到底哪一种思想对维护统治有利。

秦始皇说："吾前收天下书不中用者尽去之，悉召文学方术士甚众，欲以兴太平，方士欲练之求奇药。"②这段话有三层含义：一是不利于秦王朝统治的书"尽去之"，以达到统一思想的目的；二是多方召集"文学之士"，"欲以兴太平"，这不仅是为了"兴太平"，还有为寻求统治思想的目的；三是纯粹为了求不死之药。这三个项目的中，前两项反映了秦始皇要为封建统治寻求统治思想的动机。他没有从理论上认识到这样做的重要性，但在实践中感受到有这样做的必要性。他既有一定的目的，又显得很朦胧；既想进取，方向又不是很明确。

法家思想使他顺应历史潮流建立了封建一统的秦王朝。他不惜一切地猛烈发展了法家学说，使之化为专制主义的政治实践，以后又使法家学说变化成为激化社会阶级矛盾的催化剂。又如儒家思想，儒家的伦理道德制度使他感觉到儒家对维护封建制度似乎很有用，但他又没有真正懂得儒家对维护封建制的实际意义和作用，仅把它作为点缀太平、树立君权君威的装饰。在建立封建一统的秦王朝以后，支配他的阴阳家思想成为他的唯心主义世界观的骨干。但是，阴阳家思想在秦王朝统治思想的"建造"过程中，并没有成为秦王朝统治思想结构中有积极意义的组成部分。

这种复杂情况，使秦王朝的统治者在选择统治思想的实践中，既有成功的一面，也有失败的一面。从完成建立封建专制帝国这个历史任务来说，法家思想基本上是成功的；从巩固封建制度来说，则没有找到长远维护封建制的思想武器。

在选择统治思想的过程中，秦王朝的统治者们都在摸索。秦始皇和吕不韦各走各的路。吕不韦有志于为即将统一的秦王朝寻求统治思想，但他没有抓住主要矛盾，企图用杂家思想作为新政权的统治思想，无法解决当时统一的主要而迫切的任务。但是，平心而论，从秦始皇复杂多样的思想中我们不正是可以看到《吕氏春秋》中阴阳家、儒家等思想的影子吗？（当然秦始皇也排斥了《吕氏春秋》的某些思想。）

秦始皇思想上犯的一个错误是他认为，既然荀韩思想使他统一了中国，也

---

① 《马克思恩格斯全集》第 3 卷，第 52 页。
② 《史记·秦始皇本纪》。

就能使之成为"传之万世"的法宝。他不懂得统治思想必须适应变化了的状况。法家思想不是维护封建制的唯一的思想武器。随着时代的变化,各种思想都在不同程度上,以不同的方式向为封建制服务的转化过程中,重新选择并改造这些思想以适应新的历史阶段上统治阶级的需要,已成为十分迫切的历史任务。"圣人不朽,时变是守。"①司马谈引《鬼谷子》这句话,确是历史经验的总结。但是,无论是这条经验,或者是陆贾说的"马上得天下而不能马上治天下"的经验,都是汉代人总结的。秦代几乎没有人能提出相类似的见解。当时还不存在进行这种总结的历史条件。

平心而论,在封建社会前期,在地主阶级为封建制度寻求统治思想的过程中,吕不韦糅合并采用了诸子学说的有利于封建统治的相应部分(也有不适用的部分),想为封建统治建立一套完整的上层建筑,应该说是有远见的。吕不韦的错误在于失之太杂,抓不住主要问题,失之过早;而秦始皇的错误又在于他不懂得吕不韦的方案有它的合理成分。探索一个新的社会制度的统治思想的过程,是一条怎样艰难、漫长、曲折的道路啊!

人们都承认,"汉承秦制",秦制"垂二千年而弗能改矣"。②"其创制之法,至今守之以为利。"③但秦代并没有为以后的封建制度提供一整套适用的统治思想。经过汉代地主阶级思想家几代的努力,到董仲舒时才形成一整套符合封建地主阶级长远利益的神秘主义官方哲学,奠定了封建统治思想的基础。在建立封建上层建筑的艰巨任务中,秦代地主阶级只完成了它的一半任务,即基本完成建立封建的政治法律制度的任务。在社会意识形态特别是统治思想方面的任务则是基本上没有完成(不是一点没有完成)。前一半历史任务的完成,是由于战国时代社会历史发展的结果。由于诸侯割据各国在国家制度方面实践经验的积累,最后才集纳为秦的封建政治体制。而在统治思想方面,各国都没有完成这一探索和寻求的过程。诸子百家都在争鸣,它直接影响了各国君主的探求与决策,使之无所适从。到底一种什么样的思想才能最有效地成为维护封建制的统治思想,有待于汉代地主阶级的思想家和政治家们通过总结战国和秦代的历史经验,并通过汉代历史本身的社会实践去摸索解决。汉代地主阶级经过长期实践找到的封建统治思想,是儒、法、阴阳"三合一"的产物。这三种思想形

---

① 《史记·太史公自序》。
② 王夫之:《读通鉴论》卷一。
③ 张居正:《张文忠公全集·杂著》。

式在秦代都曾不同程度、不同形式地表现过,只是还没有凝聚在一起,还处在雏形和萌芽的状态。它说明了思想和历史有承续性和发展性的规律与特点。没有古人就没有后人。后人必须在不同程度上踩着前人的足迹前进。这是一个很有哲理意味的历史现象。

(原载《学术月刊》1988年1月号,1988年1月20日)

历史科学和社会改革

刘修明

从 1970 年代后期开始,历史科学的改革问题就尖锐地提到史学工作者面前。随着我国近年来不可遏止的改革、开放的历史趋势,史学如何适应时代的要求,在变革的历史时期起到它应有的作用,问题的迫切性显得尤为突出。同社会科学的某些学科,如经济学、法学等比较起来,史学对社会的能动性作用,是有差距的,由于这一学科本身的问题、传统特点与种种原因,史学应有的能动作用没有能得到最大限度的发挥。人民群众疏远了史学,某些领导者也忽视了历史,史学工作者也为史学的前途彷徨、犹豫。作为中华民族文化重要组成部分和有悠久历史的史学,决不能自甘于这种胶结、凝固的状态,不能只是成为一种文化积累,还应当为社会的发展作出贡献,为我国当前政治、经济、文化的改革发挥能动作用。这一切,有待于在伟大社会改革潮流中历史科学自身的改革,有待于中青年史学工作者的努力、探索与开拓精神的发扬,有待于史学群体艰苦的科学实践。本文拟从史学和史家的使命、史学与时代、史学自身的改革三个问题上讨论历史科学与社会改革的关系,希望有助于推动 20 世纪我国历史科学的发展与繁荣,有助于社会改革的物质文明与精神文明的建设。

史学和史家的使命

史学是通过史料(包括史迹遗存与文字记录或历史文献)在历史过程中留下的残骸或残迹去重新认识历史的发展过程的学科。历史包括了古代史、中世纪史、近代史、现代史和当代史,它主要是以时间穿插空间(中国史、外国史、地区史、民族史等)的过程。它是以研究人类逝去的活动为对象的(不含自然史)。

不论研究已逝去时代的一切离我们今天有多么遥远,历史学家研究历史在终极点上都不可能离开人类的今天、明天和后天。历史学家是为了人类的今天、明天、后天而去研究人类的昨天和前天的。人们总是为了现实社会的各种需要而去研究历史的。在时间的连续性的锁链上,系着人类发展的脉络。

历史的活动,主要是人的活动。人类的发展、运动离不开人类的活动。为了使这种活动获得成效,人类今天的活动必须从他过去的活动中得到启示。恩格斯有句名言:"我们认为历史不是'神'的启示,而是人的启示,并且只能是人的启示。"(《马克思恩格斯全集》第 1 卷,第 650 页)任何时期,历史学从来没有在人类社会的高空盘旋而不在现实社会生活中立足生根,史学从来没有超然于现实。孔子作《春秋》,孟子说是因为"世道衰微,邪说暴行有作"(《孟子·滕文公下》)的缘故。《春秋》虽然是"断烂朝报",其"微言大义"反映它仍然是一部同当时社会休戚相关的政治经典。司马迁著述《史记》的目的是"欲以究天下之际,通古今之变""原始察终,见盛观衰"(《史记·太史公自序》)。司马光编写《通鉴》是为了"鉴前世之兴衰,考古今之得失,嘉善矜恶,取是舍非"(《资治通鉴》卷六九)。明清之际王夫之的史论《读通鉴论》《宋论》——对历史事件、历史人物的评论,是对现实社会评论的反映,一切史论的实质即现实的政论。乾嘉之学的鼻祖顾炎武倡导的考据学,原来并不是脱离现实而是以"经世致用"为目的的。顾炎武主张"文须有益于天下"(《日知录》卷十九),他的朴学实践标准是"凡文之不关于六经之旨、当世之务者,一切不为"(《顾亭林文集·与友人书》)。近代资产阶级改良派康有为为变法需要写了《孔子改制考》《新学伪经考》,用"三世说"宣传他的"推之进化之理而为之"(《论语注》卷三)的进化论的变法理论观点。梁启超在他的《新史学》里强调:"善为史者,必须研究人群进化之现象,而求公理公例之所在。"(《饮冰室合集》文集第 4 册)章太炎通过变法、革命的社会实践,深知欲"寻求政术",必须"历览前史",撰写了《史学略说》,认为史学应"发明社会政治进化衰微之原理""鼓舞民气,启导方来""开浚民智,激扬上气"。毛泽东在他领导中国人民进行革命斗争的实践中曾正确地指出:"指导一个伟大的革命运动的政党,如果没有革命理论,没有历史知识,没有对实际运动的深刻的了解,要取得胜利是不可能的。"又指出:除了学习理论和了解现实以外,"学习我们的历史遗产,用马克思主义的方法给以批判的总结,是我们学习的另一任务。"(《毛泽东选集》合订本,第 498、499 页)在同时代的历史人物中,毛泽东之所以出类拔萃,同他对中国历史有比较深刻的认识是分不开的。

多数史家在大多情况下不是政治家,但史家切合历史实际的大多数认识,直接间接有益于政治家的实践。历史学家同经济学家研究的对象不同,但人类全部的经济发展都有历史的脉络。史学家在历史遗产的认识上是宏观的,对历史哲理,对政治、经济、文化的实践有直接间接的作用和影响。历史遗产是人类社会活动创造的结果。前人在工业、农业、畜牧业、渔业等各方面的生产技术和管理技能,在社会、政治生活各方面的经验和教训,在自然科学、社会科学、文学艺术、哲学等各方面的发现与发明——人类在物质文化和精神文化一切流传下来的成果,都是人类在以往全部历史过程中创造和积累的。人类只能在这些结果的终点开始它的新起点。前一阶段终点上的经验和教训,对后一阶段的进步和发展是宝贵的财富。不懂得利用这笔财富的人是不可能后来居上的。从这个意义说,历史是现实的出发点,现实是历史的延伸与发展。

中国历史上有影响的史家有一个好传统,就是他们关心社会,注重人生,把史学作为修齐治平的一个重要内容和方面,很少有为历史而历史的。像汉代儒生那样为注解几个字的经典花毕生精力去写几百万字注疏,或如清初文字狱以后孜孜于考据,都不是中国史学发展的主流,不能代表史家的社会责任感和使命感。在中国传统文化的经、史、子、集中,史学的重要地位每每是与"国运"相联系的,史家的使命和命运往往是同时代的进程密切相关的。鸦片战争前夕,作为一个诗人、思想家也是历史家的龚自珍,写过一首著名的诗:"九州生气恃风雷,万马齐喑究可哀。我劝天公重抖擞,不拘一格降人才。"这首有强烈时代感的诗,表达了此后100多年间中国进步人士、进步的史学家呼唤风雷、期待变革、憧憬一个新局面早日出现的爱国主义感情。"五四"以后逐步占领中国史坛的历史唯物主义,以一批马克思主义史家为代表,他们面对着民族的生死存亡和反动政权的残酷统治,以严肃的科学态度,清算祖国的历史,发掘中华文化的优秀传统,预言了中国的历史前途,鼓舞了人民对内外反动派的斗争。在中国走向改革之路的伟大而艰巨的历程中,从1970年代开始,新一代史学工作者对中国历史和社会形态及其整个上层建筑的探讨和批判,显示了中国年青一代史学家希望祖国进步、改革、富强的强烈社会责任感和使命感。不管他们在探讨中会出现这样那样的一些问题或偏向,他们的着眼点是祖国和民族的今天和未来,是为了冲击和摆脱束缚中国进步和富强的桎梏。可以预见,在巨大历史变革中成长的这一代史学工作者中间会成就一批大史家,会有一批传世之作留下来。

史学是人生之学,社会之学,是研究社会、国家、民族的盛衰治乱的人文科学。就史学研究层次、角度和途径来说,有初步、中间、深入的各种区分,有一事一物、一字一句的考证,有专题的史学研究,直到历史哲理的高层次总结;有基础理论的研究,也有应用科学的探索。究其根本,只要不沉湎于象牙之塔的雅趣,各层次都是为了从不同角度研究人类社会的过去、现在和未来,即寻找其历史的渊源,探讨其发展的趋势,穷究其发展之规律,总结其历史的经验,借鉴其历史之教训。如果历史研究的目的和内容离现实太远,人民和领导者都不会对它产生兴趣的,历史学自身也不可能引起生活在现实社会中人们的注意。我们并不排斥一金一石的考证,一字一义的训诂,郭沫若的《卜辞通纂》《金文丛考》是考证卜辞、金文的,但这种研究"见微知著",探究的是和中国革命相联系的中国社会形态等规律性问题。历史学包含的知识极为广泛,但"一堆知识的聚集,并不能构成科学"。(黑格尔《哲学史讲演录》第1卷《导言》,中译本第35页)知识是人类社会发展的积累与成果,它应当升华为科学,反馈于社会,对社会的再发展起推动作用。作为人类社会发展轨迹记录的历史学,尤其担负着这样的使命。

为了正确认识现实,应当以对历史的正确认识作为先行。现实当然与历史有区别,但任何一个国家、民族的现实不可能脱离它的历史渊源,超脱于它的社会根基。历史的借鉴性与预见性,是历史作用于现实的相联系的两个方面。不承认或不重视历史的借鉴性和预见性的政治家,往往要碰壁。借鉴性易于理解,预见性是对事物的客观性与发展趋势的正确认识能力的表现。过去的历史,是凝固了的客观事实。发展的历史可以预示某种趋势,因为历史有惊人的相似处。政治家更多的是考虑现实,历史家则着重用历史的眼光观察过去、今天和未来。政治家如果善于吸取历史的见解与观点,为追求现实的功利而制定的方针政策将有长效性,那就不仅使当代人受益,还能流泽于后世。中国古代君主制度中的博士咨询制度,西方近代政治制度中的智囊团,都不乏史学家的成员,原因即在于此。

历史认识,是对已逝的社会实践的理性思维,它源于人类的社会实践,又作用于人类的社会实践。现实的社会实践与历史的社会实践,差异在时代,共同点则根基于社会实践。在人类的生产活动、阶级斗争、政治生活、科学和艺术活动等社会实际生活的领域中,现实的社会实践和历史的社会实践有共同性。人的认识的发展,都要受这些活动的影响。人对现实社会实践的认识,要受到社会实践的检验。人们在这种检验下进行反思,以期"正作用"于社会实践;人对历史社会实践的认识,也要受到社会实践的检验,人们也在这种检验下进行历史的反思,以期以正确认识"正作用"于现实社会实践。政治家的反思更多地具有功利性的色彩。历史家的历史反思——历史认识的出发点,也是现实社会。这种反思,只要建立在辩证唯物主义和历史唯物主义的基础上,其反思的深刻性则更为深沉、悠久,这是时代的反思,哲理的反思,永不停顿的反思。同政治家的反思有所区别,这种反思途径更多地追溯、借鉴、研究本民族或他民族的历史,既源于实践又相对分离于实践,具有独立思索的特点。反思的归宿是当代人类社会的现实与未来。政治家的反思与历史家的反思结合起来,可化为功能巨大的思想力量,并转变为巨大的物质力量。历史上的"文景之治""贞观之治"都是正确思想化为物质的政治结果(正确的指导思想来源于社会实践)。但是,在多数情况下,光靠历史家(或其他理论家)不可能完成这种转变,还要取决于时代和政治家。这一切,决定了历史家不能脱离社会实践,不能不关心现实,不能不投身到社会现实的运动中去,他的论著应与时代共脉搏、同命运。这是史学的使命,也是史家应有的责任感。

史学与时代

历史是时代的记录,史学是时代的一个标志。在人类文明史上,作为人文科学学科基础的史学,同作为自然科学基础的数学,几乎一样古老。史学既是一门古老的传统学问,又是一门随着时代前进的年轻的充满生机的学科。在每个时代的成熟阶段,或是在历史的转折阶段,都会产生代表这个时代的史学论著。在中国从古代到现代,孔子编修的《春秋》、左丘明著述的《左传》、司马迁写的《史记》(以及以后历代的"正史")、司马光总编的《资治通鉴》、钱穆著的《国史大纲》、范文澜著的《中国通史简编》和《中国近代史》(上册)、侯外庐等著述的《中国思想通史》(多卷本),是在不同时代因时而生的有时代特色的历史著作。在外国,产生世界文明的不同地区在不同时期也都出现一批有代表性的史学著作。古希腊希罗多德的《历史》、修昔底德的《伯罗奔尼撒战争史》;古罗马李维的《罗马自建城以来的历史》、塔西佗的《编年史》;17世纪启蒙时期法国伏尔泰的《路易十四时代的历史》,18世纪英国史家吉本的《罗马帝国衰亡史》;法国大革命复辟时期米涅的《法国革命史》，基佐的《法国历史研究》《法国文明史》；19世纪德国朗克的《教皇史》，20世纪上半叶英国汤因比的《历史研究》，马克思、恩格斯的《法兰西内战》《路易·波拿巴政变记》《德国农民战争》《家族、私有制和国家的起源》，等等，它们都是在历史发展的不同时期出现的、反映不同时代内容、担负不同历史使命的历史著作。

史学是时代的写真。历史在发展、变化，史学也要相应地发展、变化。史学的价值和生命力之能够保持和存在，在于它不能离开时代迈进的轨迹。认为史学是陈旧的学科（所谓"旧学"）是偏见和无知的反映。一个时代有代表性的史学，是指在特定的时代环境中产生的以某一史学观或某一史学流派为代表的有时代特色的史学。它在思想、体系和风格上有自己的特点，产生过相当大的社会影响和社会功能。它可以是一个时代政治、经济、文化的总结，也可以是从一个历史阶段向另一个历史阶段转折的里程碑式的记录。它可以反映新兴社会势力前进历程中坎坷曲折的步伐，也可以是没落阶级或阶层逆历史潮流而动的下坡路上的沉吟反思。不论是哪一种史学流派或历史著作，也不论它们所起的客观社会作用怎样，它们总是直接间接、坦率或曲折地反映了时代脉搏和不同社会阶层的心态与要求。变革的时代中，社会运动与革新对人们整个社会生活和科学文化的冲击，一定会反映到史学领域中，并相应产生有时代特色的新史学流派，涌现一批继往开来有创造性的历史学家，出现一批有影响的史学论著。

"五四"以来逐步形成、在中国现代史学史上有重大影响和建树的马克思主义史学流派，长期支配着中国的史学界。以李大钊、郭沫若、吕振羽、侯外庐、范文澜、翦伯赞为代表的一批马克思主义史家的出现，标志着中国近现代历史学从思想到形式，都起了极大的革命。马克思主义史学的巨大成就，称得上是中国近现代史学的巅峰。这个高峰的出现，是同近现代中国社会的大变革以及人们面临的迫切社会现实问题——反帝反封建，求独立、民主、解放——密切联系的。直到今天，这一史学高峰的革命性和科学性的许多成就，仍然是后代人值得学习的文化珍品。中国新民主主义革命胜利后的三四十年中，支配中国史学界的仍是这一高峰余脉的延伸。1960年代以后，随着我国政治生活中的巨大变化，思想理论界宁"左"勿右、形而上学猖獗倾向的存在，使史学界也受到巨大的影响和破坏，"文化大革命"期间，尤其为烈。作为我国史学流派领导力量的马克思主义史学是必须重建和发展的，但必须适应发展了的时代，同时也不排斥其他史学流派、观点的存在，只有这样，才能在矛盾的对立与斗争中促进史学的发展。如果说，从"五四"以来的 30 年间，马克思主义史学的主要任务是服从于反帝反封建的新民主主义革命总目标的话，那么，在经过中华人民共和国成立三四十年间的迂回曲折以后，在今天中国走向全面改革和对外开放、以发展生产力为目标的新的历史时期中，原来马克思主义史学服务于夺取政权的目标必须改变，才能适应时代的要求，顺应历史的使命。马克思主义史学的大目标应当论证在中国发展社会生产力的必要性、迫切性，以及与之相关的经济关系、上层建筑等各方面的问题。"在中国这样落后的东方大国中建设社会主义，是马克思主义发展史上的新课题。"(《沿着有中国特色的社会主义道路前进》，第 9 页)也是历史研究的大课题、新课题。对于这样重大的课题，基本上还没有从史学范畴进行过认真、深入的探索与研究。"左"的影响和对我国国情缺乏清醒的认识，使我们经历了多次曲折，付出了巨大的代价，史学界也没有起到它应有的作用。"这种情况教育我们，清醒地认识基本国情，认识我国社会主义所处的历史阶段，是极端重要的问题。"(同上，第 10 页)

什么叫"国情"？国情是一个国家基本的实际状况，它包括社会制度、经济发展、人口、自然资料、教育文化、民族状况的现状和历史，指的是这个国家在一定历史阶段各方面的发展水平与特征。一个国家的历史，对这个国家的现状的形成有重大影响，也关联到这个国家可能的发展前途与趋势。不了解半封建半殖民地中国的历史，就不知道中国近现代民主革命的艰巨，也不可能正确认识夺取政权后怎样从经济基础和上层建筑各个领域中进行革新与建设；不了解中国的经济发展史和发展水平，就不能认识发展中国生产力的紧迫感；不了解中国人口众多、农业生产水平低、经济发展不平衡的历史与现状，就不能正确认识作为关系建设和改革全局的极端重要的农业问题和农民问题的重要性；不了解传统的封建宗法经济是封建专制主义的基础，就不能正确认识"发展社会主义商品经济的过程，应该是建设社会主义民主政治的过程"(同上，第 34 页)的内在联系。社会主义初级阶段的理论，不仅是经济发展阶段的概念，也是社会历史概念。要正确认识什么是社会主义初级阶段，为什么是初级阶段，就不可能离开对中国近代史和现代史基本历史事实和社会发展水平的分析与研究。当前我国改革与开放的实践，不仅向经济学、哲学、法学、社会学提出一系列的理论问题，也要求从历史学的范畴科学地解释这些问题，进行历史的总结、分析与预测。一切经济计划的可行性研究，离不开对这些问题的历史的追溯。在国情的研究和政策、策略的对策上，史学家的作用应当而且可以得到发挥。那种不重视史学家的作用和意见,以及某些史学工作者自视清高、不屑置身实际问题研究的倾向,都是片面的。在理论、现实、历史的社会"三锁链"上,理论是指导,现实是归宿,历史是借鉴,三者相辅相成,互为联系,对人们的正确认识与对策的形成有极为重要的意义。缺少任何一个环节,都会造成认识过程的中断和实践中的错误。中国人民从1919年以来68年的实践证明:每当我们在理论、现实和历史的三个环节上认识正确的时候,我们的事业就会减少挫折,蒸蒸日上;而当我们对三个环节的任何一个环节认识发生偏差或错误时,我们的事业就会遭受损失。

发展社会生产力,是中国处于新的历史时期最重要的任务。当前改革、开放的一切努力,都是为了进一步解放仍受到束缚的生产力,促进生产力的迅速发展。人类历史的发展,从某种意义上说,就是决定一切社会发展的最终力量生产力的发展。人类社会经济、政治、文化活动的威武雄壮、多彩多姿的历史剧,是环绕解放和发展社会生产力这一根本目的展开的。谭其骧先生指出:"史学界长期以来没有按照这个原理配备力量,重视对经济基础和生产力的研究,一直到今天还是如此。"(《对今后历史研究工作的四点意见》,《社会科学》1983年第5期)在这个重大问题上,人们非常有必要进行纵向和横向的比较研究。纵向是对本国历史的研究,横向是对外国历史的研究与借鉴(对外国史的研究也有纵向的一面)。中国和外国的历史为我们提供了无数生动的历史实例和要解答的问题:为什么汉唐时代的封建生产力得到巨大的发展,使汉唐帝国成为当时世界上最先进最富强的国家?为什么中国大的王朝的中后期社会生产力会受到破坏?被破坏了的社会生产力又如何在新王朝的生产关系和上层建筑得到调整后重新发展?中国古代社会的封闭型的宗法社会经济如何阻碍了商品经济的发展,延缓了中国社会的进程?西方资本主义对古老封建帝国侵入的客观后果与社会生产力发展的关系如何?西方资本主义生产力发展的轨迹是怎样走过来的,各国有什么特点?为什么有些国家的社会改革获得成功促进了生产力和社会的发展,而有些国家的社会改革却导致失败?人口增长与经济发展的关系怎样?民族的交往与融合对一个国家的经济、文化发展的积极作用是什么?社会上层建筑的变革与生产发展的关系及其反作用是什么?政治上的统一与思想理论上的百家争鸣应该是怎样的辩证关系?所有这些在改革、开放的实践中提出的问题,都需要我们不单是用历史唯物主义的抽象理论,更需要结合具体的历史事实加以论证。这里有基础理论问题,也有应用研究问题;不仅是现实问题,也是学术问题。人们已不可能用原有的结论、陈旧的模式来答复这些问题,而必须结合大大丰富、发展了的社会实践,重新解释和论证这些问题,以获得对我们当前的改革有重大参考价值的结论。这需要马克思主义大发展,也需要历史学大发展。这就要求我们在坚持辩证唯物主义和历史唯物主义的前提下,开拓历史学的新视野,发展历史学的新观念,进入历史学的新境界,得出科学的合乎实践的对现实社会能起能动作用的新观点、新结论,以正确处理生产力与生产关系、经济基础与上层建筑之间的矛盾,保证生产关系和上层建筑的变革能够真正适应当代中国生产力发展的状况和要求,而不陷入主观随意性。在这些重大的历史、社会现实问题上,史学家同经济学家、法学家一样,都是责无旁贷的。

某些史学工作者抱怨社会对历史学关心得不够,而忽视了历史学对社会关心得过少。经济的不发达,财政的困难,客观上限制了科学文化的发展,这当然是一个因素,但不是根本的理由。社会科学的发展,说到底,不是取决于财源,而是决定于实践。越是伟大的变革的社会实践,越能提供广阔的理论思维的园地,越能促进社会科学的发展。我国春秋战国时代一大批思想家的涌现,近现代思想文化的飞跃,是中国思想文化史上两座灿烂的高峰,都是社会大变革的结果,又推动了社会的发展。一大批思想家、理论家的成长和脱颖而出,是伟大的转折时代的产物。他们不是金钱培养的,而是时代造就的。"诗穷而后工",理论则是"折而愈深"。应当看到,在当前的时代和社会变革中,包括史学工作者在内的理论工作者的时代感、责任感,从来没有像现在这样强烈。许多理论工作者本身就对中国社会的改革有强烈的要求。有志于改革、关心祖国命运的史学工作者,应当使史学和社会实践紧密结合,为丰富和发展马克思主义史学作出贡献,完全有可能参与社会主义理论群体的创造,建立 20 世纪中国式的新史学体系,为中国的今天、明天和后天贡献自己的智慧,让历史科学的理论转化为新时代社会实践的物质力量。

史学自身的改革

史学要对社会的改革、进步起积极、能动的作用,还必须依靠自身的改革,适应时代变化的需要。

前面已说过，中国古代史学有它的好传统，但也不可否认，由于时代和历史条件的局限，旧史学毕竟存在它的弱点和不足。以帝王为中心的史观，对物质生产史不够重视，注重史事记载的描述而不重视内在规律的探究，以争权斗争和以人民为统治对象的权策研究的帝王教科书的特征，少数人史学研究的清高感和脱离实际的倾向，……这些问题的存在，是同中国古代社会的社会历史环境相联系的。

近现代兴起的新史学（包括资产阶级新史学和马克思主义新史学两个阶段和流派），对封建史学的批判、继承和创新，使中国史学发展为一个崭新的阶段。特别是马克思主义史学的产生、发展与传播，对中国史学的近代化起到了巨大作用。然而，如同一切事物在发展中会出现回流现象一样，马克思主义史学在发展中也曾发生曲折，受到破坏。1978年12月党的十一届三中全会以后，马克思主义的科学原理得到恢复与发展，马克思主义史学又走上健康发展的道路。发展了的社会现实，要求史学对许多问题从历史上给以解释，从社会趋势上进行预测。然而，史学界的现状却远远落后于社会实践，脱离社会实践。就历史学本身的原因来说，则是它的功能——被过去时代的光阴蒙上了一层灰尘，而失去光泽的社会、人生之鉴——起不到"借古以知今""察微而知著"的作用。历史科学深深地陷入长期以来形成的历史学的沉重车轮碾压出来的深辙之中。

应该是年轻、不断创新的史学，目前还存在不少旧的痕迹，具体来说，有五个旧的影响：体裁旧、形式旧、思想旧、方法旧、内容旧。这不仅是中国史学界的问题，也是世界史学界的问题。外国史学界的评论家指出："当前在历史学家当中的一个基本趋势就是保守主义。""抵制历史研究变革的力量同推动变革的力量相比较，至少是一样强大，甚至可能更强大一些。""根据记载，近来出版的百分之九十的历史著作，无论从研究方法和研究对象，还是从概念体系来说，完全在沿袭着传统。"（[英]杰弗里·巴勒克拉夫著《当代史学主要趋势》，上海译文出版社1987年版，第330页）以体裁而言，旧的传统体裁没有打破，仍然支配着史学的各种研究成果。传统体裁有它的优点，也有弱点。优点当然要继承发扬，但不能老是旧体裁和旧题材的重复再版。打破旧的正史传统的近代通史式体裁，本来是"五四"以来史学的一种创新，但中华人民共和国成立后大量出版的教科书式的"通史"，又走进了死胡同，消耗了多少本来应当去创造的精力！从形式来说，政治、经济、文化的老格局，也支配了历史研究，固定为僵化的程式。为什么不能把历史作为一个整体、一个系统来研究？经典范畴一旦程式化,史学研究就会老化、僵化、形式化。从指导思想上说,由于马克思主义是我们一切事物的指导思想,绝对化的结果使人们不敢越雷池一步,不敢对马克思主义的研究历史的观点进行创新和发展,甚至对虽然是以马克思主义观点研究历史,但研究的内容有敏感性的问题(如东方社会形态的特征)也被列为"禁区"。在有形无形的思想缰绳束缚下,历史研究怎能发展? 这决不是有宏大体系和宽阔胸襟的马克思主义学说的本旨。再就方法论说,中国当代史学方法论的一个问题,就是认识方法的单一化、绝对化、神圣化,这是不利于社会科学发展的。世界是广阔的,历史是复杂的,研究的对象或课题是多种多样的,人类认识世界、认识历史的手段、方法、途径也是不断发展的。马克思主义的方法论也是吸取了人类一切优秀的认识方法而形成的,它也要在认识的发展过程中丰富和充实,不应也不必排斥用其他方法认识历史,即使有些方法论在实践检验下出点偏差,也有助于人们纠正自己的认识。从史学研究的内容来看,陈旧性主要表现在多次重复的"贴烧饼"式的研究与讨论上。同一个历史问题,因时代价格的升降,因政治气候的变化,不断地翻来覆去地在烈火熊熊的大饼炉子里加以烘烤。今天上天,明天入地;今日是神,明日成鬼。一个老问题,"研究"了几十年,突然发现,它还在圆周里循环。相反,对新的问题和领域开拓性的研究,做得很不够。人们因此丧失了对历史科学的信任和兴趣。这里并不是否认对历史问题的螺旋形认识的必要性(历史认识正是这样深化的),而是说,循环式或踏步式的学术思维运动,不利于学术的发展,无助于社会的进步。

史学研究旧痕迹存在的原因,一是由于史学这门学科本身因袭性的特点,旧观念、旧方法、旧格局容易牵制史学工作者,年轻的史学工作者也会受到"师法"的影响;二是由于中华人民共和国成立以后长期闭关自守思想的禁锢,限制了中国史学工作者的视野。在"左"的思想长期笼罩思想理论界的情况下,富有创造力的中国年青一代的才智被束缚了。近年来,中国人的创造性思维才逐步走向解放,学术上百花齐放的春天才开始到来。但这不等于多年沉积的旧观念、旧心态就得到清理。《国际歌》说"让思想冲破牢笼",对改革、开放中的中国人民特别是知识分子,仍然有现实意义。

"向何处? 去悠悠。是别有人间,那边才见,光景东头。"(辛弃疾《木兰花慢》〔中秋饮酒将旦〕)努力摆脱历史学对社会的不适应性,走出低谷,向高峰攀登,眺望升腾而起的史学曙光,除了时代条件是决定因素外,历史学自身的改革也是不可忽视的重要的因素。史学界的有志之士,应该从史学的内容到形式,在继承和批判的基础上进行改革,在思想和方法上进行借鉴和开拓,在体裁和题材上作大胆的发掘和创新。

首先,是面向现实,面向人民。那种认为历史研究和建设现代化国家、跟建设社会主义物质文明和精神文明没有联系的看法,是一种近视的、肤浅的看法。一般地说,那些洞悉历史趋势、认识历史规律的人,那些站在历史潮流前列,推动历史前进的人,都能按照时代的要求,正确处理人和人、个人和阶级、个人和民族、个人和国家、人类和自然的关系。这些关系涉及如何做人、如何治国、如何发展社会生产力的问题。现实中我们干部的素质差,原因之一是对历史的无知。对历史的无知必然导致对现实的盲目,导致对个人权益贪得无厌的追逐和擅权独断。历史的教育与研究,如果针对这种现实,干部的素质全面提高了,就会发挥巨大的力量。历史是干部的教科书,同时又应是人民的教科书。这不仅是指爱国主义和革命传统教育是历史科学的重要内容,还在于它能提高人民的民主意识,推动我国社会主义的民主化进程。史学会推动人们克服小生产意识、特权思想、本位主义、保守思想、崇洋媚外等消极因素的影响,发扬人们为了民族和国家的兴旺发达而奋斗不息、勇于改革、勇于献身的精神。

其次,是开拓新领域,研究新问题,拿出新成果。我国史学界存在的一个大问题,是研究的问题越来越狭窄。"同行"之间,隔"代"(朝代)如隔山。研究课题琐碎细小,有些文章如果不注明日期,甚至很难相信它写成于20世纪80年代。这在客观上也使史学疏远了时代。细小的问题不是不能研究,但不应成为重点,更不能形成潮流。司马迁的"通古今之变"的指导思想,对今天的史学研究还是适用的。我们因就时代之需去研究新课题,开拓新领域,建立新的史学分支学科。观察历史全过程的纵观式的认识,加上观察历史过程各方面及其特点的横观型的认识,构成为历史的宏观认识。只有宏观认识才能全面认识历史发展的规律与趋势。但这不排斥历史的微观研究,微观研究应当服从宏观研究。在宏观指导下的微观研究才有价值,并为宏观研究奠定坚实的基础。

"科学一定要繁荣和前进,如果它没有活力,那就要死气沉沉","就要沉睡,枯萎"。(苗力田译编《黑格尔通信百封》,上海人民出版社1981年版,第200—201页)当代史学要繁荣和前进,还必须向其他学科吸取营养。一是要关心史学的姊妹学科(哲学、文学、经济学、社会学、心理学、人口学等)提出的新问题及其获得的新成就。二是必须从自然科学的新发展中得到启发和借鉴，开拓史学研究的新领域，如人口史学、计量史学、心理史学等。三是要把中国史放在世界史的范围里进行研究，沟通中国史和世界史，使之成为人类社会史的一个整体。史学革新的关键，最重要的还在于提高史学工作者的理论水平。首先是史学工作者的理论修养，其次是对史学理论问题进行研究的兴趣、洞察力和勇气。这些年来，史学取得一定成绩而不是很大，究其根本，是理论水平不够高。对理论的追求、实践和勇气，决定了史学工作者治史、修史的道路与成就。一个史家成就的大小，一个时代史学成就的总体价值，应该是上述几个问题有机结合与实践的结果。

上述这些要求，决定了史学工作者从知识结构、理论水平到观念形态都要有较大的转变。史学工作者应当是博学多识的。从王国维到郭沫若，从梁启超到陈寅恪，从顾颉刚到陈垣，他们广博的知识构成了史学大家的知识骨架。同他们相比，当代中青年史学工作者知识结构失之偏狭，这在客观上影响了历史学开拓性的发展。

科学的发展，总是依靠活跃在大时代中的人的力量。史学的改革，也要依靠人的力量，依靠史学界群体的努力。目前的问题是，一方面存在"老成凋谢"、后继乏人的情况；另一方面，史学工作者又"过剩"：历史系毕业生分不出去，历史学科的研究生转学。这种奇怪的矛盾现象，并不说明"史学无用"。从广义上说，史学的适应面很广，适应力很强，政治决策、经济管理、文化建设哪一方面都可发挥作用。只要史学工作者不把史学封闭在书斋里、书本上，而是与社会实践紧密结合，史学工作是大有可为的。清代章学诚指出："才，学，识，三者得一不易，而兼三尤难，千古多文人而少良史，职是故也。"（《文史通义·史德》）在史学人才的培养上，高等学校的历史系和社科研究机构，应通过调查研究作出新的部署，既考虑到史学的基础理论建设，也考虑到史学的应用研究建设，务使史学人才具有一专多能的性质，有广泛的社会适应性，既能对社会发展起长效作用，又能起短效作用。这样的人才，社会各界是会欢迎的。

在当代史学转机的艰难过程中，中青年史学工作者应当在继承老一代史学家优秀传统的前提下，起更大的作用，承上启下，继往开来，为振兴我国的史学，繁荣中华民族的新文化，推动我国的社会主义建设贡献力量。这一代人（和下几代人）的年华是与21世纪同轨运行的，是与祖国的繁荣昌盛共命运的。任重而道远。应当承认，中青年史学工作者有所长也有所短。关键在于扬长避短，不鄙薄前人，也不要妄自尊大。只有谦虚谨慎，刻苦钻研，勇于创新，敢于实践，才能有所成就。史学事业虽然只是文化事业的一个组成部分,也是需要多少代人的持续不断的努力才能有所成就的事业。要有甘心做前进道路上铺路石子的精神,才能造就我们时代的王国维、梁启超、顾颉刚、郭沫若、范文澜、侯外庐,成就一批"体大而思精"的历史著作,使历史科学为改革、开放时代的中国作出应有的贡献。

(原载《史林》1988年第2期,1988年6月)

汉末至魏晋文人的心态转变与人生择向

刘修明

每个时代的知识分子都有大体相同的心态。这种心态是那个时代的政治、经济、文化环境多角度的交织及其影响所造成的,是那个时代社会多棱镜在知识分子思想感情上的折射。从某种含义说,它是马克思主义"存在决定意识"的一种诠释。当然,心态不是意识,意识却能反映心态。心态往往左右知识分子在现实社会中的人生择向,从而影响他们在思想、感情和人格等方面深层次的内涵。这在历史大转折时代表现尤为明显。本文拟从中国封建社会转折的重要历史阶段——汉末至魏晋——的社会背景中,解析这一时期知识分子的心态转变和人生择向的种种现象及其内在规律,并通过群体和个体的透视,提出一些可能具有某种普遍意义的粗浅看法,以求教于在大时代浪潮中思考和实践的当代理论工作者。

思想的演变和心态的转换

汉末至魏晋,是中国封建社会从开创到成熟并向发展高峰(隋唐)转折的重要阶段。从封建社会前期向中期转变的反差是很大的,以致在这个阶段不可避免会带来转变的巨大震荡,社会各阶层都要作出巨大牺牲和付出代价。从东汉末年的政治腐败和社会矛盾激化造成的黄巾起义及其被镇压,随后是军阀割据与混战,三国局面的形成,接着是西晋不稳定的统一和八王之乱的残杀,北方少数民族的入侵,一方面是广大人民群众朝不保夕的巨大牺牲,另一方面是统治阶级内部层出不穷的钩心斗角与权力争斗。作为不属于劳动人民阶层而是统治阶级依附者(有层次差别)的知识分子,在这种社会大动荡中处境是十分艰险的。他们不可能像军阀那样有割据的实力,也不可能像贵族那样有擅权的威势。这一社会阶层的特殊身份只能使自己隶属于这一政治集团或另一政治集团。这种隶属性不大具备主观随意性。这种不随意性又带来危险性,往往造成"名士少有全者"①的悲剧。东汉末年党锢之祸造成的惨剧,使士人心有余悸。不少名士如郭泰、申屠蟠之流,纷纷遁世,成为远离红尘的高士。魏晋之际更加复杂的社会政治环境,加速推进了知识分子在人生旅途上重新择向的过程。

最能代表东汉末年知识分子心态转变和人生择向趋势的,是思想家仲长统在《乐志论》里反映的动向。他生活的年代(公元180—220年)正是汉末社会大动荡时期。年轻时在青、徐、并、冀等地的游历,又曾一度为郎官,参与曹操的军事,使他对社会和政治都有了实际的感受。以后州郡再召他做官,他都称疾不就。混乱而黑暗的社会现实,常使他"发愤叹息"。②现实的感触和哲理的思索,使他认清每个朝代必经兴起、守业、衰落三个阶段,此乃"天道长然之大数"。③由此他确定了自己的人生择向,认为大可不必寄于帝王之下"立身扬名"。既然"名不常存,人生易灭",不如"优游偃仰,可以自娱"④。这一人生哲学和他在《昌言》里所反映的积极的政治和社会思想截然不同,但恰恰是这矛盾对立的两面统一在他的思想上。他的人生追求是"安神闺房,思老氏之玄虚;呼吸精和,求至人之仿佛","逍遥一世之上,睥睨天地之间,不受当时之责,永保性命之期。如是,则可以凌霄汉、出宇宙之外矣。岂羡夫入帝王之门哉"⑤。这种心志和追求,在汉末动乱时代的知识分子群中有相当的代表性和普遍性。这是社会黑暗、官场险恶的现实在清醒的知识分子思想上和心理上的逆向反馈。它是消极的反映,又是觉醒的肇始,是当时社会现实合乎情理的心志归宿。

消极型的觉醒,是固有信仰破灭导致的结果。汉代知识分子原先是有坚强的思想支柱的,这就是经过汉代几代儒学大师改造并重新构建的儒家思想体系。它曾是儒家知识分子伦理道德的规范,政治理想的蓝图,也是利禄之门的

---

① 《晋书·阮籍传》。
② 以上见《后汉书·仲长统传》,参见《三国志·魏书·刘劭传》。
③ 《昌言·理乱》。
④ 《后汉书·仲长统传》。
⑤ 《乐志论》,见《后汉书》本传。

敲门砖。即使在儒学走向谶纬化的蜕变过程中,追求内圣外王的儒生们也曾虔诚地用它的教条来匡正朝政、发泄义愤。然而,所有这一切都没能阻止王朝的衰败。衰败是迅速蔓延的全局性过程。在这个过程中,儒者自身也衰败了。范晔指出:"章句渐疏,而多以浮华相尚,儒者之风盖衰矣。"①三国魏董昭述当时读书人情状说:"当今年少,不复以学问为本,专更以交游为业。国士不以孝悌清修为首,乃以趋势游利为先。"②晋人葛洪说汉末"举秀才,不知书;察孝廉,父别居。寒素清白浊如泥"③的材料为大家所习知;东汉末年王符嘲笑当时儒生"以顽鲁应茂才,以桀逆应至孝,以贪饕应廉吏,以狡猾应方正,以谀谄应直言,以轻薄应敦厚,以空虚应有道,以器阔应明经"④,不仅形象地描绘了当时士风的腐朽(社会风气的腐败也会反映落实到相当一部分知识分子身上),也深刻地揭示了儒学思想不可避免的自身颓败趋势。清皮锡瑞说:"汉亡而经学衰。"⑤汉亡与经学衰,两者是互为因果关系的。统治结构(政治制度等)与统治思想之间永远不能摆脱正—反—合的辩证法的支配。汉代儒学盛衰过程是历史辩证法的实证之一。

　　人不能没有信仰。作为反映社会存在的观念形态的人的思想,不可能处于真空状态中。对以脑力劳动为特征的知识分子这个社会阶层来说,必须在一种信仰衰失后寻求新的精神支柱。当一种思想价值取向被冷落或摒弃后,他们一定会从现实的需要出发寻求新的思想价值取向,以确立他们的宇宙观、社会观、人生观。在动乱中篡权、掌权的统治阶级也有这种需要,寻求适用的变异了的思想以维系人心、巩固统治。这都是社会现实需要的结果,而不是谁的主观意志的产物。中国古代丰富多彩的思想宝库可以充分提供适用的理论和材料。三国时代的政治家曹操和诸葛亮适时地借名法思想以治国,魏文帝时杜恕说:"今之学者师商、韩而上法术,竞以儒家为迂阔。"⑥又有人云:"近者魏武好法术,而天下贵刑名。"⑦"魏之初霸,术兼名法。"⑧这对统治者来说,是为了统治的需

---

① 《后汉书·儒林列传序》。
② 《三国志·魏书·董昭传》。
③ 《抱朴子·审举》。
④ 《潜夫论·考绩》。
⑤ 《经学历史》,中华书局 1963 年版,第 141 页。
⑥ 《三国志·魏书·杜畿附子恕传》。
⑦ 《晋书·傅玄传》。
⑧ 《文心雕龙·论说》。

要;对不居统治地位的知识分子来说则是另一种需求。他们需要的是在篡夺频仍、生命没有保障的艰难环境中能安身立命和有精神寄托。在动乱的时代里,陈腐变化了的儒家思想和压抑人的虚伪道德和烦琐礼教,既不能成为治国安邦的治世方和利禄之门的敲门砖,也不能变成防灾拒祸的屏障,又不能成为醉生梦死的理论根据和延年益寿的养生之道,它理所当然地要被知识分子冷落和抛弃。恰在这种政治背景和社会思想氛围中,曾在古代社会变迁和动荡中拥有众多信仰者的老庄虚无主义思想、全真养性的人生哲学和出世的处世理论,成为思想空虚、感情痛苦的知识分子对抗政治压迫和礼教束缚的精神支柱。他们想借助老庄思想使自己回到无争无欲的大自然中去,追求现实纷争中得不到的逍遥宁静,在醇酒女人、山水林泉的刺激和悠闲中终其一生。当他们无力抗争黑暗的社会现实时,知识分子的软弱性会导致他们转向无为、无名、逍遥、齐物,在无奈中寄托他们的愤懑与反抗。然而,几百年来儒家思想和经书的传统影响,使他们在思想转换中不可能彻底摒弃儒家思想,于是就出现了用老庄思想诠释儒家经典的怪现象,儒表道里,儒道合流,形成魏晋时期一种特殊的思维形态——玄学。玄学实际上是把儒家经典老庄化,以老庄思想解释儒家经典。在当时条件下要建立一套完全脱离儒家名教思想的理论是不现实的。这是历史的承袭作用,又赋予时代的新内涵。一大批这样的儒表道里的著作应时而生:如何晏的《论语集解》《论语正义》《论语义疏》;对《老子》有精湛研究的王弼(著有《老子注》),撰有《论语释疑》《周易注》《周易正义》《易略例》;对《庄子》有独到研究的郭象(著有《庄子注》),撰有《论语体略》。此外,钟会著有《周易尽神论》,阮籍著有《通易论》等。玄学化经学的主要代表是何晏和王弼。心态的转变导致思想的转变。披着儒服的老庄哲学,一时披靡天下。当时的名士无不以谈玄成名。哲理之阐扬,应对之标准,师友的讲求,父兄之劝诫,均以老庄思想为指导。描述魏晋文人的史传称扬某人学问,总是以"精《老》《庄》,通《周易》"为标准。在这种思想氛围下,当时的名士文人,都以外儒内道、反传统道德的面貌和姿态出现,追求新的生活方式和思想方式。这是一种由于时代转折的复杂社会环境导致的思想演变和心态转变,是社会发展转变进程中机制互换的一种形式。大凡在大转变的时代,每每会造成这种社会、思想、心态的机制转换。社会的变动会造成社会结构和人的思想观念和行动准则的某些变化。这是社会机制转换的一种反馈形式。

魏晋风度:放荡不羁还是"群体自觉"?

以"魏晋风度"为标志的名士风范,形形色色,千奇百怪。它表现在哲学思想上,表现在伦理道德上,也表现在生活方式上。文化艺术变成名士风度的宣泄口,药石酒色成为他们疗饥纵欲的兴奋剂,山林泉石化为他们抒发怨愤、寄托感慨的羁留所。由此形成许多令人哭笑不得、荒诞不经的故事,也因此而凝结成许多哲学、文学、艺术的名篇巨著。这一切,是放荡不羁、找不到归宿的结果?还是有目的有追求的个体或群体的"自觉"?哲学家、史学家、文学家曾给予种种解释。且不问这些解释的正确与否,先让我们以历史事实为根据,看看士大夫们表现的社会百态,再由此作深层次的剖析。

仪表端庄,道貌岸然,应是正宗儒家的外表和举止。汉代史传讲到一个有身份读书人的仪表,每称之为仪容魁伟,乃至目不旁视,因为这是知识和身份的外部标志。魏晋名士却一反其常,每以女性的病态美为仪容,士人以此自怜自爱,"士大夫手持粉白,口习清言,绰约嫣然,动相夸许"。①何晏"性自喜动静,粉白不去手,行步顾影"。②身为大男子,却喜欢"服妇人之服"。③诗人曹植也喜欢傅粉,"呼常从取水自澡讫,傅粉"。④王羲之见到杜弘治,为他的天姿国色绝倒,叹曰"面如凝脂,眼如点漆,真神仙中人也"⑤。王羲之也美轮美奂:"时人目王右军:飘如游云,矫若惊龙。"⑥这种风气一直影响到南朝,"梁朝全盛之时,贵游子弟……无不熏衣剃面,傅粉施朱"⑦。魏晋风度在外表上的反映,是逆反心理的外在表现。它类同西方现代嬉皮士的行为,也同我国某些青年女扮男、男扮女有类同的心态。当社会的剧变导致社会风气骤变和逆向心理形成时,它首先会在人的衣着打扮上反映出来。古往今来虽有时代差异,却同出于相同的社会心态。

当儒服被抛弃后,种种非礼行径就会蔚然成风,这是对四个"非礼勿……"

---

① 屠隆鸿:《苞节录》卷一。
② 《三国志·魏书·曹爽传》注引《魏略》。
③ 《宋书·五行志》。
④ 《三国志·魏书·王粲传》注引《魏略》。
⑤⑥ 《世说新语·容止》。
⑦ 《颜氏家训·勉学》。

的儒教的亵渎和反抗。晋代葛洪对此曾有生动地描述:"汉之末世……(士人)或以袠衣以接人,或裸袒而箕踞。""宾则入门而呼奴,主则望客而唤狗。""及好会,则狐蹲牛饮,争食竞割,掣拔淼折,无复廉耻。""大行不顾细礼,至人不拘检括。啸傲纵逸,谓之体道。呜呼借乎,岂不哀哉!"①魏晋文人一方面美姿容、重服饰,一方面又全身一丝不挂,类似今天西方的"天体"运动,以表达他们的旷达放任。晋王平子、胡母彦国,一个是荆州刺史,一个是湘州刺史,都喜欢赤身裸体以示放达。②"竹林七贤"之一的阮籍,吃饱老酒,不顾形迹,散发露体,坐在床上,又开双腿,名曰"箕踞"。所谓"得大道之本"的阮瞻、谢鲲也喜欢"去巾帻,脱衣服,露丑恶,同禽兽,甚者名之为通,次者名之为达也"③。"酒仙"刘伶酒喝多了,在屋内脱光衣服,人嘲笑他失礼,他说我以天地为栋宇,以屋室为裈(有裆的裤子),诸君何为入我裈中?④令人哭笑不得。丑言弊行为礼义之士所不容,但熟知礼义的读书人却走向反面,"口习丑事,身行弊事"。⑤这也是对礼教的背叛。官定的礼教达到顶点,就会摔向谷底。这也是否定之否定的历史辩证法的具体表述。

历代剥削阶级的统治者多数是酒色之徒,可他们往往又要把自己打扮为圣贤,因为他们要成为天下之表率,但又按捺不住酒色的诱惑,更何况又有那么多特权提供方便的条件。魏晋士人看透了统治者这种表里不一的虚伪面目,彻底撕去了他们精心编织的面纱,干脆把这一切暴露无遗。他们嗜醇酒、纵声色,演出了一幕幕闹剧丑剧。社会的紊乱、倾轧与斗争,带给人们非自然的死亡,使知识分子特别意识到人生短促、生命无常的悲哀。大醉酩酊、微醉薄醺的飘飘欲仙,声色的感官与精神的双重刺激,都能给他们带来麻醉与安慰。于是,诗人曹植唱出了"愿举太山以为肉,倾东海以为酒,……食若填巨壑,饥若灌漏卮"⑥的酒颂,曾任北海相的孔子二十世孙孔融发出了"坐上客恒满,尊中酒不空,吾无忧矣"⑦的感慨,一代英雄曹操也咏出了"对酒当歌,人生几何?何以解忧,唯有

---

① 《抱朴子》外篇《疾谬》。
② 见《世说新语·德行》。
③ 《世说新语·德行》注引王隐《晋书》。
④ 见《世说新语·任诞》。
⑤ 《抱朴子》外篇《刺骄》。
⑥ 《与吴质书》。
⑦ 《后汉书·孔融传》。

杜康"①的咏酒名句。名士光逸得知一批朋友正关门聚饮,进不了门,急得往狗洞里钻,洞小人大,钻不进去,便大呼,胡母辅闻之曰:"必我孟祖(光逸字)兄也。"②毕卓有名句云:"一手持蟹螯,一手持酒杯,拍浮酒池中,便足了一生。"③名士只要善饮酒,便可成名:"名士不必须奇才,痛饮酒,熟读《离骚》,便可称名士。"④但酒比名更重要,"使我有身后名,不如即时一杯酒"。⑤因为一杯酒下肚,便可获得一种超凡脱俗的感觉。其实,嗜酒者内心很痛苦。《苕溪渔隐丛话》引《石林诗话》云:"晋人多言饮酒,有至于沉醉者。此未必意真在酒,盖方时艰难,人各惧祸,惟托于醉,可以粗远世故。"近人王瑶说:"最好的隔绝人事的方法,自然莫如饮酒。因为即使说错了一句话,做错了一件事,也可以推说醉了,请别人原谅的。所以他们的终日饮酒,实在是一件最不得已的痛苦事情。"⑥

酒是为了麻醉,色是为了刺激。在色情纵欲中,可以暂时忘却痛苦。但纵情声色不是常人身体健康状况可以应付的,于是就求于药。魏晋时士人盛行服寒石散(五石散),就是为了纵欲以忘却人间的烦恼。何晏最早服这种药,他"耽好声色,始服此药;心力开朗,体力转强"⑦。这是一种有毒的烈性药,犹如今日海洛因等毒品,但它能促使全身性的性兴奋。愁极无聊的名士们,可悲而又无聊地走上了这条消极沉沦的歧路。由于药的毒性,他们往往要以健康生命作代价,如皇甫谧服寒食散后难受得"叩刃欲自杀","备受苦痛,已有七年"⑧。徐嗣伯服药后热得难受,冬天要用冰水浇身才能解除痛苦。⑨最起码也要穿宽大的旧衣服,着木屐,以防皮肤擦破。名士们何以自苦如此?目的就是要在色情刺激中暂时忘记政治的黑暗和精神的痛苦。在药与酒的刺激与麻醉下,他们在那个特殊的时代里,只能以无聊加无耻混日子,过一天是一天。

山林隐逸,是消极反抗和逃避现实同时保全自己的最高尚又最安全的方式。它以洁身自好的高士风范保持正直名士的人格和气节,以表达和统治者不合作的心态和襟怀。东汉末年就有不少读书人踏上这条路:"汉室中微,王莽篡

---

① 《短歌行》。
② 《晋书·光逸传》。
③ 《晋书·光逸传》注引《晋中兴书》。
④ 《世说新语·任诞》王孝伯语。
⑤ 《世说新语·任诞》张翰语。
⑥ 王瑶著《中古文学史论集》,上海古籍出版社 1982 年版,第 38 页。
⑦ [隋]巢元方:《诸病源候总论》卷六,《寒石散发候》篇。
⑧ 《晋书·皇甫谧传》。
⑨ 《南史·张邵传附徐嗣伯传》。

位,士之蕴藉义愤甚矣。是时裂冠毁冕,相携而去之者,盖不可胜数。"①古代交通的不发达和自然经济的社会背景,为名士隐逸提供了经济基础。汉末至魏晋南北朝战祸频仍,使许多人逃入深山大泽避难。陈寅恪说:"陶渊明《桃花源记》寓意之文,亦纪实之文。"②士人隐逸的目的"或隐居以求其志,或曲避以全其道,或静己以镇其躁,或去危以图其安,或垢俗以动其概,或疵物以激其情"。③社会的不安定和权力的不断篡夺,使崇拜隐逸、追仰高士的山林生活成为士大夫们的普遍心态。东汉大科学家、文学家张衡虽在官场,却一生坎坷,最后还是发出"谅天道之微昧,追渔夫以同嬉,超尘埃以遐逝,与世乎长辞"④的悲叹。魏晋之际隐逸者更多,晋代袁宏写了一篇《三国名臣颂》说"夫时方颠沛,则显不如隐"。⑤黄巾起义时,管宁、邴原、王烈等人渡海逃难至辽东,逃亡者往往集聚成邑。⑥田畴为了避董卓之乱,入徐无山,平其地耕读以养父母,人民纷纷趋之,数年间达5 000余家。⑦袁绍、曹操先后找胡昭做官,胡昭却隐到陆浑山中躬耕读书自娱。⑧其他入山隐居的名士还有汲郡人孙登、董京、郭文等人。⑨这是真正归隐避世、消极反抗黑暗统治的名士。最伟大的代表莫如陶渊明,他是一个有理想、爱人民、有斗志而对黑暗世道做消极反抗的知识分子。鲁迅称之为"这'猛志固常在'和'悠然见南山'的是一个人"。⑩这些知识分子消极的隐世,客观上带有积极的意义,即与黑暗现实的统治者的不合作态度。庄子曾说,隐士是"不当时命而大穷乎天下,则深根宁极而待,此存身之道也"⑪。其方式是"就薮泽,处闲旷,钓鱼闲处"⑫,"贤者伏处大山堪岩之下"⑬。庄子时代和魏晋时代有类同点,因此都出现了以隐避世的知识分子。这些人的"隐"和东晋某些大官僚的"隐"不同,后者的"隐"不但失去了反抗与不合作的意义,反而成为贵族悠闲享受和点缀太平的代名词。东晋大士族谢安后来寓居会稽,和王羲之、许询、支遁等人游

---

① ③ 《后汉书·逸民传序》。
② 《金明馆丛稿初编》,上海古籍出版社1980年版,第168页。
④ 《文选·归田赋》。
⑤ 《晋书·袁宏传》。
⑥ 见《三国志·魏书》管宁、邴原传。
⑦ 《三国志·魏书·田畴传》。
⑧ 《三国志·魏书·胡昭传》。
⑨ 分见《晋书》各传。
⑩ 《且介亭杂文二集·题未定草七》。
⑪ 《庄子·缮性》。
⑫ 《庄子·刻意》。
⑬ 《庄子·在宥》。

处,出则渔弋山水,入则言咏属文,对世事漠不关心。他们常在临安山中,静坐石室,静观浚谷,悠然地叹一句:这离伯夷已不远了。①

违背儒家正统的种种表现,醇酒妇人的放荡,林泉幽谷的飘逸,主观上是为了"逍遥一世之上,睥睨天地之间,不受当时之责,永保性命之期。如是,则可以陵霄汉、出宇宙之外矣"②。魏晋风度以放荡不羁的消极形式表现了对现实的不满,从反传统的意义上说这是一种从不自觉到自觉的思想运动,而首先是在对社会现实反应灵敏的知识分子群体(由很多个体组合而成)表现出来的。这和知识分子这个阶层"先觉性"的特点有关。他们能较早地感触到社会危机的存在,较早捕捉到社会的热点和敏感点,较深刻而有远见地预察到社会变迁中各阶层的未来命运。其中的杰出分子尤具有这种远见卓识。在某种条件下,他们会积极地参与现实斗争(如东汉的党锢之祸);在某种不可逆转的条件下,他们又会消极回避现实斗争。两种不同的表现形式既反映了知识分子的优点,也反映了他们的弱点。这正是封建时代知识分子依附于统治者又不满于统治者的两重性的反映。他们在思想上,总体(不是一切人)上是清醒的、现实的,也是求实的。特别是他们的先进代表人物,每每会从社会实践的体验和反思中,从徘徊、选择走向自觉。自觉者多了,会形成群体自觉,汇成一种风气,在魏晋时代即所谓"魏晋风度"。在特定的意义上说,魏晋风度是时代转折造就的知识阶层的一种畸形的群体自觉。它在哲学上、文学上会造就一批伟大的著作,成为中国思想史源流中一个重要段落。历史上不同的转折时代,会形成同魏晋时代有某些类同点的共同特征,这就是一千多年来不断有学者注意和研究魏晋风度的原因。

阮籍和嵇康:择向、性格与归宿的同异

汉末至魏晋之际知识分子这种"不受当时之责,永保性命之期""则可以陵霄汉、出宇宙之外"的人生追求,果真都能达到目的吗? 未必。只能是因人而异。人生追求的结果还和个人的性格、处世方式和机遇有关。这其中,知识分

---

① 见《晋书·谢安传》。
② 仲长统:《乐志论》。

子和统治者的关系问题是一个具有重要意义的问题。他们能否处理好这个关系，决定他们的存在与发展。处理得好，可"永保性命之期"；处理得不好，就可能遭殃。曹魏时，文人孔融、杨修、荀彧、崔琰、华佗被曹操杀掉，就说明暴戾恣睢的统治者对处于依附地位又不善于调处关系的文人，是可以随意处置的。这正是封建时代许多文人悲剧命运的原因之一。即使他们不想像杨修、荀彧那样在主观上参与政治而甘自寂寞，但如果对统治者大不恭，同样会落得悲惨的下场。为说明这个问题，这里不妨以魏晋同时代的两位知识分子——阮籍和嵇康作一番对比研究。

  阮籍的父亲阮瑀是"建安七子"之一。阮瑀曾做过曹操的属官。阮籍由于父亲和曹氏有门生故吏关系，东汉知识分子入仕的道德标准，决定了他一生不能完全违背曹魏政治集团。司马氏取代曹氏以后，他又无法摆脱司马氏对他的拉拢，做了地位不算低的官（司马昭时任东平相）。纷纭多变的政局，不能摆脱的羁绊身份，使他无法超越错综的矛盾，也造成他复杂而痛苦的心理。他好读《老》《庄》，嗜好饮酒，是"竹林七贤"之一。他又善长啸，"啸声数百步"①，"兀然长啸，以此终日"②，能在屋内或野外啸出清越而悲怆的声音。实际上他是以啸声抒发自己的苦闷，减轻心理的压抑。达官贵人来看他，他终日不说一句话，使来访者好不尴尬。叫他当官做幕僚，他找个机会回家休养。政坛上统治者走马灯般的换人，杀人篡位，他得以安然无事。连司马昭也"任其所欲，不迫以职事"③。然而，潇洒得可以的阮籍，内心极为痛苦，著名的《咏怀诗》82首，就是他痛苦矛盾心情的反映："徘徊将何见，忧思独伤心。""一身不自保，何况恋妻子。""黄鹄游四海，中路将安归。""终身履薄冰，谁知我心焦。"④他见"天下多故"的时代"名士少有全者"，于是借酒浇愁，"不与世事""酣饮为常"⑤。最重要的是他能做到"发言玄远，口不臧否人物"⑥。嵇康曾说他"口不论人过，吾每师之，而未能及"⑦。无耻而阴险的达官贵人，最恨别人揭露、谈论他们的罪恶；只要不去议论他们，即使不去拍马屁，也能为之所容。阮籍的应对功夫使他能在复杂的矛盾中为居心险恶的当权者所容，最后以54岁而善终。但他不得长寿，也可见心中

---

① 《世说新语·栖逸》。
② 《太平御览》六〇二引《魏氏春秋》。
③ 《世说新语·任诞》引《文士传》。
④ 以上均见逯钦立辑校《先秦汉魏南北朝诗》魏诗卷十，《阮籍》。
⑤⑥ 《晋书·阮籍传》。
⑦ 《晋书·嵇康传》。

苦闷太甚,"对酒不能言,凄怆怀酸辛"①。

和阮籍同时代又是友人的嵇康,思想上和阮籍多有共同处,性格却大相径庭,结果被当权者惨杀。嵇康"家世儒家,少有隽才","长而好老庄之业,恬静无欲"②。他著《卜疑论》,对人生提出 30 多个问题,得不到答案,最后的结论是"动者多累,静者鲜患","远念长想,超然自失"③。一句话,他看破了红尘。他喜怒不形于色,又重视养生,著有《养生论》,主张不营"名位"以"保神",不贪"厚味"以"全身";"修性以保神,安心以全生。爱憎不栖于情,忧喜不留于意"。④他的朋友向秀就养生问题和他讨论,他重申淡于名利超然淡泊的主张。有关这些人生哲学的讨论,统治者是不会干涉的,因为它不会构成对封建统治的威胁。但是,嵇康在《释私论》⑤里提出的"越名教而任自然"的观点,却是对儒家思想的公开挑战。许多名士有不伤筋骨的越轨行动,却没有触及本质的思想纲领。嵇康则公开宣布了带有革命意义、触犯传统统治哲学的思想纲领。当时的思想氛围还不至于向嵇康作全面性的口诛笔伐。但这一叛逆性的观点结合嵇康刚烈的性格以及他对权贵的藐视,却对他造成巨大的潜在危险。嵇康曾向隐居的高士孙登求教,孙登听了他的自白,沉默不语,嵇康只好告别。这时,孙登才说了一句:"君性烈而才隽,其能免乎?"⑥善于知人的孙登对嵇康性格上的特点了如指掌。不为统治者所容的叛逆思想,超群的才华,加上刚烈不羁的性格,这三者合一于嵇康身上,对他是随时可招致杀身之祸的巨大危险。

乱世的官不好做。嵇康不热衷于做官,他只顶了个"中散"(史称"嵇中散")的闲职。他不处于统治者争权夺利的漩涡中心,只满足于浊酒一杯、弹琴一曲(他是著名的音乐家)的逍遥生活,一生没有追求过高官厚禄。但这并没有能保全他。他孤傲而刚烈的性格太容易得罪人了。《与山巨源绝交书》⑦是这一事实的注释。山巨源即"竹林七贤"之一的山涛,嵇康的老朋友。山涛自己不想当官(尚书吏部郎),推荐嵇康去干,不料嵇康大为不快,写了这封信给山涛,大发了一通"非汤、武而薄周、孔"的谬论,还把山涛大骂一顿,说你如果不是对

---

① 以上均见逯钦立辑校《先秦汉魏南北朝诗》魏诗卷十,《阮籍》。
② 《文选·养生论》注引,《三国志·魏书·王粲传》注。
③ 《嵇康集》卷三。
④⑦ 《嵇康集》卷二。
⑤ 《嵇康集》卷六。
⑥ 《晋书》本传,《三国志·魏书·王粲传》注引《魏氏春秋》,《世说新语·栖逸》并注引王隐《晋书》,《太平广记·九·神仙传》记载略同。

我有深仇大恨,是不会叫我做官的。既然如此,从此和你绝交。山涛对嵇康没有恶意,而嵇康却如此对他,其刚烈而怪僻的性格,实在出乎人之常情。实际上,嵇康针对的是司马昭,但他连朋友也一齐带上了。何焯评曰:"意谓不肯仕耳,然全是愤激,并非恬淡,宜为司马昭所忌也。龙性难驯,与阮(籍)公作用自别。"①司马昭原有征辟嵇康之意,知道他写了这封信,心中恨极,埋下了除掉嵇康的杀机。后来,嵇康因为不理睬来拜访他的贵公子钟会,钟会记恨,借机报复,向司马昭谗毁嵇康"言论放荡,非毁典漠,帝王者所不宜容"②,司马昭便趁机杀了嵇康。当时有三千太学生为救嵇康而请愿,司马昭也不肯赦免这个桀骜不驯的叛逆。终于,嵇康在狱中留下那首《幽愤诗》③和在刑场上弹奏完《广陵散》乐曲以后,以40岁的壮志未酬之年,在刑场上洒尽了他的热血!

　　鲁迅曾有两段很深刻的评论嵇康和阮籍的言论,他说:"后来阮籍竟做到'口不臧否人物'的地步,嵇康却全不改变。结果阮得终其天年,而嵇竟丧于司马氏之手,与孔融、何晏等一样,遭了不幸的杀害。"又说:"嵇康的害处是在发议论;阮籍不同,不大说关于伦理上的话,所以结局也不同。"④鲁迅指出了嵇康的两个致命弱点:"骄视俗人"(高傲)和好发为当权者所不容的异端议论。正是这两点导致他的被杀。阮籍也高傲,他会用青白眼看人。顺眼的,用青(黑)眼珠瞧人;不顺眼的,翻白眼。但他不臧否人物,不以言语伤人,更不去发激烈的言论。因此阮籍能保全,嵇康则死于非命。在封建专制时代(不仅是儒学正统时代,即使在儒学动摇、玄学盛行然而仍然是封建专制的时代),桀骜不驯,目中无人(指当权者),恃才傲物,好发激烈之论(提出对抗封建统治的思想纲领,包括评论统治者的是非),都有可能导致名士的悲惨下场。嵇康是杰出的思想家和文学家,但他不懂这个道理,或者虽然懂而不愿这样去做,这就必然导致他绝命前发出"事与愿违,遭兹淹留;穷达有命,亦有何求"⑤的悲叹。阮籍在思想上和他有许多共鸣点,但性格特征和待人处世的做法同他有别。人生择向也许共同,具体做法却迥然有别,最后归宿就大不相同。在汉末魏晋之际复杂尖锐的历史转折和相应的人际关系中,知识分子的思想、性格特征与心态转变以及人

---

① 《文选评》。
② 《晋书》本传,《世说新语·雅量》注引《文士传》。
③ 《嵇康集》卷一。
④ 《而已集·魏晋风度及文章与药及酒之关系》。
⑤ 《幽愤诗》。

生择向的因果关系,可以引为后世知识分子的深深思索;在历史转折的复杂时代背景下,思想、才能、智慧和策略,在总体上应该是统一的。它们都是人的大脑皮层对客观存在的反映。人的能动性应该使主客观世界尽可能地在矛盾中统一起来。矛盾的对立统一规律,是宇宙间(包括历史、社会和自然)永恒普遍的法则。

(原载《学术月刊》1993年第5期,1993年5月20日)

"治水社会"和中国的历史道路

刘修明

处在亚洲大陆东方的中国,对许多西方学者永远是个谜。那悠久而丰富的历史,那独特的社会政治体制、思想观念和瑰丽多彩的文化艺术形态,同近现代西方世界相比,差距是那样巨大,各方面是如此的不同。以致半个多世纪以来,不断有西方学者,怀着各种目的,千方百计企图解开这个东方之谜。

在谜的解析过程中,西方学者习惯用他们自己的价值观念作为衡量利弊、寻求答案的标准。解析这个谜的一本代表著作,是美籍犹太人、从德共党员变成坚决的反共理论家的 K. A. 魏特夫的《东方专制主义》(1957年出版,中国社会科学出版社根据文塔奇出版社1981年版在1989年出版了中文译本)。这本在30多年前出版的专著,由于它对东方社会研究的系统性和强烈的现实性,曾被某些西方学者等同于《资本论》,甚至认为魏特夫"高于马克思"(见中译本出版说明)。通读这本书,我们可以清楚地看到这本书在许多论断上已远远超出学术研究的范围,包含有非常露骨的政治意图。本文不拟在这些问题上评论,只想从它立论的"学术"根据上,以事实和建立在事实根据上的理论,来评析这本书,看看魏特夫有没有解析清楚东方社会之谜,有没有资格同《资本论》并列。

魏特夫曾是美国哥伦比亚大学中国史研究室主任和华盛顿大学中国史教授。他在这本书中用了大量的中国材料,论述"东方专制主义"的特征、原因与作用(我作了不很精确的统计,涉及中国的地方共计292处,其中总论141处,历史120处,现实31处)。因此,本文主要评析该书有关中国的一系列问题。这不仅是因为中国是《东方专制主义》立论的重要根据,而且也确有必要回答这样一个理论与现实的重大问题,即中国社会发展的历史道路和原因到底是什么?中国是否一定要走西方社会发展的道路?还是应该按照自己的国情和实际走自己发展的道路?

一

　　《东方专制主义》论证的出发点，是确认"治水社会"的存在。治水，导致专制社会，这是魏特夫的核心论点。魏特夫发明了一系列的术语："治水社会""治水文明""治水国家""治水专制主义"，等等。他把这些术语等同于"东方社会""东方专制主义""亚细亚社会""农业管理社会""农业管理专制主义"。从亚当·斯密、约翰·斯图加特到马克思，都曾提出过古代东方社会的专制组织和以灌溉为基础的农业之间相互关系的观点。但确认"治水"社会功能导致专制主义社会体制并把两者等同起来的，却是魏特夫。在魏特夫看来，从北非、中亚到东亚，这蜿蜒几万里的广大地区，是地理和自然上的共同体，没有地区、地域和自然条件的差别（事实上存在巨大差别），都是以治水为首要任务，从而导致专制政权的建立。他说，由于"治水农业""追求公认的利益"，导致"庞大的社会和政治结构"（第10页）。"政府管理的大型水利工程"和"经营的建筑工程"，使"国家居于在工作上进行领导和从组织上进行控制的至高无上的地位"（第39页），从而建立了东方专制制度。人民付出的代价是"牺牲"了"自由"（第10页）。

　　魏特夫有关中国的历史、地理和气象知识使他断定，古代中国"半干旱的北方"决定中国必然成为"治水文明地区"（第12页），社会相应地成为"治水共同体"（第15页）。"在中华帝国，要求每一个平民家庭为治水和其他公共事务提供劳动力"（第16—17页）。他认为禹是"以一个最高的治水工作者做到国王的"（第18页）。"公认的周朝初期的制度是一个治水社会的制度"（第24页注①）。治水工程"在中国的战国时代"已"有巨大的发展"（第24页）。说"中国的第一个皇帝秦始皇在掌权初期就开始建设巨大的治水工程"（第31页），"800年以后，重新统一中国的第二个皇帝隋炀帝（公元604—617年）动员了更加庞大的劳动力来进行同样巨大的工程"（第32页）。他还提到"高度系统化的中国治国策手册《周礼》"里有专司治水的官吏（第46页）。好像证据确凿，能"说明治水经济和政府指挥的大规模劳动始终有效"（第28页），这就是建立东方专制制度的前提和条件。

　　我们不否认气候、地理条件等自然因素在社会发展中的作用，因为这是客观存在的外部条件，对人类的生存和发展不可避免地会产生相当影响。正因为如此,马克思在承继前人研究成果的前提下,提出了他的亚细亚生产方式的理论(且不论马克思有关亚细亚生产方式的表述以及后人的理解上有不同意见,马克思提出这一观点,应是他宏伟理论体系中的一个重要内容)。其中确实涉及干旱地区、水利灌溉和社会组织的问题。然而,仔细读一读马克思有关亚细亚——水利灌溉——专制政府的有关论述,我们找不到马克思把中国纳入上述相关联的论述范围的结论。马克思曾论述过"在印度和中国,小农业和家庭手工业的统一形成了生产方式的广阔基础"①。却没有讲到中国同干旱半干旱地区与水利工程以及专制体制的相互关系。他写道:"气候和土地条件,特别是从撒哈拉经过阿拉伯、波斯、印度和鞑靼区直至最高的亚洲高原的一片广大的沙漠地带,使利用渠道和水利工程的人工灌溉设施成了东方农业的基础。无论在埃及和印度,或是在美索不达米亚和波斯以及其他国家,都是利用河水的泛滥来肥田,利用河流的水涨来充注灌溉渠。……在东方,由于文明程度太低,幅员太大,不能产生自愿的联合,所以就迫切需要中央集权的政府来干预。因此亚洲的一切政府都不能不执行一种经济职能,即举办公共工程的职能。"②马克思由于没有对中国古代史作过专门的研究,因此他十分审慎,没有把中国列入这一范围中(帕米尔高原和广大的沙漠地带不意味着代表中国)。他说的"亚洲的一切政府"的"经济职能",是泛指"举办公共工程的职能",而不是专指水利工程。因为中国古代的长城、驰道、宫殿等建筑工程,也属公共工程。作为伟大的科学家、卓越学者的马克思的论述,是十分严谨的;而魏特夫十分轻率地就把中国纳入"治水社会"的范畴,把中国完全等同于近东、中东和印度等地区的国家。

要论证中国古代社会是不是"治水社会",首先要论证中国古代以黄河流域为中心的中原地区(它是中华民族的重要发源地和活动中心)是不是干旱、半干旱地区,这涉及这一广大地区的土壤、气候条件。

中国的中原地区,是以华北的黄土高原和冲积平原为中心的地区,这里的土壤构成是发展农业的最理想地区。这里的土壤,天然就是肥沃的,不但有易耕易垦的优点,而且还有另一长处,即在农作物生长的最有效期往往也是降雨期。雨水保证了农作物的生长与丰收(这说明中国古代农业同样有"雨水农业"的成分,而不是魏特夫断言的只有"治水农业")。夏季的雨水和利用天然的河

---

① 《资本论》第3卷,第373页。
② 《不列颠在印度的统治》,《马克思恩格斯选集》第2卷,第64页。

水、井水进行的人工灌溉(当时大量使用的是桔槔灌溉,见《庄子·天地》和《说苑·反质》),在很大程度上保证了农业的好收成①。黄河两岸的土壤,多系石灰质冲积土,是既含有细砂,又含有黏土的黄土。这是一种用手指即可击碎的土壤,极有利于初民社会的石制工具的耕作。加上雨水和河水、井水就近灌溉,农业生产是可以保证的。正因为如此,古代诸民族都拼命争夺黄土地带,周朝的子孙们也纷纷分封到这一带来。李亚农指出:"我们在研究夏、商、周三代历史的时候,谁都会注意到他们不单是建都于黄土层地区以内,而且整个民族都是生存于黄土层地区之内的。"②魏特夫把希腊、罗马这些地中海民族说成是"从事雨水农业"(第22页),而认为中国是"治水农业"的判断,是不符合中国古代农业史的事实的。准确的说法,应该是中国古代中原地区的农业是雨水和灌溉兼而有之。不能以"治水农业"概括中国古代农业生产状况。

为了证明中国古代的农业生产状况,还必须从古代气候气象上找到根据。我国著名气象学家竺可桢曾运用物候方法研究中国古代气候的变化。他指出,近5000年来,中国的气候变化很大。考古时期(约公元前3000—前1100年)的仰韶文化(用C14同位素测定约为5600—6080年前)时期,存在亚热带动物,因此推断当时气候是温暖潮湿的。殷代(公元前1400—前1100年)也是热带和亚热带气候。河南省原称豫州,"豫"字即一人牵了大象;甲骨文有打猎获得一象的记载。这都说明中国的仰韶文化期和殷代的气候是温和的。公元前1100—1400年的物候时期的周代(公元前1066—前249年),气候也很温暖。当时竹类在黄河流域广泛生长。《竹书纪年》记载周孝王时曾冷过,有过两次结冰(公元前903年、前897年),接着又是大旱;但到春秋(公元前770—前481年)时期气候又暖和了。《左传》《诗经》里记载竹子、梅树这样的亚热带植物很多。战国(公元前480—前222年)时期气候依然温暖,孟子、荀子记载当时齐鲁、河北地区农作物一年可以两熟。这种温暖的气候一直继续到秦和前汉时期③。在这一长时期中,正是中国古代社会从氏族制社会过渡到阶级社会并逐步形成国家、确立中央集权制的时期,气候总趋势是温暖湿润的。当时中国的中原地区算不

---

① 见梭颇:《中国土壤地理学》第15章《土壤与民族》,参见李亚农:《西周与东周》,见《李亚农史论集》,第636页。
② 《李亚农史论集》,第627页。
③ 见竺可桢:《中国近五千年来气候变化的初步研究》,《考古学报》1972年第1期。另外,胡厚宣:《气候变迁与殷代气候之检讨》(《中国文化研究汇刊》4卷上册,1944年)也推断3000年前黄河流域同今日长江流域一样温暖潮湿。

上干旱、半干旱地区。以今日中亚的干燥气候比拟中国古代黄河流域的气候，既不考虑时代，又不考虑地点，怎么可能得到正确的立论根据呢？

　　凡有农业的地方会有水利灌溉。中国古代无疑存在灌溉和水利工程，但必须作具体分析。不能认为水利灌溉就一定导致专制制度。魏特夫提到大禹治水，那是东西方民族都曾有过的洪荒时代水灾泛滥的记载（《圣经》上也有水灾和诺亚方舟的记载）。《史记·河渠书》和《汉书·沟洫志》都说"禹抑鸿水""禹湮洪水""九州既疏，九泽既陂，诸夏又安"。禹治水是为了解决水灾问题，不是为了农业灌溉问题（是水多而不是水少）。殷代事无巨细都要贞问占卜，但现存的几万片甲骨卜辞中竟无一片提到水利；不但没有提到水利，连水灾也没有贞问过一次。这不是说殷代没有水灾（甲骨文灾字作 ∮，像洪水泛滥之形；又作 ⊞，像水壅河川之形），凡有河川的地方就会有水灾。但在殷人看来这不是什么了不得的事，因此，自盘庚迁殷（据传说是为了逃避水灾自耿迁殷）以后的270年间，大量卜辞中竟没有贞问水灾的记录。《尚书·盘庚》上中下三篇也没有提到，更没有谈到水利。成书于后代的《周礼·秋官》所描述的水利制度，如说"雍氏，掌沟、渎、浍、池之禁，利民之道在经野。凡野，夫间有遂，十夫有沟，百夫有洫，千夫有浍，万夫有川"。其中所谓"沟""洫""浍"，不过是田亩中开凿的大水沟、小水沟而已。较大规模的水利建设，开始于战国时代。在魏国李悝提倡尽地力之后，才有史起、西门豹、郑国等人凿沟渠以资灌溉。另外如楚孙叔敖作芍陂，秦昭王时李冰凿离堆开都江堰，这些有名的水利工程，全是由地方官兴修的。既不存在中央专制政权的组织和监督，也没有由于地方水利建设导致中央专制政权的建立。至于魏特夫说秦始皇掌权初期就"开始建设巨大的治水工程"（第31页），那是指秦王政二十六年（公元前221年）监禄率兵众在湘、漓水间开凿灵渠，沟通了长江和珠江水系交通。但那主要是为了解决攻南越过程中秦军转饷的困难，不是为了水利灌溉。秦始皇组织筑长城、辟驰道，就是没有组织全国性的水利工程。隋炀帝开运河，那是为了加强江南与洛阳的联系，转运南方的粟米布帛。在航运、沟通南北交通上意义重大，但不是为了水利灌溉。中央集权制的政治体制始创于秦，奠定于汉，但认为是干旱的气候导致的大规模水利工程招致中央集权制的建立，那是以偏概全、"东"辕"西"辙，并不符合中国古代社会的历史实际。由此而认定中国的"治水社会"导致中国的东方专制主义，在事实上、理论上都是站不住脚的。魏特夫立论的出发点就有问题。这正是《东方专制主义》的致命伤。

二

不应否认,《东方专制主义》一书在描述东方社会的政治、思想的表征上,是抓住东方社会的特点的。例如,有关专制主义和独裁制度的关系,认为东方社会不存在专制君主的选举制度,专制统治者的特权保障,专制政体下好皇帝和清官不可能扭转腐败风气,专制政权和专制思想的相互作用,封建体制与刑罚即专制统治的最高主宰,臣民对君主的全面屈从和专制君主的全面孤独等等问题,都是抓住了中国封建专制政体特点的。这些以西方人眼光与标准审视东方社会的种种特征,由于它同近现代西方社会的强烈反差,易为西方学者察觉并予以准确的描述。但是,如果说,西方学者在现象上是"旁观者清"的话,那么,偏见和对中国历史的一知半解,又往往使不少西方学者抓不住中国社会的本质,无法深究东方社会政治体制及其特征形成的深层次原因。魏特夫就是这样一个人,《东方专制主义》就是这样一本书。

是什么社会原因使中国形成中央集权制的东方式政治体制? 这不是治水理论所能解决的问题,必须从中国古代社会结构的构成方式上去寻究原因。

中国古代社会的宗族社会组织和结构,是造就中央集权制最深层的原因。人类社会最初是由血缘家族集团组成的。氏族社会发展的各阶段(群婚制、母系社会、父系社会)都离不开血缘纽带的联系。恩格斯的《家庭、私有制和国家的起源》对此作了科学的论述。以这种关系联结成的父家长制的小社会群体(经典作家称之为"村社""共同体",在中国古代表现为宗族制〔家族宗法制〕),主要从事以农业为主的物质生产和本宗族的人口生产这两类生产活动。反映这两种生产活动的意识形态(宗教、祭祀、文化艺术等),无不烙有血缘家族宗法制的印记。为了本宗族(村社)的生存与发展,他们不得不同其他部落(也是宗族集团)进行争夺水源、居留地的战争,并进行复仇(本氏族成员为他族所杀,全氏族成员必为之复仇雪耻)、祭祀(为农业的好收成而祈求神灵和祖先的护佑)等活动,由此逐步形成宗族内部的种种制度和仪式("礼")。《左传》成公十三年刘康公说过一句话:"国之大事,在祀与戎。"实际上是宗族社会结构的本质、作用和任务的反映。《周易·同人》中反映的战争的原始形态:"同人于门。""同人于宗。""伏戎于莽。"《礼记》所说"祭天地,祭四方,祭山川,祭五祀,岁偏

(《曲礼》),"有天下者祭百神"(《祭法》)。说的就是家族宗法制社会组织的两件大事。马克思曾论述到战争是这种村社(或宗族集团)的共同任务:"战争就或是为了占领生存的客观条件,或是为了保护并永久保持这种占领所要求的巨大的共同任务、巨大的共同工作。"①而祭祀,如恩格斯所言,是"用人格化的方法来同化自然力。正是这种人格化的欲望,到处创造了许多神"②。魏特夫也直观地看到祭祀是中国从中央到地方都必须举行的重大仪式:皇帝和地方官"主持祭地仪式,祈祷丰收,早降夏雨,并祈求保护国家的社稷神"(第91页)。"祭"与"戎"的本质,是通过祈求与战争的形式保持以血缘关系为纽带的宗族社会集团的存在、延续与发展。魏特夫由于受到"治水社会"论的束缚,他在"以亲属为基础的附属关系"的分析(第325、359页)中,根本看不到这种社会组织在社会发展中的作用。可以说他还没有摸到这种社会细胞同社会发展相互关系的边缘,其分析与论断是十分庸浅的。

马克思曾通过印度的实例,分析过这种社会组织的生产方式。他指出,这种宗族社会组织,差不多每一个都是"因农业和手工业的家庭结合而聚居在各个很小的地点"。他们"从很古的时候起","便产生了一种特殊的社会制度,即所谓村社制度。这种制度使每一个这样的小单位都成为独立的组织,过着闭关自守的生活"③。"生产的范围仅限于自给自足,农业和手工业结合在一起,等等。"④这样的社会组织,由于社会发展的共同性与普遍性,在中国中原大地上成千上万地存在着,他们都是"独立的""闭关自守"的社会个体单位。他们如同一颗颗互不相关的马铃薯,散居在上百万平方千米的大地上。如果出现一种为这些独立社会组织无法抗御的强有力的外来因素,共同需要而造就一种凌驾于千万个独立社会组织之上的力量,就可以轻而易举地把这些马铃薯集装在一个麻袋里,形成以无数分散的宗族制社会组织为基础的中央集权制度。所谓中央集权制,正是建立在以成千上万个宗族社会组织基础上的国家形式。

这种为千万个分散的宗法组织所无法抗拒的外界因素,主要是周秦以来不断影响以农业为主的中原宗族社会组织生存的北方游牧民族的侵扰。这是两种生产方式的矛盾和斗争。从商代的鬼方,到周代的猃狁、肃慎,再到战国的林

---

① 《马克思恩格斯全集》第46卷上册,第475页。
② 《马克思恩格斯全集》第20卷,第672页。
③ 《不列颠在印度的统治》,《马克思恩格斯选集》第2卷,第66页。
④ 《马克思恩格斯全集》第46卷上册,第484页。

胡、楼烦、东胡、匈奴,这些游牧民族不断威胁并危害以农业为主要生产方式的汉族人民的生命、财产安全。形势迫使汉民族的宗族组织不得不联合起来,共同对付游牧民族的侵扰。这就是"戎"的扩大化。燕、赵等国不得不选精兵强将,筑长城屏障,以抵御游牧民族的入侵。另外,随着西周统治的瓦解,春秋战国以来列国的争战,"戎"也在不断扩大;在"戎"的扩大过程中,需要一国范围内的统一,相应形成了各国范围内的君主集权制。北方游牧民族的威胁,则加速了全国范围内君主集权的过程。秦兼并六国时,匈奴南移,占领河套一带草原,就更需要建成统一的中央集权制国家,以集中全国力量加强北方边防,建筑并联结各国屏障,以屯聚在万里长城上的统一兵力,保卫以千万个宗族社会组织组成的华夏族的农业生产方式和生存空间。

以"祭"(祀)神灵与祖先为内在目的的宗族社会组织,在抵御外敌和游牧民族侵扰的"戎"的外在任务的不断扩大化过程中,逐步被归并"统一"。这种统一,是内因和外因共同作用的结果。内部根据和外部条件结合,造就了分散基础上的集中统一。从周代的八百国,到春秋的十二诸侯,再到战国七雄,最后归于秦的统一,"国"越来越少,权力越来越集中。秦的统一还有共同经济文化发展的因素,人民反对列国战争,要求统一。统一的结果是封建中央集权制这种政体的建立。集权制的建立,意味着大批分散的马铃薯终于被装进了一个大麻袋。统一的民族国家形成了,组成这个国家的社会基层组织,仍然是无数分散、独立、自给自足、闭关自守的宗族社会细胞。他们保留着一定的公共财产(氏族制的孑遗),内部发生着阶级的分化与升降,又蒙上血缘关系含情脉脉的面纱;他们向国家缴赋税、服劳役、建长城、修宫殿、筑驰道、开运河,服从封建专制国家郡县乡亭的分级统治。各宗族组织之间仍不断有械斗,并延续几千年之久。他们是王朝统治最基层的社会细胞,是几千年宗法统治的社会基础。王朝统治依赖他们得以建立和存在。他们的生产方式是自给自足的自然经济,不需要对外的经济联系与交往。"这些自给自足的公社不断地按照同一形式把自己再生产出来,当它们偶然遭到破坏时,会在同一地点以同一名称再建立起来,这种公社的简单的生产机体,为揭示下面这个秘密提供了一把钥匙:亚洲各国不断瓦解、不断重建和经常改朝换代,与此截然相反,亚洲的社会却没有变化。这种社会的基本经济要素的结构,不为政治领域中的风暴所触动。"[1]中国这种"亚细亚

---

[1] 《资本论》第1卷,第397页。

形式必然保持得最顽强也最长久"①。马克思对包括中国在内的东方社会经济结构和社会特征的深刻分析,有其普遍性。毛泽东也指出,中国古代社会"自给自足的自然经济占主要地位"②。"政权、族权、神权、夫权,代表了全部封建宗法的思想和制度。"③"在每一次大规模的农民革命斗争停息以后,虽然社会多少有些进步,但是封建的经济关系和封建的政治制度,基本上依然继续下来。""这个封建制度,自周秦以来一直延续了三千年左右。"④

这里存在一个问题,即这种以家族宗法制的社会结构的相对不变性,和古代社会发展的阶段性,两者是否矛盾、能否统一的问题。鉴于马克思有关亚细亚社会的不同表述和斯大林规范化的社会发展五种形态的表达方式,这个问题长期以来是马克思主义论者内部和东西方学者争论不休的问题。在《东方专制主义》一书中,魏特夫不仅指斥马克思恩格斯从他们的理论上"倒退"(第400、406页),而且批评列宁在这个问题上从"动摇"到"全面退却"(第415、416页),其目的就是用他的"治水社会"论全盘取代马克思的亚细亚社会发展论。事实上,魏特夫的理论是取代不了马克思的科学理论的。

我认为,在亚细亚生产方式这一理论问题已争论了半个多世纪的今天,我们大可不必再为时代造成的社会政治原因,而不愿正视马克思揭示的东方社会发展理论的意义。我们完全可以从东方和中国的国情(社会、历史和现实)出发,实事求是地论证和探讨中国社会和历史发展的独特道路(这也可谓是"中国特色"吧)。

第一,应该肯定,人类社会的历史进程应该是发展的、有阶段性的。从来不存在万世一系、一成不变的僵化的社会形态。虽然马克思对社会发展阶段表述上有所不同,但他从来是坚持社会发展阶段论的。中国古代社会自然也是发展的,呈现鲜明的阶段性特点。郭沫若等许多马克思主义史学家已用大量的历史证据证明了中国社会从原始社会、奴隶社会进展到封建社会的诸阶段(争论与分歧只在划分阶段的界线即分期问题)。如果不承认这点,那就把中国5 000年文明史看成是永无风浪的一潭死水,千古不变的社会化石,那就无法解释5 000年的历史如何跨越一个又一个的历史峡谷和高峰转变为翻天覆地的中国近现代社会。

---

① 《马克思恩格斯全集》第46卷上册,第484页。
②④ 《中国革命和中国共产党》。
③ 《湖南农民运动考察报告》。

第二，与此同时，我们应该实事求是地承认，以血缘家族关系为纽带的自给自足封闭型的社会基层细胞，是组成封建中央集权制的东方社会形态的基础。直到近现代，中国农村社会由于发展不平衡，仍存在宗族和宗法社会的残余①。在中国长期的文明史中，这种内核坚固的社会细胞阻碍了中国社会发展也是事实。这种为前资本主义的各种生产方式所难以摧毁的社会细胞，确是中国古代东方专制主义社会"基本经济要素的结构"，在几千年的社会变动中"不为政治领域的风暴所触动"②。它正是中国封建宗法社会漫长、专制主义体制根深蒂固的深层社会原因。

我认为，以上的第一点和第二点可以合二为一，即在社会细胞内核（家族宗法制）不变或少变的前提下，社会经济形态和相应的阶级关系，因时变异，逐步由原始社会制向宗法奴隶制、宗法封建制渐变。社会经济形态和阶级关系因阶级演进而发展变化，但构成其社会基础的社会细胞家族宗法制（村社、共同体），却依然维系着它原有的血缘纽带联结成的自给自足的封闭式的社会结构。作为封建制上层建筑的政治结构和意识形态，是典型的专制主义。这种社会体制的发展趋势是不变中有变，变中有不变。这是变与不变的对立统一和历史辩证法在中国古代社会发展中的体现。变是绝对的，不变是相对的。不变的宗族社会组织也因时而异发生质（社会关系）的局部变异。否则就不可能形成渐进的、既有联系又有区别的前资本主义的诸社会形态。这样的解释，也许可以把马克思主义的社会发展阶段论和东方社会体制论统一起来。我认为这在精神和实质上都是符合马克思主义的，也是符合中国古代社会发展的历史事实的。

马克思作为一位杰出的科学家，他十分清晰地看到东方社会同西方社会在发展道路上的差异性，同时相当深入地研究了中亚、近东和印度的历史，提出了东方社会形态的特殊途径。但他没有来得及对中国古代社会进行深入的研究（文字、史料上的艰难性限制了他的研究），因而没有对中国社会的发展道路提出具体的论点。魏特夫以"治水社会"论取代马克思的亚细亚生产方式论，他虽然比较深入地研究了中国历史，却因强烈的反共偏见，把这种研究引向歧途，完全否定了中国社会发展的阶段论。犯有同样毛病的，还有意大利学者翁贝托·梅洛蒂（见他的《马克思与第三世界》一书）。怀有各种目的的西方学者隔靴搔

---

① 见《对江西省泰和县农村宗族活动的考察的报导》，《社会科学报》1993年3月11日。
② 《资本论》第1卷，第397页。

痒式的研究,不是抓不住中国社会发展的本质,就是随意解释或扭曲中国历史的事实。只有中国学者根据马克思原理的基本原则和有关分析,结合本国的历史实际,深入地实事求是地进行研究,才有可能作出既符合马克思主义又合乎中国历史实际的分析,得到正确的结论。这是一个长期的探索过程。郭沫若和侯外庐是这方面的先行者。几十年来有关这一问题的探讨已作出了巨大的成绩,现在完全有条件深入下去。中国学者完全应该而且有能力科学地、系统地、实事求是地解释中国社会发展的形态问题,而不是让外国学者取代我们应当承担的历史和科学使命。

三

有不少西方学者(更不必去说西方某些政治家)犯有一种通病,即以近现代西方社会发展形成的价值观念和标准衡量东方社会的历史和现状。依照这样的尺度,他们认为东方社会的发展途径是畸形的,不合乎人类社会发展的一般规范,应当按照西方的标准规划东方社会的发展。他们就是不承认人类社会发展应该是多线式的,东西方社会发展途径的差异是历史形成的,看不到这两种社会模式的存在都有各自的必然性和合理性,都是历史发展在不同轨道上运行的结果。人们所说的东方和西方、东风和西风、观念的碰撞,等等,说到底,是社会发展不同模式、体制和矛盾的产物。东西方世界近一个世纪来在政治、思想乃至军事上的热战和冷战,使生活在现实斗争的人忘记了"条条大路通罗马"的平凡真理,总是强求对方按自己的政治、思想乃至行动方式办事。这种冲突和斗争,同样表现在理论和学术上。《东方专制主义》一书,就是要求东方社会"归化"西化世界的政治和理论上的产物。

鉴于马克思曾论及东方各国的"不断瓦解、不断重建和经常改朝换代"而"社会却没有变化"[①],魏特夫以他的"治水社会"论全盘否定了中央集权制的历史作用,断定"治水社会是社会停滞的突出例证"(第443页),"在一定时间内,停滞将造成反复循环或者完全倒退"(第446页)。他说,即使在变化巨大的近代社会,如辛亥革命以后,仍"显示出它的社会呆滞性"(第460页)。他认为,只

---

① 《资本论》第1卷,第397页。

有在得到西方列强支持的条件下,中国才能冲破停滞、反复和倒退的怪圈。他说:"在中国,当这一时期(按指第二次世界大战)结束后,种种变化的机会虽然受到西方列强的支持,但被共产党人堵死了。"(第461页)这里涉及这样三个问题:一、如何历史地评价中央集权制在中国社会发展中的作用? 二、中国的东方社会体制是否具有停滞、反复、倒退的运行特征? 三、中国的发展道路是要靠西方列强的支持,还是顺应时代潮流和国情趋势,依靠自己的力量走自己的路?历史和现实都需要我们回答这三个问题。

中国是一个东方型的大国。历史形成的独特国情和发展道路,造就了亚洲大陆这个伟大的统一国家。它既不同于林林总总汇集在同中国面积相当的欧洲大陆上的各国,也不同于北美大陆以联邦形式组成的合众国,而是一个具有不同经济区域和多民族组成却在政治上统一的东方大国。应当承认,从战国开始奠基于秦巩固于汉的封建中央集权制,对形成中国这个多民族的统一国家,是有很大作用的。这个统一国家并非暂时的不巩固的军事行政的联合,而是有内在联系和深厚根基的联结为一个整体的大国。两千多年来中国经济文化的发展和多民族统一国家的形成,离开不了中央集权这一历史形成的政治体制。中国式东方文明的创造,主要是以这个统一国家的存在为前提的。存在的事物有它的必然性和合理性。放在世界历史的长河中观察,中国的封建中央集权制在一个相当长的时期内,是当时世界上先进的政治体制。当欧洲还处在落后、分裂时期,当北美大陆还处在蛮荒时代,统一的中国已有了高度发展的东方文明,完全不必否认封建中央集权制的专制性、残酷性在中国社会发展中的积淀、滞后作用,不能否认它在中国近现代社会转变中的阻碍作用。但不能因此而否认它在中国历史发展中的积极意义。从适应到不适应,从促进社会发展到阻滞社会前进,历史辩证法同样作用于封建中央集权制。

东方式社会政治体制的产生、发展、衰落,同样是个历史过程,它有肇始期,有发展、高峰期,也有衰退期。从春秋战国封建体制的萌发,秦汉时期这一体制的建立与巩固,魏晋的转变与再建,到隋唐的发展高峰,宋元的延续,明清的回照、衰退以及新社会因素的发轫,中国古代社会的发展呈现明显的发展性和阶段性的特点。王朝的盛衰和兴替,好像是重复和回旋,实际上是以朝代的兴亡更迭的中国形式,标志着社会和历史合乎规律的波浪式、螺旋形的行进。这就是中国古代社会以大螺旋形和无数小螺旋形交织组成的中国式的发展途径。由于螺旋形的运动特征,它不仅给外国人,而且也会给中国人留下停滞、反复、长期延续的错觉,好像历史循环论在左右中国社会运动。但那绝不是中国社会发展的本质。魏特夫把中国古代社会的运行规律归纳为"停滞、反复、倒退",既不符合历史辩证法,也不符合中国历史事实,完全是历史循环论的老调重弹。然而,我们也不能否认,宗法制的社会基础,官僚式的政治体制,在一个相当长的时期内,有它的顽固性和继承性,严重阻碍了中国社会的转变和发展。这是传统的力量,历史惯性的力量。任何一个历史悠久的民族的发展,都脱离不了传统和惯性力量的作用。

传统的力量会被新的经济力量冲破,惯性的作用也会逐渐消失。任何历史阶段,都有它的终结。新陈代谢,历史辩证法在社会变迁中是永恒的运动法则。明清时期东南地区的资本主义萌芽,是有可能摧毁封建宗法结构的新生力量。封建统治者出之阶级本能,对这种萌芽力量是极为恐惧的。明清实行禁海,企图阻遏工商业的发展,维护和复活完全自给自足经济的亡灵和社会基础的宗法结构;不幸,中国资本主义来不及发展到足以打倒这个亡灵、冲毁宗法社会结构的时代,外国资本主义侵入了中国。外国资本主义发展的需要,不希望也不让中国形成和发展资本主义,中国封建社会因此转入半封建半殖民地社会。魏特夫在这里说了一句公道话:"这个国家(按指中国)如果摆脱外国的束缚,原可以大大加速它的文化和社会转变的。"(第461页)然而,侵入中国的西方列强,决不允许中国发展资本主义,只许中国纳入他们进行资本主义扩张的殖民地半殖民地世界范畴。但他们又吞不下中国这个文明大国。中国人民在外国资本主义的侵略和奴役下觉醒了。他们一次次地反抗、斗争、改革、革命,一次次地失败,最后,中国共产党领导中国人民取得了民主革命的胜利,按照自己的意愿,走中国自己的路。尽管这条道路是曲折的,但中国始终没有成为别国的附庸,没有为大国所左右。西方列强没有达到他们的目的,于是魏特夫感叹了:中国"共产党人堵死了""通向一个现代化非共产主义社会的道路"。(第461页)这是西方列强企图把中国变成他们的附庸国失败后的悲叹。

在中国这样一个有悠久历史传统的东方文明大国中,通向现代化的世纪转换之路,还是要靠自己走。任何外国人都不可能为中国设计按他们轨道行进的道路。中国一定要顺应时代的潮流和历史的轨迹向新世纪前进。但一定要从自己的国情和实际出发,走自己的路。正确掌握时代潮流和本国国情的辩证法,一切从实际出发,按照本国的国情审慎地制定自己的路线和方针,是中国社会正常而稳定运转、前进的前提。不进不行,急了也不行;守旧是大错,照搬也是大忌。这就要深入研究我国的现实和历史,研究中国的社会政治体制和思想观念形态,探讨它们的特点、作用和影响。破坏封建专制主义基础的家族宗法制细胞的最有力因素,仍然是商品经济。中国共产党人经过几十年反复实践总结出来的中国特色社会主义论和社会主义市场经济论,正是为了通过为实践所证明的这条中国式道路,走出封建主义的阴影,走向 21 世纪科学与民主的未来。世纪转换要求中国学者深入研究与探索一系列理论与实践问题。条条大路通罗马。21 世纪的中国必将是一个繁荣昌盛的社会主义中国,但决不会是一个按照西方理论家和政治家的蓝图设计的中国。这就是我们判析魏特夫的《东方专制主义》一书得出的结论。

(原载《中国史研究》1994 年第 2 期,1994 年 5 月 20 日)

农 民 问 题
——东方社会发展的关键

刘修明

在东方社会,农民问题一直是贯穿其历史过程的大问题。农民是东方社会人口构成的主体,也是社会构成的主体。离开农民,东方社会就不成其为东方社会体制。东方社会的社会结构、政治制度、观念形态和运动方式,任其如何变化发展,都离不开农民这个"根"。社会的运动与趋势,都是这一社会阶层意志、动向的直接、间接的反映。无论是治理还是研究东方社会,丢弃了农民这个主体,就成为无源之水、无本之木。探索东方社会当代的发展方向,也离不开对农民的分析研究。

就农民是东方社会主体这个特点而言,中国是一个典型国家,又是一个巨大的资料宝库和人文考察的园地。从古到今,从南到北,从东到西,有数不清的资料和实例提供给人们研究。东方社会的研究,应当扎根在中国。

一、东方国家的社会基础

几千年来,以家族宗法制的村社组织构成的基层社会细胞,是东方社会以一家一户的血缘关系聚合而成的生活、生产组织。它构成了东方专制主义的经济基础。从中国周代的八百诸侯到秦汉的郡县制统一的演进,是把无数分散的宗法组织,在时机成熟时用暴力强行纳入一个专制主义的大麻袋。中国几千年专制历史证明,以家族宗法制形式组织起来的农民建立了东方的金色帝国,奠定了断而相续的历代王朝的基础。

中华大帝国的庞大基础,是以农民的汗水、血水拌和着尸骨叠造起来的。

从秦帝国的初建和统一到汉唐帝国的强盛和播誉四海,到宋元的对峙和横跨亚欧,再到明清的回光返照式的辉煌,2 000多年来,一代又一代的农民用他们的赋税、劳役为大帝国的建立贡献他们的力量和汗水,更辅之以少有间断的血水的流淌。以汉唐大帝国的开疆拓土的战争而言,人力、物力、财力的承担者,都是以小生产形式的低水平进行物质创造的农民。农史学家石声汉指出:"一旦国家有了任何形式的战争,更要加强向农村索取人力和物力。……从'粮草'到'兵器',大部分都由农产品直接或间接供给。只要设想一下,每军成万辆'战车'所消耗的木材、涂料、润滑油脂,几亿支箭所消费的竹竿和羽毛,就可以估计到战争所强加于农业的负担是多么沉重!"(《中国农学遗产要略》)至于和平时期的宫殿、城市、交通等物质建设,都是由社会主要生产者农民缴纳的赋税、无偿从事的劳役、征集的物资来完成的。中华历代帝国创建了世界上罕有的东方文明,都是农民直接、间接创造的文明。

王朝的更迭,是中华封建帝国新陈代谢的历史形式。促使新陈代谢这一社会规律的原始力量仍是农民。当中国社会从兴盛到危机,由危机而崩溃,在崩溃的基础上重建、再生、更生,陷入一圈圈合久必分、分久必合的历史"怪圈"运动法则时,起决定作用的是农民的生活状况和农民的意志,是他们的忍受或暴动,顺从或反抗。无论是农民大暴动失败后的"分裂",或是大暴动"成功"后(用范文澜说)的再统一,历史运行的轨迹,都是作为专制政体基础的农民的状况及其变化的结果。不自觉的无"目的"的群体运动,虽然是由成功或失败的统治者的参与或组织而实施的,但最原始的力量仍是农民群体的意志和情绪。农民的生产、生活、意志和要求,是潜在的无形而巨大的力量,从根本上左右着古代东方社会运动的趋势及其动向。西汉的大思想家贾谊早在帝国的初创与巩固期,就看到作为帝国统治基础的农民的伟大而可怕的原动力作用。他指出:"闻之于政也,民无不为本也。""国以为命,君以为命,吏以为命。"(《新书·大政》)

以中国为代表的古代东方文化是辉煌的,在相当长的一段时期内居于世界前列。文化的广义创造者也是农民。专制政体从政治上、经济上对农民的压迫和剥削,保证了一切艺术文化创造的物质基础,也造就了文化创造的精神氛围。不错,在封建时代,地主有文化,农民没有文化。但地主有文化是以无文化的农民生活艰辛的物质创造为前提的。没有农民世世代代对地主阶级知识分子的供养,再有才能的文人也不可能进行文化创造。更不用说巍峨的宫殿、壮丽的庙宇的建造者就是工匠(手工业者和有技艺的农民)。民间文化的创造者、参与者本身就是农民。而这一切又为文人的创造（严格意义上是再创造）提供了取之不尽、用之不竭的矿藏和源泉。文人的文学史离不开民间的俗文学史；杰出文人的文化创造也离不开农民的主题。以王朝更迭、社稷兴亡为标志的社会大变动，对社会各阶层的强烈触动和情绪激发而导致有时代意义的文化创造，究其根本是以农民状况的急剧变化为契机的。但是文化的创造者并不享受文化的雨泽滋润，他们是以文盲加群盲的存在形式承受着几千年不变的愚昧与落后。高度的文明与极端的无知，这是东方专制帝国固有的矛盾。矛盾的冲撞，发展了帝国的文明，也一次次地摧毁了帝国的统治。民族的主体不能接受高度发展的文化的教育，也就无法创造摧毁旧的社会体制的新机制。这就是东方金色帝国对其奠基者"民可使由之，不可使知之"的文化政策的社会政治效应。东方文明内在的极大反差是这样造成的。

中国农民对中国社会是创造还是毁灭，是推动还是破坏？这是长期以来争论不休的学术问题。诚然，农民不代表新的生产关系，不可能在东方专制社会内部产生新的社会因素，为这个社会的转变带来新的活力和机制。他们是愚昧落后的，但不能因此要农民承担社会发展迟缓的责任。农民只是起作为东方社会统治基础的作用，不承担破坏这个基础的作用。把东方专制社会体制的不断破坏与重建而导致的社会发展迟缓的责任，归罪于这个社会的承担者和受难者，而不从专制制度的统治者、组织者、压迫者、挥霍者身上去找原因，那是以受难者作为替罪羊，是对无数在东方专制制度下屈死的冤魂的亵渎。几乎从来没有一个真正的农民能当皇帝。像刘邦、朱元璋那样的人，从其转变的终结过程看，并不是农民的代表。皇朝初年的轻徭薄赋和惩治贪官，那是为了皇朝的稳固及其子孙的利益。从长远看，农民并没有得到什么好处。他们是轮回性灾难的真正承受者。

二、百年变迁中的中国农民

经过几千年的沧桑历程，历史走到了19世纪。东方世界在外国的炮火轰击和内部的乌云弥漫下开始了它的新时代。这个时代的社会角色有所变化，多了由地主转变而来的新式士绅，有双重色彩的维新人士，有资产阶级的新阶层，也有从破产农民演变而来的工人。他们都是从传统社会脱胎蜕变而来，与旧时代有千丝万缕的联系。在整个历史舞台上活动的社会角色仍然是占人口绝大多数的农民。新的社会角色不论他们具有多大的活动能量,也不能取代农民的潜在力量;他们想的和做的一切,如果不同农民联系,都将难有所成。统治者要维护近代中国风雨飘摇的统治,虽然面临着咄咄逼人、高鼻深目的外国侵略者,但首先要解决的仍然是农民问题。一切改革者、反叛者要解决中国的问题,提出变革中国、适应潮流的方案,也要首先针对农民的问题。他们可以超前,如西化欧化中国,但如果把农民搁在一边,他们的劳力就基本上等于零,他们的改良、改革、革命就会以失败而告终。帝国主义和中华民族的矛盾,封建主义和人民大众的矛盾是中国近代社会的主要矛盾的论断,无疑是符合历史事实的。但必须强调,"中华民族"和"人民大众"的主要构成,不是其他阶层,而是农民群众。

中国近代的思想家、政治家,真正看到农民是近代中国社会运动的主要力量,也是中国改革的主要对象并提出深刻见解的,为数不多。龚自珍写有《农宗》一文,强调"唯农为初有宗"。太平天国出于农民的本能要求,糅合上帝倡导平等的思想提出《天朝田亩制度》。维新大师康有为提出:"国以民为本,不思养之,是自拔其本也。""以农立国,可靖民怨。"(《上清帝第二书》)这些生长在农民耕耘本土上有见解的思想家,都不期而遇地在把眼光投向世界的同时也投向农民。近代两位对农民问题予以重视并提出了正确方案的政治家和思想家,是孙中山和毛泽东。他们相继对中国农民问题进行了精辟深刻的论述,提出了解决这个中国社会第一问题的不同方案。不论他们的观点和主张有多少同异,他们的思想仍然代表了千百年来志士仁人对农民问题严重性和迫切性认识的最高水平,也是他们本人思想和当代中国思想的精华。

中国近现代几次大的社会风暴,本质上仍然是农民迫于生计掀起的社会狂飙。太平天国、义和团、中国共产党领导的农民革命战争,同中国古代的农民起义比较,确有时代内容上的本质差异,但从根本上说都是由于内外矛盾交集于中国农村促使农民破产而激发出来的反抗斗争。在近代社会复杂矛盾中找不到生路的农民,怀抱着均土地、求生存的起码要求,反抗官府的盘剥、地主的剥削、洋人的掠夺,举起了为生存而斗争的旗帜。不管他们的旗帜上写上什么样的口号,最根本的事实和原因还是为生存而斗争。一百多年来的事实表明:时代的变化,社会的发展,外来势力和内部势力的交合,虽然改变了古代单纯农民战争的性质,却没有改变农民问题仍然是中国近现代社会改革的主流问题。以农立国几千年的古老中国到近代工业化的缓慢变迁,不可能在短短一百年内改变中国农村的面貌和农民的性质。极少数农民转化为手工业工人、城市工人的事实,也不能改变中国社会的构成比例。

农民的生存是和土地密切相关的,有农民就会有土地问题。历代的土地制度史是农民同土地关系的历史。农民由于各种原因流向城市,也是土地问题。在旧时代"有土始有财"不仅是地主老财的追求,也是农民最大的希望。因为土地是在自然经济条件下人的最必需的生存条件,是维持生命再生产的最基本条件。古代社会没有一次社会政治改革,没有一次社会动荡,没有一次农民的反抗,不是因为土地问题而激发的。作为中国近代民主革命先行者的孙中山,大量社会实践虽然在华侨中进行,但他出身农民,深知农民的艰辛,了解农民的生存是中国社会正常运转和发展的条件。他提出"耕者有其田"的主张,既顺应历史传统,又符合中国现实,反映了农民的迫切要求。从科学性、适应性和可行性上看,孙中山的耕者有其田的思想,比传统农民的劫富济贫和太平天国未曾实行的"天朝田亩制度"的设想,更切实可行。但孙中山的过早逝世和近代中国复杂的社会矛盾,使他的理论无法付诸实践。第一次国内革命战争时期的根本问题还是对农民的问题。说十年内战史是土地革命史无疑是贴切的。核心问题正是农民用暴力夺取地主占有的土地。这造成了共产党和国民党的对峙和斗争。从某种意义上说,正是农民问题和土地问题使共产党稳操了胜券(加上日本的侵略导致以农民为主体的民族斗争的历史转机)。当毛泽东在解放战争进行得如火如荼的1947年颁布土地法大纲,把几亿农民争取到革命阵营内,同国民党军队进行拼命斗争,这就决定了不能解决农民问题的蒋介石政权在大陆统治的彻底失败。

由此可见:谁争取了农民,谁就取得了政权;谁真正赢得了农民的心,谁就能有效地巩固政权。如同春秋战国时期中国社会的变革一样,一百多年中国近现代社会的变迁是巨大的。历史发展的速率加快了,科学的发展迅速了,外来文化与思想的冲击加强了。但这一切并没有彻底改变农民问题还是中国社会变动、变迁、变革的决定性问题的性质。农民在中国社会扎的根太深太广,什么问题都要刨根问底,问中国的农村,问中国的农民。错综复杂的近代中国社会矛盾,中华民族同外来势力的矛盾,人民大众同封建主义的矛盾,由农民转化的工人阶级同从地主士绅转化的资产阶级的矛盾,政权同国民,执政党同民众的矛盾,国民党同共产党的矛盾,贯穿这种种矛盾与斗争的核心问题,是如何认识和处置农民的问题。谁搭准了农民的脉搏,正确处置了农民问题,谁就执了中国社会的牛耳,就真正统治了中国的960万平方千米的领土。原因非常简单,生活在这块土地上最大多数的人是农民。

三、面对现实和面向未来的农民问题

中国历史进程大体证明了一条法则:农民战争胜利的结果是建立一个统一的中央集权制的国家(以西汉、东汉、明为代表);而农民战争的失败则导致分裂割据(如三国两晋、五代十国)。中华人民共和国的成立,宣告中国共产党领导的统一国家新时代的开始。它在历史进程的螺旋形发展中,同东周至秦统一的过程有某些类同,表现了中国历史演进的某些规律。

这个新国家新政权在20世纪中叶的现代社会,面临着把传统落后的农业国转向现代化工业国的大问题。几千年的积淀与近代的沧桑,使这一转变过程迫切而强烈,漫长而艰难。如何实现工业化?现实使政治家们决定,只有从农民着手,让农民为中国的工业化作出贡献。特别是建国初期,工业化发展的资金、原料和劳力都来自农村。早在1945年,毛泽东在《论联合政府》中就着重论述了农民对中国未来的重要性。他除了指出"农民——这是中国军队的来源"这一事实外,还强调指出农民是中国工人的前身,是中国工业市场的主体,是现阶段中国民主政治的主要力量,是中国文化运动的主要对象。毛泽东的分析是符合中国实际的。

中华人民共和国成立以后的土地改革运动以及相应的社会政治运动,实质上是在中国共产党领导下的用非和平方式完成的耕者有其田的土地改革运动。被长期压抑的农村生产力终于得到了解放。在一个并不太长的时间里,被释放的农村生产力基本上还是以自然经济、半自然经济的形式,对国门被紧密封锁的国民经济作出了有力的经济支持。国家依靠农民的支持,加上当时一些友好国家的帮助,开始建立了较完整的工业体系,中国的经济获得恢复和发展。但令人遗憾的是,在此后相当一段时间内,社会的发展是以农民被束缚在土地上又在不断进行的农村过快的超越实际的社会改革(初级社、高级社、人民公社)的前提下进行的。毛泽东对中国农村社会超越实际的变革,使"耕者有其田"急剧地变化为"一大二公"的人民公社。物极必反,发展了的农村生产力由此遭受了极大的破坏,巨大的人口增长和遍及全国的粮食匮乏,逆转了工业化的进程。在后来被迫采取的"调整、巩固、充实、提高"的方针下,一切再从被破坏的基础上重新做起。严重的历史教训昭示了一个十分清楚的事实和真理,就是在中国当代,即使在取得政权以后,第一位的问题仍然是农民问题。正确地认识农民问题,制定正确的农村政策并在实践中贯彻落实,不是偏离,更不是头脑发热,才有中国社会的稳定发展,才有中国的工业化和现代化。1970年代末开始的"拨乱反正"和中国社会的大变革,追溯其根源,仍然是从中国农村、从农民开始的。从四川、安徽农村开始的包产到户和联产承包的生产责任制,是冷酷的现实把人们发热的头脑冷却下来,使他们(主要是各级干部)回到实际可行的轨道上去。

在中国这个有深厚东方社会基础的改革开放的实践中,由于传统体制的影响和双重体制的转轨与交叉,会面临着许多复杂的问题,如国有企业的改造、社会财富分配的均衡、政治体制的改革、民族关系的处理、意识形态的变化,等等。千头万绪的工作都要抓,但涉及中国未来发展的第一位问题还是农民问题,即农民的生存、发展与农村现代化问题。以农村人口转化为城市人口来说,毛泽东早就预见到:"将来还要有几千万农民进入城市,进入工厂。如果中国需要建设强大的民族工业,建设很多的近代的大城市,就要有一个变农村人口为城市人口的长过程。"(《毛泽东选集》第2版第3卷,第1077页)当前中国正进入这一阶段。除了长江三角洲、珠江三角洲的农村人口变为城市人口的过程比较顺理成章外,由于经济发展不平衡而导致的约1亿左右的流民,使当前人口变动呈现某种无序状态,已成为全国性的社会问题,其核心问题仍是农民问题。几乎可以肯定地说,中国社会如果再一次发生大动荡,无业的流民一定是积极的参与者和破坏者。这个问题要引起警觉,要未雨绸缪。农民从"安土"到"离土"在历史上曾多次出现过,并引起社会的灾难。当前中国农民的这一现象上的重复,不能与古代社会同日而语,有其新的时代因素,即除了经济发展的不平衡原因以外,经济改革与开放政策在东南沿海地区的推行,吸引了大批内地的农业人口。但是值得注意的是,某些流动人口在发达地区由于生活无着落而导致种种犯罪的现象日益增多。当然可以用法律手段来严惩犯罪的流动人口,但这并不等于有效地遏止了人口的无序流动;也不等于解决了这个问题背后的深层次问题——农民问题。只要变革中的农民问题得不到妥善的解决,潜在的问题迟早有一天会引起连锁反应,导致社会的震荡和破坏。

鉴于农民在中国社会中举足轻重的地位，无论是在科学的估量上，还是在政策的制定上，都应该充分估计到农民的重要性。农村稳定，社会就基本稳定。从历史的角度看，一切以民为本、有远见的统治者都注意恤农固本，以稳固农村、安定农民作为稳固国家统治的立足根基。这是足可弥珍的历史经验，也是千古不败的安邦宝典。在中国，只要农民占人口构成的大多数，就必须把农民看成是立国的基础，是中国现代化发展中不可缺少、不能忽视的力量。但是必须承认，从总体上说，中国农民的素质是不高的。严重的问题是教育农民。这句名言应当包括政治上、经济上、文化上的全部内涵。中国当代政治的改革与进步，最深层的基础在农民。农民素质的全面提高，是中国民主政治坚实而稳固的基础。至于经济的现代化，当然离不开改革开放，引进外来资金、技术和现代化的管理，但是决不能因此而忽视农民在经济现代化中的作用，"只有他们能够供给最丰富的粮食和原料，并吸收最大量的工业品"。(《毛泽东选集》第 2 版第 3 卷，第 1077 页)整个中国现代化的过程，都必须依靠农民，必须最大限度地解决农民问题。这是一个牵动全局的战略问题。要了解农民的生存处境，正确地理解农民，研究农民的现实需求与发展愿望，制定相应的农村政策。

历史和现实都告诉我们：在中国大地，发展的关键和核心是农民。

(原载《求是》1996 年第 7 期,1996 年 4 月 1 日)

# 序言汇集

《从崩溃到中兴——两汉的历史转折》自序

刘修明

在20世纪80年代的中国,历史著作怎么写,成了问题。史学著作难以出版,读者对各种形式的史学著作,有着不同以往的选择标准,所谓"史学危机",在困惑着史学工作者和编辑同行们。历史要求人们思索,史学的现状也要求史学工作者反省,从历史的反思中总结,从旧我中解脱,从批判的继承走向新的探索。

这本不成熟的书,就是作者在反思和探索中的一个尝试。虽然写作的时间不长,但是它经过了多年的考虑与摸索。作者试图在继承和学习中外古今一切优秀著作优点的基础上,对中国古代社会的一个重要转折阶段——两汉之际的历史,从纵横两方面尽可能恢复它生动活泼的历史面貌,再现它壮阔、雄伟又曲折、坎坷的历史场面。历史转折时期通常是丰富多彩的,同时又包涵着发人深思的历史哲理。历史的转折是一个从量变到质变的过程,社会的急骤运动一定要付出巨大的代价,上升与下降、坎坷与曲折、前进与倒退、改革与暴动、破坏与建设,构成丰富多彩的历史画面。一切正常的社会生活破坏了,反常的社会生活主宰着动荡的世界。正常变成不正常,反常又包孕着正常。历史大转折后,新的正常社会生活会拉开序幕。在大转折、大动荡、大变幻中,时代的狂飙会把代表不同阶级、不同阶层的人们推上历史舞台,以他们特有的个性和面目表演着各种形式的惊心动魄的斗争。我之所以选择两汉之际这一历史时期为写作的范围,除了对这段历史较为熟悉以外,就是基于以上的原因。历史是有其永恒价值的。转折时期的历史,比之"升平之世"的历史,其价值量显得尤为珍贵。它包含着由全民族的沧桑坎坷和无计量的血泪换来的历史经验,又是社会由"大乱"走向"大治"的先导。

理论家和政治家们常说:"历史的经验值得注意。"但是历史的经验并不是经常那样深切地引起人们的重视。黑格尔曾讲过一段非常深刻的话："人们惯以历史上经验的教训,特别介绍给各君主、各政治家、各民族国家。但是经验和历史所昭示我们的,却是各民族和各政府没有从历史方面学到什么,也没有依据历史上演绎出来的法则行事。"(《历史哲学》中译本,第 44 页)中国封建社会不断重复出现的历史现象,往往使人误解为这是历史的循环。实际上,中国历史是螺旋形的渐进,只是其螺纹太密,螺距太小,相似点又太多。但是,黑格尔那尖锐而深刻的言词确实打中了剥削阶级政治家们的要害。历史演绎是法则的,这就是人们通常说的历史规律。由于阶级的、社会的各种原因,统治者们或是不认识,或是不愿意按照历史法则行事,历史的反复,历史的惩罚,就成为历史的必然。历史经验与现实功利,在阶级社会里永远是一对矛盾。少数人以历史为借鉴和多数人对历史的茫然,又是一对矛盾。当绝大多数人没有能正确认识客观世界(包括历史)和认识自己的时候,这些矛盾是无法统一起来的。只有社会上大多数人自觉认识客观社会历史规律并把这种认识付之于实践的时候,只有人们从历史和战略的角度来审视我们身处的现实,历史的经验才能成为具有实效的精神财富。

  这本书在写法上有别于以往某些历史著作。我是有意识、有选择地吸取了祖国史学名著《左传》《史记》《资治通鉴》和国外古今许多历史名著的写法,通过有血有肉、有"虚"有实、有人物形象、有历史场景、文史结合等写法,具体形象地阐述这一转折时期的历史发展的必然性和规律性。对一些问题的见解和观点,我尽量摒弃那种我们习用的论文或教科书式的论述方式,而把它贯串在事件的变化和人物的行动交往中。这样,也许能使活生生的历史不致于仅仅是那么一副骨架和几条筋肉的混合体,而让读者在事件的发展变化和人物的行动交往中,具体领悟历史的启示。因而,这本书不是传记文学,也不是列传、合传、别传的组合。它既非编年史,也非纪事本末体,更非教科书体。但又包含着它们的某些特征。从史学的分支学科上说,它也不是政治史、经济史、文化史、军事史、社会史等板块式的组合。

  这样的写法,也许应具有可读性,但追求可读性不是我的目的。历史本身比任何可读性强的读物具有更强的吸引力,可读性只不过是丰富的历史画面有限的表现手段而已。而这些,在 1950 年代以来国外某种教科书学派和我国传统史学体系中某些陈旧内容和形式的影响和政治浪潮、形而上学的干扰下,几乎被剔除净了。结合当代人文化学术上新的要求,继承人类历史上一切成功的创造，是学术文化在历史阶梯上创新和前进的必要前提。

可读性的先决条件，应当是科学性。前面提到，历史必须以事实为根据，不允许小说家的想象。可读性、形象化，必须建立在科学和事实的基础上。一本历史著作，应当是哲、史、文的结合，理论是它的灵魂，史料是它的基础，文字是它的形式。历史科学追求的目标，是从史中求实，从实中求是。"是"即规律，也即中国古书中所谓的"道"。"文以载道"，"道"是根本的，但"道"必须符合事实，以大量经过审核过的事实为根据。这三者，我都是欠缺的。三者的较完美的结合，是我的努力方向。在这本书中，我以有限的水平，尽可能在掌握两汉史料（文献的，辅以考古的）基础上，来恢复历史的原貌。书中陈述的事件、人物等，都以史料为根据，注明出处，有些材料在注释中作了考订，有些问题在附注中加以说明。即使对人物的心理、礼仪和环境的描写，也尽可能不要游离于那个时代之外，不要远离历史的真实。对于有些同志奉克罗齐"一切的真历史都是当代史"为圭臬的信条，我是有保留的。虽然主观上努力这样做，客观上的距离仍然很大。

广义的历史是人类的文明史。文明的含义要比文化广泛得多。它可以包括人类的物质生活和精神生活的一切方面。要再现一个历史时代，不能不注视这个时代文明的种种表现形式。但要我在这部书中全面反映两汉之际的社会文明显然是不可能的，而且也不是这本书的主旨。为了顾及历史的完整性、具体性和生动性，我在众多学者广泛研究的基础上，吸收了他们的成果，尽可能地反映和表现两汉时代社会文明的各个方面，结合两汉的历史转折中的人与事，描述当时的经济生活、城市风貌、服饰饮食、婚丧礼俗、精神风貌，等等。我希望这些描述不是节外生枝、画蛇添足，而能配合主题，融为一个整体。能否如愿，要看实践了。

既然作为一本历史著作，尽管它是不成熟的，也不应该是旧史书或以前著作的翻版或改写，应当有自己的观点。这几年来，我写了若干篇有关两汉历史的论文，对某些学术问题提出了我的看法。在这本书中，除了吸取我已发表的某些不成熟的观点以外，还对另外一些问题提出了看法，诸如中国封建社会历史发展趋势问题、两汉之际的历史转折问题、两汉社会性质问题、社会结构问题、封建社会发展的动力问题、农民起义的属性问题、王莽改制问题、封建社会中的知识分子问题、思想意识和文化问题，以及某些人物的评价问题，等等。不敢说有自己的"体系"（就个人来说，有时一辈子的努力也未必能形成自己的体系），但对某些问题我都提出了自己粗浅的观点。所有这些问题，在本书中都没有以论文的形式表述，而是寓论断于叙述之中。这本书的基本观点，我已以论文形式写成《两汉的历史转折》一文，刊载于《历史研究》1987年第6期中，读者可以参阅。

人民参与创造了历史，应当让历史从研究者的书斋里走出来，从政治家"治鉴"的镜框里走出来，让成千上万的人民深入具体地了解历史，了解我们民族的过去，了解她的成就与包袱，她的光荣和耻辱，她的曲折与灾难，她的牺牲和代价。历史应当成为全民族的精神财富。唯其这样，才不致于使历史成为少数人醉心其中的象牙塔，也不是少数人研究"治术"或"权术"的教科书。当全民族的大多数人都自觉要求学习历史、了解历史并吸取历史经验、展望未来的时候，这个民族的现代化、科学化、民主化的进程就会加快。历史使人明智，但决不能只是少数人明智，而让多数人仍然陷于愚昧状态。如果是那样，那还是少数人统治多数人的时代。一个民族没有理论思维是危险的。一个民族不深切了解自己的历史，就不可能进行科学的理论思维，就不懂得总结历史经验，探索历史规律，进行历史预见，那就还要付出沉重的代价。中华民族多灾多难，付出的历史代价已经是够沉重的了。付出了代价而得到收获的时代应该到来了。历史的社会功能和时代价值，绝不是一项具体的科学发明的效果所能比拟的。作为一个根植于长江、黄河灌溉的土壤上的史学工作者，应当在这方面为祖国为民族做点事。

"法乎其上，仅得其中。"我给自己拟定了攀登的目标，但水平、能力和目标的矛盾，也许使我连"中"的目标也达不到。已过"不惑之年"的我，只能老老实实，攀登一步是一步。每一步只能从零开始。从绝非自谦的意义上说，这本不成熟的书只能是"抛砖引玉"。一批有创见，形式新，既能得到专家首肯，又能获得广大读者欢迎的历史著作，必定会茁壮生长在有悠久传统的中华史林之中。

这本书在写作的过程中，曾得到上海社会科学院历史研究所古代史研究室诸同志、上海古籍出版社有关编辑的指导与帮助。谨向他们致以诚挚的谢意。我真诚地期待专家与读者的批评与指正。

作　者
1987年11月于上海长寿桥畔

（原载刘修明著《从崩溃到中兴——两汉的历史转折》，上海古籍出版社1989年版）

王守稼著《封建末世的积淀和萌芽》序言

刘修明

1988年11月,病魔缠身数年的王守稼同志,在查出脑瘤病根、决定动手术前的一个晚上,对我说:"彻底的唯物主义者是无所畏惧的。但是,动这样的手术,我不能不做两手准备。万一有意外,希望你老朋友帮我编本集子。"他说得很坦然。我安慰他,祝福他,期望他手术成功。我知道,他下决心开刀,是因为申报的国家社会科学基金项目《明清时期的人口问题》已获批准,他要争取手术后早日恢复健康,高质量地完成这个国家项目。我们都衷心祝福他顺利渡过脑外科手术这个关。万万没有料到,他在12月7日手术后不到10小时的深夜,就遽然告别了人世。他对我讲的话,竟成了遗嘱。手捧他的遗稿,沉重、惋惜之情和对亡友的责任心,使我越加感受到这叠文稿的分量。我向上海社会科学院历史研究所负责同志作了汇报,领导让我担任王守稼同志遗稿的整理、编辑工作。

我和守稼相处近20年,他的史学论文我读了很多。俗话说,文如其人,守稼似乎"文胜其人"。谦诚的微笑、朴实的语言、内向的性格,就是这样一位温文尔雅、含而不露的一介书生。他的文章字里行间饱含着一种对科学、对真理热情追求的信念,文字表现形式也有一种不同凡响的新风格,具有一种勇往直前的雄浑而又清新的气势。更重要的是,他对历史的发掘和创新,每每能从人所常见的材料中,得出别人没有得出又能为人信服的结论。在编辑、整理他的遗著时,我不时感受到他那睿智之见的启示,真像炎夏掠过额头的习习凉风,令人精神为之一振,不由得击节称赏。难怪他的研究引起前辈史学家,如谢国桢、汪向荣、宁可、洪焕椿等教授的注意和肯定,博得日本学者山根幸夫的赞扬。联系到他从中学时代起就对马克思主义下了功夫(如钻研《资本论》等),就不难理解他为什么能成为同时代同行中的佼佼者,在史学园地取得了相当丰硕的成果。

章学诚说过,自古多文士而少史才。史家的成就,要史才、史学、史识三者具备,缺一不可。下功夫(史学),是从事历史研究的基础,但仅有功夫未必能成史家。没有相当的才气(很难确切地说明它的内涵)和卓远深邃的见解(史识),很难造就一个独具慧眼的、有成就的史家。我认为王守稼同志比较完善地具备了这些因素。他是一个出身贫寒,从小就热爱中国共产党、热爱社会主义的、由新中国培养起来的新一代史学工作者,一个在马克思列宁主义、毛泽东思想抚育下成长起来的共产党员。中华人民共和国光辉、伟大而曲折的历史,使他在风云际会的切身体会中,大大加深和升华了对历史的认识,深化了他的史学研究。生活的磨炼和对学术探索的结合,迸发出思想的火花,也激励了他坚韧的意志。中国历史上许多著名的史家,是从荆棘丛生的道路上开创自己的学术事业的。守稼也走过这样的道路。"路漫漫其修远兮,吾将上下而求索。"在清贫的生活条件下,在个人的坎坷和病体的折磨中,他把自己对事业的追求,提高到他孱弱的体质所能承受的最高值。在去世前一年内,他以惊人的毅力,撰写了十多篇论文。他怀着一种悲剧性的热诚,埋头坚持着非常艰苦的史学研究工作。人的人格在常态下是那样平淡,只有在不寻常的情况下,才能显示出他的真正价值和分量。而这正代表着对祖国怀有深厚感情的中国知识分子的崇高品质。

从党的十一届三中全会以来的 10 年间,守稼在史学园地辛勤耕耘,写的史学论文虽然不算很多,但也不算少,几乎篇篇都有相当质量。了解他身体状况的人都知道,他是大大超额完成了任务。尤其要指出的是,他的研究工作有明确的计划性和系统性。他曾多次和我谈起研究中国封建社会的设想和计划。理论上的深厚修养,对中国社会和历史的宏观兼微观的认识,使他对中国封建社会的结构和相应的许多具体问题,有自己的独特见解。大学时代,在陈守实教授等老师的影响下,他对明史发生了浓厚的兴趣,毕业论文就是这方面的内容。工作以后,他又在先秦史、秦汉史、唐史、宋史等方面,作过探索和研究。近 10 年来,为了同我的

《封建末世的积淀和萌芽》书影

封建社会前期历史研究形成"犄角之势",他又把重点转移到处女地很多的明清史领域,并扩展到封建社会后期的人口史、江南经济史和上海地方史的研究。可贵的是,他对中国历史诸段落、诸领域的研究,绝不是浅尝辄止、蜻蜓点水式的,而是精耕细作、锲而不舍。我这样说,绝非缅怀亡友而言过其实,而是有事实根据的。要说这是"才气"使然,不如说肯下功夫钻进去。马克思主义的思想武器和酣畅的文笔,又赋予他探究事物奥秘的钥匙和表述历史规律的技巧。

这种研究工作中的计划性和系统性,在他的研究选题和内容上,得到了实践。由于他英年早逝,还来不及把研究课题逐一变成专著。但在整理遗稿的过程中,我发现这种计划性和系统性早已包涵在他的论文中。这就使我有可能把他单篇的论文,整理成一本系统的集子。守稼的论文,主要探究了中国封建社会特别是后期的发展规律和发展趋向,以及相应的某些具体问题,如江南经济和资本主义萌芽问题、江南知识分子和思潮问题、封建末世的人口问题、倭寇和御倭战争的性质问题,等等。主要是封建社会晚期的一些历史问题。因此,我把这本集子定名为《封建末世的积淀和萌芽》。为了全书风格的统一,我对有些文章的题目,作了不违忤作者原意的修改,以使它们尽可能地融合为一个有机的整体。

这本集子,包括内容前后相关的五个部分:

第一部分《关于中国封建社会的周期性危机》,共收有两篇论文:《中国封建社会的周期性危机和特征》、《有关中国封建社会长期延续原因若干观点的讨论》。这是1980年代初中国史学界发生的一场有关中国封建社会发展规律和长期延续问题的争论的产物。守稼写了好几篇文章,这两篇集中了他的主要论点。在当时这场波及全国史学界的争论中,针对不少似曾相识的旧观点的新发挥,守稼旗帜鲜明地投入这场论争,提出自己的观点:中国封建社会的"周期性危机",实际上"是由于社会再生产的周期性中断和阶级矛盾定期激化引起的""社会再生产危机"。作为争鸣中的一家,守稼的观点提得很早,引起史学界的广泛注意。论文比较系统地代表了他有关中国封建社会发展规律的基本观点。这一部分只要补充材料,加以扩充,本来是可以写成一本专著的,这里只能把他的思想精髓献给读者了。有这一部分作为铺垫,以下有关明清时代江南经济史和资本主义萌芽的研究,就有了基础。

第二部分《封建硬壳的突破性试验》,共有四篇论文,是讨论江南地区资本主义萌芽和上海古代地方史的。这几篇论文,不仅对江南地方经济史和上海古代地方史的探索有开创性的意义,也是对中国封建社会演变前途及其历史命运所作的区域型解剖。守稼从广义上剖析了明中叶以后江南地区的社会经济基础和阶级动向,具体分析了包括今天上海地区范围内资本主义萌芽的历史趋势。《松江府在明代的历史地位》一文,在理论上、史学上填补了古代上海研究的空白,为江南地区的资本主义萌芽问题找到了一个有说服力的史证。《明清时期上海地区资本主义的萌芽及其历史命运》,是他留下的最后一篇文章。1986 年以来,守稼抱病承担国家社会科学"七五"规划小组委托的明清时期杭嘉湖经济史研究的任务。1988 年夏天,他在病情转重的情况下,还给国情调查组写了松江县历史发展的文章。这里汇集的论文,是他思想和意志闪耀着光辉的结晶,代表了他学术成就的一个重要方面。

第三部分《晚明江南知识分子及其社会思潮》,是颇具特色的一组文章。历史活动是人的活动,以知识分子为代表的思想意识层的活动,往往直接反映或折射那个时代的特征和趋势。封建后期江南地区的知识分子,有他们的时代特色:微弱的资本主义萌芽酝酿了陆楫的经济思想;在更换封建思想的选择中,造就了徐阶这位松江的阁臣,并在他周围聚集了一批阳明学派的信徒;作为历史巨人的徐光启,和以艺术巨匠身份出现在上海地区的两个历史人物,在封建末世走着不同的道路,在历史的天平上显示了不一样的分量;而类似陈子龙这样的知识分子,在末世衰微的时代条件下,徒有经世之志,历史没有给他们提供施展抱负的时机和舞台,结局只能是悲剧。读者通过这种链索式的连结,不难看出封建末世的社会积淀和新因素的萌芽在相互冲击中形成的层层涟漪。

第四部分《封建末世的人口问题》,包括三篇明代的人口问题论文和一篇清代人口问题的文章。这是对中国当代严重人口危机的历史回溯,是守稼近十年来耕耘的史学新领域。他从经济关系和阶级关系的角度,对经济基础和上层建筑作了综合性的研究,具体而细微地分析了封建后期中国人口增长的突变性,提出不少新颖而有说服力的观点。他剖析了清代乾、嘉、道时期人口连续突破 1 亿、2 亿、3 亿大关,道光年间人口又超过 4 亿的社会经济原因。指出康熙年间取消新增人口的人头税,雍正时进一步实行摊丁入亩,"客观上起了鼓励人口增殖的作用","是"促进人口猛增的重要政策上的原因";封建社会的人口问题,实质上是农民的人口问题。封建末期超经济强制的削弱(取消人头税),必然刺激农业人口的骤增。人口的盲目再生产,也给统治者带来巨大的人口压力。守稼从事人口史研究时间不长,却独具慧眼比较深刻地分析了中国社会人口激增的关键原因,难怪得到了国内人口史专家的高度评价。他的另一篇论文《试论半殖民地半封建时期的中国人口问题》(刊于《中国社会经济史研究》季刊,1982年第2期)也是一篇有见地的人口史系列研究论文,由于体例的原因,没有收入本书,读者可以参阅。

第五部分《国内外矛盾的交叉和对外关系》,也有四篇文章,论述了明末社会内外交叉的社会经济矛盾和对外关系(包括海外贸易)。其中特别要提到的是,他对嘉靖年间倭寇和御倭战争性质的论述。观点的形成,始于1960年代守稼在复旦大学历史系学习时期。他以充分的论据,证明了御倭战争是一场反对中、日两国海盗,主要是反对以王直为代表的海盗集团的战争,而战争的主要性质是国内战争。《"争贡事件"故址考》是一篇有所发现的考证文章。考证的问题是,明代宁波市舶司设置招待日本贡使的嘉宾馆遗址何在的问题。1981年,汪向荣教授曾对守稼谈起日本学者去宁波查访嘉宾馆无所得,还想再访事。守稼把这件事牢记在心。他在给汪先生的信中说:"您认为最好我们中国学者能找到嘉宾馆遗址,不要给人产生中国无人的坏印象。出于一种自尊心,您的这句话,我一直记在心上。"他利用去老家宁波养病的机会,不辞劳苦地查阅方志,实地踏勘,终于查明了嘉宾馆遗址,写出了这篇文章,博得中日关系史专家很高的评价。他怀着强烈的民族自尊心,为使祖国史学在国际学术界取得应有的地位而呕心沥血。

这本集子不包括守稼的全部遗稿。例如,他的《〈甲申三百年祭〉及其在中国史学史上的地位》(刊于《郭沫若研究》第1辑),曾被尹达先生生前誉为对环绕《甲申三百年祭》的大争论"作了总结"的论文。由于体例上的原因,也未能收入本书。其他未收的文章还很多。华东师范大学历史系王家范同志哭守稼的挽联写得真切:"华亭良史丹册传音笔未辍兮心力瘁,江南贤士鸿篇蜚声才不尽兮魂魄归。"天若假之以年,守稼是能为中华史学园地增添更多朴实、芬芳的独具风格的奇葩的。呜呼!我们只能以这本不完备的集子,纪念这位只生活了46个春秋而英年早逝的史家。

论著中的某些文章,如《松江府在明代的历史地位》《两朝元辅 一品乡官》《明代户口流失原因》等文,是王守稼同志和缪振鹏先生合作、共同署名的。论著的编辑出版,曾得到上海社会科学院历史研究所和古代史研究室的领导的大力支持。我们的恩师谭其骧先生以八十高龄为守稼这本著作写了令人感动的题词,顾廷龙先生为本书写了题签。古代史研究室的丁之方同志,在协助整理编辑此书时,做了不少工作。上海人民出版社文史编辑部的王界云、吴慈生同志对本书的出版始终予以关心,并做了认真细致的工作,使我们铭感不已。这里一并加以说明,并致以衷心的谢意。

1990年2月于上海社会科学院历史研究所

(原载王守稼著《封建末世的积淀和萌芽》,上海人民出版社1990年版)

《毛泽东晚年过眼诗文录》前言

刘修明

(一)

毛泽东一生手不释卷。对于中国历史和中国古代文化,像他那样熟悉的,在中国共产党领导人和近代的政治家中,是不多见的。他读过大量的中国古籍,从大量古籍中批判地汲取和继承中国古代的优秀文化。他对古书内容的理解所达到的深度和广度,令人惊叹。他善于用历史唯物主义的观点阅读和解释中国古书的内容,对中国古代的历史和文化进行新的解释,提出新的见解,他又善于汲取中国历史和文化的精粹,并赋予新的含义,为现实斗争服务,即他常说的"古为今用"。所有这一切,是同他高度的理论文化修养和在中国现代史上重要的历史地位分不开的。没有高度的马克思主义理论修养,没有渊博的学识和丰富的革命实践经验,要做到像他那样自如地对中国历史和文化借鉴与运用,是难以想象的。中国民主革命的胜利,同毛泽东对中国历史文化的熟悉和借鉴,有着不可分割的联系。

当然,无可讳言,在毛泽东的晚年,由于国内外复杂的政治环境和"左"的指导思想,他在引用古籍典故和借鉴历史经验等方面,也有失之偏颇的地方。历史沉淀的承袭作用,对他也产生某种消极影响。这是应当引以为戒的。这是另一层意义上的借鉴。由于毛泽东晚年的错误和处置失措,加上他健康状况不佳和心境的不宁,造成毛泽东晚年思想感情上的巨大起伏。这种思想感情的波动,充分表现在他对大量古典辞赋诗词的阅读和寄托上。毛泽东不仅是伟大的政治家,也是一个在复杂的政治斗争和社会生活中有丰富思想感情的普通人。

读书可以反映一个人的思想。只要不是漫无目的的浏览,一个人读什么书,在什么情况下为什么目的而选读什么书,同样反映一个人的思想。通过了解毛泽东在他晚年的特定时代条件下,对中国历史古籍、文选、古典诗词有目的、有选择的阅读,可以从一个侧面研究、探讨毛泽东所关注和思考的问题,也可以探寻他思想深处的感情世界。

20世纪70年代初,根据毛泽东的意图和指示点校、注释和印制的"大字本",就是毛泽东晚年阅读历史古籍、古典辞赋诗词的产物。严格地说,"大字本"这个说法并不确切,因为开始阶段印制的这种本子字号并不很大,正文用四号老宋,注文用小四号老宋,以后字号才逐渐加大,从正文三号老宋、注文四号老宋,发展到正文二号老宋、注文三号老宋。随着毛泽东眼疾的加剧和视力的衰退,特别是他在1975年因老年性白内障发展(同年8月做了眼科手术)后,字体更放大为特制的36磅特大号长宋字体,并以这种字体印制了一大批书,这才成为所谓"大字本"。为方便起见,我们习惯上把一开始进行点校、注释的古代文献,都称之为"大字本"。

由于工作关系,当时在复旦大学历史系工作的王守稼(1978年以后调入上海社会科学院历史研究所)、许道勋、董进泉(1978年以后调入上海社会科学院情报研究所)和上海社会科学院历史研究所的吴乾兑、刘修明,被借调参与了"大字本"的点校、注释工作。此外,参与部分注释工作的,还有复旦大学历史系的谭其骧、杨宽、邹逸麟、王文楚先生,中文系的王运熙、顾易生、章培恒先生等人。我们参与注释的这种"大字本"和后来用36磅特大号长宋字体印成的其他"大字本"(如刘大杰的《中国文学发展史》也用36磅特大号宋体字印成大字本)不同,具有毛泽东指定的性质,即毛泽东在晚年某一时期,为考虑某一问题,需要参考、借鉴某一篇历史文献,以达到某种目的的特定性质。因此,这种大字本身虽然仍属古代历史文献或古典文学作品,但它们因此而具有了特定的时代意义和当时的历史价值。结合当时的时代背景,从这些指定校点注释的古代文献中,可以研究和推测毛泽东当时所思考的某些问题,了解他的心态和思想情绪(一般地说,辞赋诗词等文学作品,更能成为寄寓情绪的载体)。[①]

近年来,有关毛泽东的传说和回忆文章发表了不少,其中也涉及到毛泽东的读书生活,然而有关大字本的材料只是鳞爪,内容也不具体。

[①] 毛泽东1959年8月6日曾写信给刘思齐说:"你愁闷时可看点古典文学,读诗句,可起消愁解闷的作用。"(见《生活中的毛泽东》,华龄出版社1989年版,第202页)

参与大字本点校注释和整理工作的5位同志,都是专业的史学工作者。史学研究工作的职业本能和参加这项工作的实践,使我们充分认识到这批材料的价值。为了保留这批珍贵的历史材料和版本,我们整理了大体完整的两套大字本,分别送给上海图书馆古籍部和上海社会科学院历史研究所图书资料室保存。由于这批材料是在毛泽东晚年特定历史条件下的产物,它们就具有特殊的价值,是重要的史料。这些古代文献,从它们本身说来,是人人都能查阅到的公开的材料,但当它们和一位关系到中国前途和命运的重大历史人物在特定历史时期的活动相联系时,这些古代文献所包涵的内容和意义,就超出了它们的本来价值和原有的意义,具有重要的文献价值,对研究毛泽东晚年的思想和活动,具有不可忽视的直接和间接的作用和意义。

　　时间已经过去了20年,毛泽东已成为一位历史人物。他在中国现代史上的地位、作用和影响,已成为国内外有关学者越来越关注和研究的课题。特别是他晚年的思想和活动,更成为人们关注的焦点。在这种历史条件下,将这批文献材料汇集整理出版是有意义的。加上毛泽东诞辰100周年即将到来,在这种情况下,花山文艺出版社以《毛泽东晚年过眼诗文录》为书名,将这部分材料汇集出版,目的是为了给研究毛泽东提供一份有价值的文献材料。这对国内外研究毛泽东及其生平、思想和事业的学者来说,是会有一定参考价值的。

(二)

　　大字本校点注释和印制的时间,是1972年秋至1975年9月中旬,前后经过4年。全部篇目共86篇,总字数约80多万字。

　　最早布置大字本的校点注释任务,是1972年10月1日。当时布置的是《晋书》中的《谢安传》《谢玄传》《桓伊传》《刘牢之传》,要求将"四传"标点简释,合订为一册。这是我们接触到的最早布置大字本的情况。以前有没有搞过大字本,不得而知。这里需要说明的是,《晋书》四传的注释任务是1972年10月1日下达的,但具体注释任务直到1973年初才向我们布置,为什么拖了三个多月,原因也不清楚。我们第一次注释的是《旧唐书·傅奕传》,而不是《晋书》四传。时间是1972年12月8日,12月27日完成。《晋书》四传由于布置迟了,1973年2月1日才完成。注释工作是在上海图书馆西大楼306室进行的,主要是为了利用上海图书馆的藏书,可以及时借阅参考。注释本搞好后,送到上海普陀区澳门路的中华印刷厂印刷装订。之所以找中华印刷厂,是因为中华印刷厂印刷古籍比较有经验。不料,在当时"文化大革命"否定一切传统文化的氛围下,中华印刷厂印制繁体字的铜模,已经卖给了内地(记得是江西)一家小印刷厂。为了赶印这份只有几页的大字本,中华印刷厂赶紧用一套新的简体字铜模把那套繁体字铜模换了回来,才得以完成任务。《旧唐书·傅奕传》正文用的是四号老宋,注文用的是小四号老宋。《晋书》四传字号相同。以后在一段时间内(从1972年10月1日直到1973年7月注释《晋书·刘元海载记》),印制的大字本都是用这种字号(即正文四宋,注文小四宋)。这种大字本的版本长30厘米,宽20厘米;版心高20.5厘米,宽14厘米。《旧唐书·傅奕传》没有封面,也没有封面题签。从《晋书》四传开始,加上封面,并请书法家、上海图书馆馆长("文化大革命"期间,当然不任此职)顾廷龙先生,用"馆阁体"书写了《晋书·谢安传 谢玄传 桓伊传 刘牢之传》的书名题签,题签高18.5厘米,宽4.5厘米。《晋书》四传用的是60克的米色道林纸,封面、封里相同。装订用线装,穿线在右边。最早搞的《旧唐书·傅奕传》是简装,纸张是普通的书写纸。《晋书》四传以后一段相当长的时间内,大字本都是用道林纸线装。上述大字本完成后,《旧唐书·傅奕传》上送10份,《晋书》四传上送15份。

1972年12月31日,下达了6篇古文注释任务,包括屈原《天问》和柳宗元《天对》(合一册)、《三国志·吴书·吕蒙传》、《三国志·魏书·夏侯渊传》(合一册)、《史记·项羽本纪》、《明史·朱升传》。1973年2月1日完成并上送,也是15份。为何注释这些古文,没有交待。当时社会上都知道毛泽东的三句话:"深挖洞,广积粮,不称霸。"很明显,这和《明史·朱升传》中的三句话"高筑墙,广积粮,缓称王"是有联系的。关于《吕蒙传》,据说毛泽东在谈到《吕蒙传》等《三国志》列传时,曾说过:文化不高的也可学文化,并举了东吴大将吕蒙的例子。《吕蒙传》注文中说孙权劝吕蒙读书,"(吕)蒙始就学,笃志不倦,其所览见,旧儒不胜"。(注引《江表传》)显然,毛泽东是借吕蒙读书一事勉励高级干部要重视文化学习。

《晋书》四传于1973年2月1日完成上送后一个星期(2月7日),就传来消息(我们是以后知道的)说,伟大领袖毛主席读了《晋书》四传后,指出《晋书·谢安传》第11页(见本书第13页)第6个注解中"灉汉"二字疑是"灉溪"之误。后来查对底稿,发现是中华印刷厂排字时排错的,校对时又没有校出来,以致搞错。毛泽东阅读时发现注文上的这个不易引起人注意的错误，说明他阅读时十分仔细。为了这件事，还专门向中华印刷厂打了招呼，同时再三嘱咐我们注释校对时工作必须过细。

1973年2月7日布置注释的史传，有《三国志·魏书·张辽传》《三国志·魏书·张郃传》《旧唐书·李愬传》，三篇史传合订一册，5月1日完成，上送15份；6月19日布置注释《史记·汲郑列传》、司马迁《报任少卿书》，两种合订一册，完成日期不详，上送5份。7月间，布置注释《旧五代史·李袭吉传》，8月4日完成，上送5份。8月以前，我们还按布置的任务，整理了《史记选》，内容共有5篇：《陈丞相世家》《绛侯周勃世家》《黥布列传》《灌婴列传》《陆贾列传》。这5篇都是《史记》中的重要篇章，每篇都有它特定的主题。布置任务时明确说不要作注释。因此，我们按照中华书局《史记》标点本抄录、校对，送中华印刷厂印刷装订为一册。当时顾廷龙先生到北京探亲，不在上海，无人题签，是紧急打电话到上海中国画院联系，请画院的一位同志写了《史记选》的题签。以后的《张元幹词》的题签，也因为顾廷龙先生外出，请上海中国画院的同志写的。绝大多数大字本都是顾廷龙题写的馆阁体题签，就是《史记选》和《张元幹词》的字体略有不同。这件事，是我具体经办的，所以记忆犹新。《史记选》于1973年8月初上送，份数不详。

1973年8月以前，我们还注释过《晋书·刘元海载记》，"随、陆无武，绛、灌无文"之典，即出此传。1973年12月21日毛泽东与南京军区司令员许世友谈话时，曾引用《刘元海载记》中"常鄙随、陆无武，绛、灌无文"这句话，而且说要把"鄙"字改成"恨"字。前面提到的《史记选》中的《绛侯周勃世家》和《灌婴列传》，显然也与此有关。在1973年8月以前注释或整理的大字本，主要是史传类的古籍。

1973年8月以后，布置我们注释的大字本，内容有了显著的变化，即从史传类转向古代和近代某些思想家写的史论、政论以及哲学文章（包括个别内容相关的诗歌）。1973年8月5日，毛泽东写了一首七律诗《读〈封建论〉呈郭老》，诗云："劝君少骂秦始皇，焚坑事件须商量。祖龙魂死秦犹在，孔学名高实秕糠。百代犹行秦政法，《十批》不是好文章。熟读唐人《封建论》，不从子厚返文王。"[①]我们几乎是立即接到注释柳宗元《封建论》的任务，突击进行注释，8月11

[①] 这是据我们当时传达的抄件记录下来的。后来传闻的小有区别，"少骂"作"莫骂"，"须商量"作"要商量"，"秦犹在"作"业犹在"，"犹行"作"多行"，"秦政法"作"秦政治"，"不从"作"莫从"。当以将来正式发表的为准。

日就印成大字本,而且字体放大,从原来的正文四宋、注文小四宋,改为正文三宋,注文四宋。印制时用了不同的纸张,除用原来的60克米色道林纸印制20本外,还用宣纸印了2本,封面是定制的蓝色封面纸,书名题签是白色的,十分醒目。从这时开始,直到1974年5月印制的江淹的《别赋》《恨赋》,都是这两种式样。大字本《封建论》除上述22本外,还有一本在顶部装订、便于竖翻加批注的本子。

1973年8月上旬,布置注释章太炎著的《秦献记》《秦政记》二文。太炎二记已有北京注释的简注本,我们见到过这个本子,看来是叫我们重注的。8月中旬注释印制完毕,上送5份。8月份,还布置注释了王夫之的《读通鉴论·秦始皇》(节选),上送份数和时间不详。这个月内,还布置注释韩愈的《石鼓歌》,特别指明要"详注""孔子西行不到秦,掎撠星宿遗羲娥"这两句诗,以说明孔子是拾了芝麻丢了西瓜。由于《石鼓歌》涉及先秦石刻《石鼓文》,布置时要求对《石鼓文》作一介绍。由于《石鼓文》文字残缺很多,而且文义艰深,不易注释,以前从未有过注释本,为此,我们请复旦大学历史系的杨宽教授一起参与注释工作。《石鼓文》及其注文连同我们找到的石鼓图版一幅制版后,一起附入《石鼓歌》注释本中上送。时间、份数均不详。

1973年9月26日,布置注释柳宗元的《咏荆轲》诗,要求重点注释这首五言诗的最后六句:"秦皇本诈力,事与桓公殊。奈何效曹子,实谓勇且愚。世传故多谬,太史征无且。"指明要批判荆轲的"勇且愚",对秦皇的"诈力"的"诈",似应作正面解释。这一篇于10月10日完成并上送,其中道林纸本5本,宣纸本2本,共7本。由于在此之前曾在一定范围内分送过一些,为"杜绝后门",严格了发放范围,规定每次上送5册(宣纸本2册,道林纸本3册)外,概不分送。为保险而多印的本子,也作为档案封存,以备急需时调用。从此,参与注释的同志也没有再保留正式本子,只留有清样。大字本的注释工作,从此更加保密。

1973年10月5日,布置注释李贽《藏书》中的《世纪列传总目前论》。注释、印刷完成后上送道林纸本5册(按上述规定,多了2册),宣纸本2册。10月15日又布置注释韩非《五蠹》篇(有几位研究中国哲学史的同志参加注释),由我们送中华印刷厂印制,完成后,上送5份,确切时间不详(当在10月底)。1973年布置的最后一篇大字本注释,是章太炎的《驳康有为论革命书》,只要求分段、标点,不作注释,但要求作一题解,在题解中摘出关于支持李自成、义和团和批孔批儒的观点和内容。在此之前,每篇大字本只要求作点校、注释,而无题解,从

《驳康有为论革命书》开始,除个别外(如《论衡·问孔》无题解),都在正文前附有"题解",说明本篇的主要内容并简要介绍作者的生平事迹。

从1974年3月开始到1974年7月,转入所谓"法家"著作的大字本注释。实际上,从1973年8月注《封建论》伊始,已经开始了这一类古文的注释工作。1974年3月最早布置的是王充《论衡》一书中的《问孔》篇。4月4日又布置了《论衡·刺孟》《韩非子·说难》。据传言,"此事主席指示,望抓紧办"。以后相继布置的是《韩非子·孤愤》[1]《商君书·更法》《商君书·画策》《韩非子·忠孝》《韩非子·说疑》《荀子·性恶》《韩非子·定法》《商君书·农战》(以上诸篇布置时间为1974年4月)、晁错《募民相从以实塞下疏》、晁错《上书言兵事》(以上1974年6月)、柳宗元《天说》、刘禹锡《天论》、王安石《答司马谏议书》、李贽《史纲评要》(辑录)(以上1974年7月)。以上各篇除《论衡·问孔》外,均写有提要。参加注释工作的还有研究中国哲学史的几位同志。从《韩非子·忠孝》篇开始,字号再次放大,正文用二宋,注文用三宋。(但以后的《枯树赋》等五篇赋,字体又曾一度缩小为正文三宋,注文四宋。)这些篇目,每篇上送宣纸本2册,道林纸本3册。如果仅从1973年8月注《封建论》算起,到1974年7月注释李贽《史纲评要》(辑录)为止,共注释这类著作26篇。

从1974年5月中旬开始,注释的大字本内容有了第二次较大的变化,即主要转入古典辞赋诗词的注释。唯一的例外,是在1974年11月下旬突击注释过《后汉书·李固传》和《后汉书·黄琼传》。这两篇史传,要得很紧,11月20日布置,11月28日就付印了。《黄琼传》中的"峣峣者易缺,皦皦者易污""《阳春》之曲,和者必寡,盛名之下,其实难副"和《李固传》中的"表曲者景必邪,源清者流必絜""以天下与人易,为天下得人难"等哲理性的警句,曾为不少人引为箴言。除了穿插的这两篇史传外,我们参与注释的几乎全是古典辞赋诗词。最早布置的是1974年5月10日要求注释的几篇赋,包括庾信的《枯树赋》,谢庄的《月赋》,江淹的《别赋》《恨赋》,谢惠连的《雪赋》。要求简注,只注必要之处,或利用旧注释成白话。时间要求很紧,要求一周内送到。我们约请复旦大学中文系的

---

[1] 美国作家R.特里尔在他写的《毛泽东传》里记载了有关韩非子《孤愤》的一件事。"(1974年夏,毛泽东去了南方)当毛还在南方的一个下午,北京《光明日报》社的大楼内由于受指责而乱作一团。已出版的报纸被收回来销毁。因为这天的报纸的第2版上刊登了一篇题为《孤愤》的文章。一位高级官员害怕它会有引起中国公众巨大混乱的危险,决定不让它与《光明日报》的读者见面。五条地区性新闻组成的新版面取代了《孤愤》。"(见河北人民出版社1991年5月修订本,第474页)这件事显然和大字本《韩非子·孤愤》的信息有关。

几位同志合作,把这几篇赋的注释拼了出来。《枯树赋》《月赋》《雪赋》合订为一册,《别赋》《恨赋》合订为另一册。每种上送 6 册,其中宣纸本 2 册,道林纸本 4 册。上送时间,约当 5 月下旬。毛泽东对六朝文评价很高。据逄先知回忆,"收入六朝骈文的《六朝文絜》和其他六朝人的各种文集,是他经常要读的。"(《毛泽东的读书生活》,生活·读书·新知三联书店 1986 年版,第 218 页)《枯树赋》等 5 赋,都收进了《六朝文絜》。

《枯树赋》等篇上送后,毛泽东对《枯树赋》的注文提出了重要意见,即对传统的注释和观点提出了完全不同的见解。详细情况是这样的:我们在注《枯树赋》时,基本上是参考和因袭清代倪璠注的《庾子山集》和近人臧励龢的《汉魏六朝文》、谭正璧的《庾信诗赋选》的注解和旧说。这几种注本都说,枯树之所以枯萎凋零,是因为树木在移植过程中伤了根本所致。他们因此都认为,庾信正是借此比喻自己身仕数朝、飘零异地,寄感慨于枯树而为之赋。这种解释即传统的"移植说"。它的影响很大,从未有人提过异见。毛泽东不同意这种意见。1975 年 5 月 29 日,他曾对《枯树赋》的注文讲过四条意见:一、"'桐何为而半死':……是由于受到了急流逆波的冲荡和被人砍伐等等的摧残所造成的,'不是移植问题'。"二、"鸳:可能是鹓(音冤)雏(音出)。"三、"'临风亭而唳(音立)鹤,对月峡而吟猿':是说受到了种种摧残的树木,发出的声音凄伤悲哀。"四、"'若夫松子古度'十句:……'这和移植毫无关系'。"另外,毛泽东还提过三条意见:一、"'若乃山河阻绝'四句:……'原文没有写水灾'。"二、"'雄图既溢',这句话是对的,'溢'是'过了'(《西厢记》:'泪添九曲黄河溢。')'武力未毕',这句不对,疑有字误,未毕疑是已毕之误,不然,雄图完了,怎么又说'武力未毕'呢?"三、"'送日'宜解作'遣日',(是无聊呵!)不是'夸父追日'。"上述 7 条曾印成一份文件:《主席对几条注文的意见》。此外,《枯树赋》等三赋大字本上送后,江青曾将这几篇赋的注释本交北京大学、清华大学注释组。两校注释组写了一份材料《关于〈枯树赋〉〈别赋〉、恨赋〉注文的问题》,认为《枯树赋》的注文有与原意不合之处,《别赋》《恨赋》个别注释较简。1975 年 8 月 9 日,江青将两校的注文材料送给毛泽东,写信说:"供参考,请批示。只此一份,印三个赋,需要注的好些。《悼李夫人赋》[①]请留下参考,有关注文这份,请退我,最好有主席的批

[①] 即汉武帝《悼李夫人赋》。《枯树赋》注释中注"桂何事而销亡"一句诗引用了《悼李夫人赋》中的"秋气潜以凄泪兮,桂枝落而销亡"两句。见本书(指《毛泽东晚年过眼诗文录》——本书编者按)763 页注(八)。

注。"不久，毛泽东就《枯树赋》等文章的注释问题作了批注，全文如下：

> 此注较好。我早已不同意移植之说，上月曾告卢荻。
> 关于注释的问题，请你们过细的研究。
>
> 毛泽东
一九七五年八月

我们是在 1975 年 8 月中旬看到上述几份文件的。毛泽东对《枯树赋》的意见和批注，说明他对《枯树赋》与注文看得非常仔细。他对《枯树赋》的理解是非常精确的，完全是自己的独特见解，绝不因袭前人旧说。我们为此而写了一份报告，对《枯树赋》等注文错误的由来和有关问题，作了较详细的分析和自我批评。这份材料于 1975 年 9 月 13 日上送。

1975 年 3 月至 10 月，注释的古典诗词一篇紧接一篇。按布置的任务，我们和复旦大学中文系的几个同志先后注释了古典诗词等共 31 首。3 月 21 日，布置注释宋代洪皓的《江梅引》。注释的要求是详注，附洪皓传略，将全词译成白话附后。与此同时，又布置注释汤显祖《邯郸记》第三曲《度世》中"赏花时"和"幺"两段。我们在一周内完成任务，印制完成后于 4 月 4 日上送。这期间，大字本的字号再次放大，即从正文二号老宋、注文三号老宋改成正文、注文均用特大字号 36 磅的长宋体。国家出版局将新铸造的 36 磅铜模发至上海，并专门建造了一个印大字本的车间——上海印刷十二厂（北京也建立了同样的车间）。印的第一个本子就是洪皓的《江梅引》。以后注释的诗词都是这种字号。这种特大号长宋铅字，不是繁体字，都是简体字，每字高为 12 毫米，宽为 8 毫米，新版本长为 29 厘米，宽 18 厘米；版心高 21.5 厘米，宽 15 厘米。每半页只有 98 个字，对折全页共 196 个字，对折缝上印有鱼尾和篇名，是正宗的线装本。纸张内芯用的是特制的毛边纸，灰黄色的封面纸也是特制的。显然，这种大字本是在毛泽东眼疾严重和手术后为让他能继续看书而采取的特殊措施。4 月 4 日上送的《江梅引》，有蓝色绢面装 2 册（这种本子我们没有保留），黄纸封面的本子 3 册。4 月 11 日又上送 2 册，以后又上送 2 册（均纸面本），累计 9 册。《邯郸记》也上送 5 册，上送时间不详。《江梅引》以后还谱了曲，在电台广播过。

1975 年 4 月以后，大批的诗词注释任务布置下来。4 月 4 日布置的有张孝祥词《六州歌头》（长淮望断）；辛弃疾词 7 首《贺新郎》（绿树听鹈鴂）、《摸鱼儿》

(更能消几番风雨)、《水龙吟》(楚天千里清秋)、《水调歌头》(落日塞尘起)、《永遇乐》(千古江山)、《汉宫春》(亭上秋风)、《破阵子》(醉里挑灯看剑);王安石词《桂枝香》(登临送目);陈亮词《念奴娇》(危楼还望)等。以上诸诗注释本,张孝祥、王安石、陈亮词合订为《王安石张孝祥陈亮词》,按原来数字上送 5 份(蓝封面 2 册、黄封面 3 册),时间为 5 月上旬;辛弃疾词 7 首,合订为《辛弃疾词》,要求上送 7 份(蓝封面 2 册、黄封面 5 册)。据逄先知回忆,毛泽东对宋词一直比较喜欢。"《稼轩长短句》是毛泽东经常放在身边的一部书。毛泽东还指明要过南宋的一些爱国词人(包括诗人)如陆游、张孝祥(其词集名《于湖词》)、张元幹(其词集名《归来集》)、洪皓(其诗词集名《鄱阳集》)等人的作品。他们的诗词的共同特点是,爱国主义的内容和豪放的艺术风格。"(《毛泽东的读书生活》,第 217 页)毛泽东直到晚年在视力严重衰退的情况下,对这些悲壮、豪放的诗词仍爱不释手,从中可以体察他逝世前一年多的心境和思想感情。

4 月 11 日,布置注释蒋捷的《梅花引》(荆溪阻雪)、《虞美人》(听雨)和《贺新郎》(秋晓)三首词;同时布置的还有萨都剌的三首词《满江红》(金陵怀古)、《念奴娇》(登石头城次东坡韵)、《木兰花慢》(彭城怀古)。萨都剌的《念奴娇》词,毛泽东一直很喜欢。他在 1949 年 2 月 15 日写的《四分五裂的反动派为什么还要空喊"全面和平"?》一文中,曾引用本词中的"天低吴楚,眼空无物"句。据毛泽东的英文秘书林克回忆:毛泽东在 1957 年 3 月 19 日 11 时至 12 时,由徐州飞往南京途中,曾在飞机上书写萨都剌的这首词。(林克:《忆毛泽东学英语》,见《毛泽东的读书生活》,第 261 页)直到晚年,他还带着一种深沉的感情,吟诵这首深沉悲壮的名篇。蒋词三首,合订为《蒋捷词》一册,上送 7 份,时间不详;萨都剌词三首,合订为《萨都剌词》一册,上送 7 份,时间为 6 月 20 日。

4 月 18 日,先布置注释张元幹的《贺新郎》(送胡邦衡待制赴新州),后来又补上张元幹的另一首《贺新郎》(寄李伯纪丞相),合订为《张元幹贺新郎二首》,按原来数字,上送 7 份,时间不详。一个多月以后,即在 5 月 31 日,又布置注张元幹的另外四首词《石州慢》(寒水依痕)、《柳梢青》(海山浮碧)、《点绛唇》(山暗秋云)、《点绛唇》(春晓轻雷),合订为《张元幹词》,8 月 1 日付印,8 月初上送 7 份。半年以后(1976 年初),我们听说,毛泽东将张元幹《贺新郎》(送胡邦衡待制赴新州)一词的最后两句"举大白,听《金缕》",改为"君且去,不须顾"。

1975 年 5 月,布置注释白居易的《琵琶行》,于 6 月上旬上送 7 份。据逄先知回忆,毛泽东"在读完白居易《琵琶行》之后,带着感情写下这样的评语:'江州司马,青衫泪湿,同在天涯。作者与琵琶演奏者有平等心情。白诗高处在此,不在他处。其然岂其然乎?'"(《毛泽东的读书生活》,第203页)评语写的时间,批在什么本子上,不详。

1975年6月上旬,布置注释陆游写的四首词《渔家傲》(寄仲高)、《双头莲》(呈范至能待制)、《鹊桥仙》(华灯纵博)、《真珠帘》(山村水馆)。7月13日付印,合订为《陆游词》一册,约7月中旬上送7份。

最后布置注释的是吴潜的词《满江红》(豫章滕王阁)和吴锡麒的散曲《梧桐树》(一舸),时间是在6月14日。同时布置的还有孙光宪的《上行盃》(离棹逡巡)、李清照的《声声慢》(寻寻觅觅)。7月13日排好校样后,孙光宪和李清照的词被删去。吴潜词《满江红》和吴锡麒散曲《梧桐树》合订为《吴潜词吴锡麒散曲》,在9月中旬上送7份。

还有几篇虽然作了布置但没有完成的任务。那是1975年8月5日布置的《晋书》中的7篇史传:《王敦传》、《沈充传》、《桓温传》、《刘牢之传》(1973年3月已注过,要求重排新版本)、《王弥传》、《苏峻传》、《孙恩卢循传》。我们约请复旦大学历史系注释,后未完成,连草稿都没有送给我们,也没有催促一定要按时完成。

应当说明,我们虽参与了上述大字本的注释工作,但有关布置等详细情况,有许多都是在粉碎"四人帮"以后在整理有关材料时,才逐步搞清楚的。

"四人帮"被粉碎后,上级领导曾对传说纷纭的"大字本"问题进行了调查。我们遵照有关领导的指示,根据大家的回忆,结合清查时查到的有关文字材料,对大字本布置和注释的情况,逐篇进行回忆与追溯。上述大多数情况是在这时才搞清线索、弄清缘由的。我还记得,有一天上午,我奉命专门陪同一位负责清查的同志,到上海澳门路的中华印刷厂找厂领导和工人师傅核实情况。后来,我们在上述清查的基础上,于1977年6月整理出一份《关于"大字本"注释工作的情况报告》(由王守稼、许道勋同志执笔)的材料,上报给有关领导。后来传话说:"是给主席看的,不要查了。"至此,清查工作才告一段落。

(三)

为了把这批大字本材料比较完整、真实地留给世人,作为研究毛泽东晚年思想的史料，我们本着对历史负责的精神和实事求是的态度，严肃、认真地把这些材料整理、编辑出来。我们整理、编辑的具体做法是：

一、大字本在内容和体裁上大抵可分为史传、政论、史论、辞赋、诗词、散曲等几类，但我们既不按内容分类，也不按体裁归类，而按照注释的时间编排，即以布置注释的时间顺序依次排列每篇文献。这样可以标明和弄清毛泽东阅读这些历史文献的时间线索。也只有按时间线索编排，才能显示这批材料的历史文献价值。

二、大字本前后有几种版本，大多数有注释，但也有几篇只有标点分段而无注释；有的有题解，有的没有题解。为保持历史原貌，基本上按原来形式编排。"法家著作"的部分，由于"四人帮"接过毛泽东要注释法家著作的指示，阴谋篡党夺权，在提要或题解中塞进了私货，这些内容如果让它照原样刊出，显然是不妥的。为此，我们在保持历史原貌的前提下，对明显有问题的个别语句予以必要的注意和处理。这并不影响原作的内容，因为毛泽东要阅读的是原文，而不完全是题解或提要。

三、由于我们当时注释时没有保留全部大字本原件，大部分是以后配齐的，由于种种原因，在86篇中还是缺少了3篇，这就是柳宗元的《咏荆轲》、李贽的《藏书·世纪列传总目前论》、章太炎的《驳康有为论革命书》。我们花了很大力量，也没有找到原件。为基本上保持原86篇的全貌，我们选择较好的版本，将这三篇点校后补上，以成全豹。缺少的注释（《咏荆轲》和《藏书·世纪列传总目前论》原有注释）和题解（《驳康有为论革命书》原有题解），暂付阙如，等将来有机会再补上。大致的内容，我在前面已经提到。

四、大字本版本不同，版式不同，字体也不同。编成《诗文录》，一律排成统一的版式、统一的字号。正文一律用四号字，题解、注文用五号字。最后版本的大字本字号是特大号36磅长宋体，然而却是简体字。为统一版式、字体，也改用繁体字排印。标点符号也按原来式样排印。因电脑排版的原因，专名号一律省去。在编辑过程中，我们发现原来的大字本中也有少量注释、标点等错误，并作了改正，文中不再一一注明。

五、全书最后附《〈毛泽东晚年过眼诗文录〉篇名总目时间表》，作为附录。表中注明布置日期、上送日期、字号字体、上送份数等，以便读者查考和研究。这个附录既是"大字本"年表，也是索引，对研究者将是很有参考价值的。

《诗文录》在编辑过程中，曾和原来参与点校注释工作的吴乾兑、许道勋、董进泉同志进行了商榷和研究,确定了编辑的原则和方法,由我编辑、整理。王守稼同志已于1988年12月因病逝世,他当时较多地担任了大字本注释的组织工作。《诗文录》在编辑过程中,曾得到上海社会科学院毛泽东思想研究中心李君如研究员的大力支持。他帮助我们复印了几乎全部大字本原件。花山文艺出版社的负责同志独具慧眼,认识到这批材料的重要价值,主动找我们联系出版和有关的编辑事宜,从而有可能使这部《诗文录》得以早日编成出版,以与毛泽东诞辰100周年纪念相呼应,并为纪念和研究毛泽东提供一份有价值的材料。顾廷龙先生在事隔20年以后,在他90高龄华诞之时,高兴地为本书题了签。对一切帮助《诗文录》出版问世的前辈和朋友,我们谨致以深深的谢意。限于水平,编校中还可能有不少错误,请专家和读者不吝赐教,以便将来再版时修正。

1992年6月4日初稿,7月1日修改,1993年1月23日(春节)定稿。

(原载王守稼、吴乾兑、许道勋、董进泉、刘修明校点注释《毛泽东晚年过眼诗文录》,花山文艺出版社1993年版)

《儒生与国运》自序

刘修明

这是一本有关中国古代知识分子的著作,又包含着为近现代知识分子寻"根"的意义。中国知识分子历史道路之悠长曲折以及他们的东方特色,在世界文化史上有一定的代表性。现实使人追溯历史,对尘封史籍的翻检又会反馈现实,引发历史与现实的共谐。中国有句老话叫"斯文一脉",相当准确地表述了中国古今知识分子的内在联系。

这本书不是系统的中国知识分子史。我只是将以儒生为主体的中国古代知识分子,同中国古代的政治史、社会史、思想史、文化史、学术史的某些侧面结合起来,探讨中国知识分子的形成、发展、作用及其分化、衍变的历史过程。我的意图是想通过中国历史的发展和知识分子这一群体的关系,找到时空运动和文人的"知""行"活动在中华民族艰难历程中主客观的汇合点,从而证实鲁迅这一著名论断:"我们从古以来,就有埋头苦干的人,有拼命硬干的人,有为民请命的人,有舍身求法的人……虽然等于为帝王将相作家谱的所谓'正史',也往往掩不住他们的光耀,这就是中国的脊梁。"(《且介亭杂文·中国人失掉自信力了吗?》)宋代范仲淹倡导的"先天下之忧而忧,后天下之乐而乐"的崇高爱国主义的精神,一直是支配中国知识分子灵魂的超越时空的生命哲学。无论是过去、现在还是将来,一切有良心的曾饱经忧患和贫寒的知识分子,在他们心中都永远保持着祖国这块神圣的净土;即使他们远在世界各地,也不会忘记养育了他们的中华民族和滋润了他们灵魂的华夏文化。

中国古代知识分子是个特殊的群体。他们从开始形成的那天起,就由于没有独立的经济地位而成为统治者的依附体。作为一个思想意识阶层的特点和秉性,他们对世界、对社会、对人生的探索和认识,又会形成不脱离时代条件的相对独立的思想意识,造成他们与统治阶层既统一又矛盾的特殊关系。知识分子阶层在社会历史进程中总体上是与时俱进的，但这个阶层也随着社会的变化而不断地分化。哲学上有"二律背反"的命题，指的是理性企图对本性有所认识时，就必然陷入不可解决的矛盾之中。中国古代社会也存在这种统治者和依附于他们的知识分子的二律背反，存在着规律和认识的矛盾。为历史条件决定的依附属性，使中国古代知识分子不能形成独立的社会经济力量，不能成为实体型的群体。作为社会的神经，他们能敏锐地感受而未必能有效地反馈；作为社会的喉舌，他们未必能直抒胸臆；作为社会的镜子，他们未必能解决积淀的实际问题；作为社会变迁的预言者和促进者，他们未必有达到目标的手段和实力。尤其在封建社会末世，作为社会变革的先知，他们要预言时代的真理，直言旧时代的真实，必须要承受时代落差造成的重负。国运的态势，直接影响他们的思维创造、实际作为和个人际遇。相对独立的思想意识和难以改变的依附身份的矛盾，支配着他们在被动和能动中艰难地从事思想、文化、学术的创造，或有限度地从事政治活动。中国文化的发展与创造，在很大程度上是在二律背反的辩证运动中，展开伟大而瑰丽、曲折而多彩的历史画卷的。在历史天平的倾斜与升降中，中国古代知识分子的特殊身份和地位，使他们必须承担起国运的重负和时代的使命。这同肯定人民群众是历史的创造者并不矛盾。

历史和逻辑是一致的。具体、生动的历史是逻辑与哲理的形象表述。本书没有采用逻辑演绎与观念归纳的写作方式，而是用宏观概述下典型分析的方式，通过对中国封建社会不同历史阶段知识分子代表人物的典型剖析，以期求得某些规律性的认识。在典型意义上，史学和文学可以相通。哲理性的评论，也只有通过具体的人和事的评析才具有说服力。典型是发展锁链上关键性的环节，而不是无内在联系的连接。在典型的选择上，我尽量兼顾到各方面、各阶层，使之与中国封建社会的历史轨迹合辙，以体现《儒生与国运》这一题旨。是否合乎客观的历史实际，还有待于专家和广大读者的审视和指教。

中国当代知识分子正处在向 21 世纪转换的伟大历史转折的关键时期。摆在中华民族及其文化人格化代表的知识分子面前的使命，是伟大而艰巨的。作为民族的脊梁骨，不管前景光明的道路如何曲折，受祖国人民和几千年文化养育的知识分子，将世代承载时代的使命、民族的使命、文化的使命。

谨以这本不成熟的书,献给一切关心和致力于祖国和民族前途的中国当代知识分子。

作　者

1995年2月15日于上海市长寿桥畔

（原载刘修明《儒生与国运》,浙江人民出版社1997年版）

"话说中国"丛书总序：现代人与历史

刘修明

历史与现代人有什么关系？历史对现代人有什么用？这并非每一个现代人都能正确回答的问题。

过去的早就过去了。以往的一切早已灰飞云散，至多只留下遗迹和记载。时光不能倒流，要知道过去干什么？历史无用的混沌和蒙昧，不是个别现象。在科学技术高度发达的现代社会，人们更易对远离现实的历史轻视、淡漠。对历史无知而不以为然的人，不在少数。

不能简单地指责这种现象。一旦通过有效途径缩短了现代人和历史的距离，人们就会从生动形象的历史中取得理性的感悟，领悟历史的哲理，开发睿智，从而加深对现代社会文明的认识，使现代人的认识和实践达到一个新的层次。那时，人们就会有一个共识：历史和现代是承续的。历史是现代人生存和发展不可缺少的内容。历史和现代人是不可分的。

祖国的历史是一部生动的、博大精深的启迪心智的教科书。中国历史是独树一帜的东方文明史。承载中华文明的中国历史，在她形成发展的曲折而漫长的过程中，从未中断过（不像埃及、两河流域、印度文明或中断或转移或淹没）。她虽然历尽坎坷，备尝艰辛，却始终以昂首挺立的不屈姿态，耸立在亚洲的东方。即使从19世纪上半叶开始的对中华文明一个多世纪的强烈冲击和重重劫难，也没有使曾经创造过辉煌的中华文明沉沦，反而更加勃发了新的生机。中国的历史学家从孔子、左丘明、司马迁开始，持续不断地以一种不辜负民族的坚韧精神，把中华民族放在辉煌与挫折、统一与分裂、前进与倒退、战争与和平、正义与邪恶的对立统一的辩证过程中，将感悟到的一切，记录在史册上。以一笔有独特美感并凝结高超智慧的精神财富，绵延不绝地传承给一代又一代炎黄子孙，从而成就了中华民族及其创造的文明的延续和发展。中华文明的创造和中国历史的记载是不可分的。

中国历史是兼容时空又超越时空的中华文明有形和无形的载体。

英国哲学家培根说过："历史使人明智。"历史的经验是前人付出巨大的代价（甚至生命的代价）才总结出来的。历史经验包蕴着发人深思的哲理。要深刻地了解现实，理智地面对将来，就应当自觉地追溯历史。现代人只有了解历史，才能感受历史启迪现实的无穷魅力。唯有从历史的经验与哲理感知杂乱纷纭的现实，才能体会历史智慧的美感和简洁感。

这种由历史引发的智慧、魅力和美感，对丰富一个人的生命内涵，提升人的素质，是非常重要的。我们强调人的素质，但素质的基本内涵是什么，却未必很清楚。我认为，人文素质应该是人的素质的基本内涵。一个人的人文素质是由他所属的民族几千年文化创造的基因，积淀在他的血液和灵魂中形成的。以文史哲为主体的人文教育，对人的素质提高具有特别的价值。而中国历史往往又是文史哲三位一体的糅合和载体。只重视外语、电脑教育而忽视人文教育的偏向应引起重视并加以纠正。这种素质教育应当起步于一个人的青少年时代。对祖国的热爱，民族自信心的树立，正确的人生观、价值观的确立，都离不开对祖国历史的了解。只有这样的人，才能立志报效祖国和中华民族，并以他们的不断传承和新的创造，继续为人类文明的发展作出新的贡献。在共同文化血脉上发展起来的13亿中国人和5 000万在世界各地的华人，都应有这样的共识，都应承担这样的责任。

了解祖国的历史，可以从简明的历史教科书入手，也可以从浩瀚的史籍中深究。关键是引起读者的阅读兴趣。我们这里提供的是一本图文并茂用故事形式编写的中国历史。中国有一本几乎家喻户晓、发行量达几百万册的出版物：《故事会》。这是上海世纪出版集团的名牌刊物，在社会上有很大的影响。何承伟先生从几十年编辑的成功实践中，提出了这样一部以图文并茂的故事形式并包含巨大信息量的中国历史百科全书的设想。在众多学者的参与和合作下，成就了这样一部新体裁的中国通史《话说中国》。它生动形象、别开生面的编写方式，使包括老中青在内的现代中国人，都可以轻快地从这部书中进入中国历史宏伟的殿堂，从中启迪心智，增加知识，开拓眼界，追溯历史，面对未来，它把传统的教育和未来的展望，有机而和谐地结合在一起，引导当代中国人顺应悠久古老的中国文明融注世界发展的现代潮流，以期为世界的文明发展作出新的贡献。我们相信，凝聚了几十位学者和编者多年努力的这部书，一定会为这种贡献尽其绵薄之力，发挥其应有的作用。

（原载刘修明主编"话说中国"丛书，上海文艺出版社2003—2005年版）

《老子答问录》修订版自序

刘修明

我从复旦大学历史系毕业后,一直在上海社会科学院历史所从事秦汉史的研究。20世纪末,应上海人民出版社总编辑郭志坤先生之邀,承担了他主编的"贤哲自述丛书"中的《老子答客问》一书的写作任务。去年,花山文艺出版社总编辑张采鑫先生向我提起有意再版此书,承蒙他的盛情和好意,我把这部旧著认真修订了一遍,核对、增加了一些新的资料和见解,重新编订了体例和目录,改书名为《老子答问录》,交由花山文艺出版社出版。

古往今来,解读、研究《老子》一书的著作浩如烟海,即使是注释和白话翻译的各种版本亦是不计其数。本书不是一部严格意义上的学术著作,而是进行了一种全新的尝试,即在恪守"言之有据"原则的基础上,采取今人与先哲问答"对话"的形式,来向非从事专业性研究的读者,深入浅出地介绍老子的生平、事迹、学说、人生观和哲学思想,点评历代研究者的种种解读和释义,并发表一些自己的"感言",以期帮助普通的读者走进先贤的内心世界,从古人的智慧中汲取思想和道德滋养,充实并完善自己。我们相信,这种让古人"起死回生"的表述方法,对消除读者在接受过程中的隔膜和障碍是有帮助的,至少可以将一些学术研究的成果、古代哲学思想的介绍和知识性、趣味性的问题轻松地融合在一起,让读者读起来有一种亲切感。只是在写作的过程中才深切地感受到,这种对话

《老子答客问》书影

式的解读做起来并不"轻松";因为深入才能浅出,"深入"有道,才能"浅出"有术。但愿本书的表述和内容能让喜欢老子的读者认可和满意。

老子学说对中国传统哲学思想的形成和发展有着很重要的影响。孔孟老庄是中国古典哲学思想的两个源头,老庄哲学和儒家思想互为补充,互为阴阳两极,对中华民族每个人人生观的形成都留下了或深或浅的镌刻和烙印,并随着时代的发展彰显出新的价值意义。复兴中华优秀传统文化也是实现中国梦的一个重要组成部分,期望本书能为读者了解和亲近祖先的精神智慧、养成健康良好的人生观和道德情操提供一点助益。

谨记。不妥之处,还望读者批评指正。

作 者

2014 年 6 月 8 日于上海黄浦区汇龙新城

(原载刘修明著《老子答问录》,花山文艺出版社 2014 年修订版)

学界书评

在两汉历史承继和转折的函线点上

——读刘修明著《从崩溃到中兴》

盛巽昌

刘修明副研究员的《从崩溃到中兴》，已由上海古籍出版社向社会和学术界推出。这是一部以东汉开国皇帝刘秀为中心，与西汉王朝崩溃到东汉王朝勃兴的几十年风云际会的史作。

文以载道，见于全书5个章节、洋洋近30万字。作者以历史发展的走向，纵横捭阖，写出了两汉交替时期的大动荡、大改组的剑拔弩张场景，并就人物和事件的展开，穿插对于中国封建社会前期的若干重大问题的探索和质疑，诸如封建社会历史发展趋势；两汉社会性质、社会结构；农民起义的属性以及封建社会知识分子等问题。作者比较关注于社会生活，他在众多学者广泛研究的基础上，吸收他们的成果，尽可能结合当时历史转折中的种种现象，反映和表现两汉时代社会文明各个方面，描述了过去因偏重于政治史、军事史而忽略了的经济生活、城市风貌、服饰饮食、婚丧礼俗、精神文化等，为世纪前后的古代中国描绘了一幅浓妆淡抹的图画。

历史不应是哲人的说教，属于少数人的资治通鉴。它只有从战略角度审视我们身处的现实、人们所走过的道路、经验和教训才能成为具有实效的精神财富。遵循这个原则，作者的写作技巧也是独辟蹊径，力求摆脱传统的学术论文或教科书体裁的论述模式。而是寓论断于叙述之中，把它贯串在事件的变化和人物的行为交往中，其意图是让读者能具体地而不是抽象地领悟历史的启示。作者充分利用历史可读性强的功能，论中有史，史中有论，溶化政治、经济、文化、社会等学科于史学中，以致它虽然包孕有传记体的某些特色，但因着墨深浅，刻意求工，给人可读性和科学的真实感，而形成了全书的一个特色。

作者站在两汉交叉的函线点上，从宏观角度，对中心人物刘秀作了微观剖析。刘秀在中国历史上,其人其事,是带有很多传奇色彩的。他虽是汉朝宗室,却不是皇家正宗,且已沦落民间耕读度日。古今谈论刘秀者,对于他的奇迹般的成功,见有种种解释:一是天命说;二是权术说;三是文治说,等等。这些说法各具偏见。它只是开国君主的共性,封建史书的统一口径;而刘秀自有他别致、独特之处。作者熔冶诸家所说,努力探寻刘秀作为"中兴"时期的特殊地位及其出身、经历,对其气质、心态和思维方式的影响。

刘秀是选修《尚书》的太学生,丰富的社会实践和经世知识,使他知己、知人、知世,比较懂得处理自己与时代、与社会的复杂关系。由于王莽假天行事,倒行逆施,造成"人心思汉"的大环境(所谓"思汉",实则是人们向往安居乐业的稳定局面)。刘秀之所以能由小而大,以弱胜强,一步一个脚印,从乱世走到统一,成为重整汉衣冠的东汉开国皇帝,也是囿于顺乎民心潮流。在那些称王称帝的各派势力争权争利、弱肉强食混乱中,他却制法令、整军纪,恢复经济和社会秩序的安定。他的所为、审度与当时时势是协调的。作者剖析了刘秀和南阳集团之所以能获胜的根因,就在于有长期的战略意图,但作为领袖,刘秀也有他卓荦超群之处。该书在西汉王朝危机、王莽转折时期的怪物和农民起义军阀混战等章节为大背景之后,特别以"降大任于斯人"为题,点出了刘秀靠着反王莽的农民大起义浪潮,在昆阳大战中初露头角;并在北征王郎中奠定基业,在废墟上重建汉室。作者有条不紊地爬梳刘秀做皇帝后的作为:简政、进贤、集权、释放奴婢和颁布"度田令",紧锣密鼓地铺开了王朝中兴在于文治,在于稳定。全书以由乱到治,写出了历史发展的主旋律。正如黑格尔所说,"在这段社会灾难产生政治生活没落时期内,传统宗教生活摇动,一切解体,而向往于新的生活"。而这种新生活的开辟者刘秀,就是合乎潮流,作出了贡献。作者从唯物史观角度,把刘秀放在大时代熔炉里,写出他的二重性格和心态,因此在他笔下的开国皇帝很有生气、灵气。他既野心勃勃,又富有韬晦;既争名夺利,又谦让克制;既讲究谶纬,又重视经术。小不忍则乱大谋,善于随机应变,顺应时势人心。作者通过背景写人物,评述人物绘背景,两相呼应,相得益彰,把握住了刘秀的内心世界,因而使人感到形象栩栩如生。这是本书的又一特色。

历史要记述大众的行动。历史知名人物的行为,应该是大众活动的最典型、最集中反映。无论任何英雄豪杰,都是肉身的人,不是虚幻的神。他应有骨有血,七情六欲。作者就史论人,诸如他笔下的各派角色,各如其面:王莽的骄横、刘玄(更始)的颠顶、刘盆子的幼稚,以及"云台二十八将"的各显神通,都有刻意的描绘。通过历史的复原,使各路光怪陆离的人马,不是予人先有概念、结论,而是以展示他们的行为、言论,让人们自己揣摩、认识。臧否人物,别有风采。正因为这样,本书很少有先验论的武断;也使这部陈旧题材的作品,能走出狭长的隧道,越写越有意思,越看更见精神。

本书寓乱于政,作者选择古代中国的一个重要转折阶段——两汉之际的历史,从纵横两方面再现它壮阔、慷慨又曲折、坎坷的历史场景,这是值得称道的。正如他在《自序》中说:"历史转折时期通常是丰富多彩的,同时又包涵着发人深思的历史哲理。"从历史哲学的思辨提出对两汉之际的嬗变看法,展示出这一阶段的雷击电闪、风云变幻,这当是本世纪即西学东渐以来,用叙事夹议论所写的第一部两汉嬗变史,也是作者试图以马克思唯物史观推出的第一部《刘秀传》。历史研究应该是全方位、多角度寻找课题,而在今天写治乱尤见价值,尤能发人反思。该书把人物置于时代大背景中,作出一种新的尝试,也为后来者研究历史,探索旧事作出榜样。我非常赞同作者写书所贯彻的一个观点:"历史科学追求的目标,是从史中求实,从实中求是。"如果以克罗齐"一切的真历史都是当代史"为圭臬,放之四海而皆准,那就易将政治替代历史。历史毕竟是过去的事情,它不能等同现实,影射时代,它有随势生发之功用,却无牵强附会之嫌疑。

这部书对两汉之交叉时期和刘秀等人物,可以说是写得淋漓尽致了,但却感到延伸的视野不足。它应该更宽畅些,还可就事论及对后代和近世的影响。诸如刘秀的所作所为,对他儿子刘庄(明帝)、孙子刘炟(章帝)的楷模作用。三国时期的曹操、鲁肃、刘备和诸葛亮的行为,都在不同程度上受到他的影响,诸葛亮还有专文《光武论》;后来赵石勒称帝还在南台和群臣评论:"朕遇光武当并驱于中原,未知鹿死谁手。""朕当在二刘之间耳。"这些如果另成一篇,也许锦上添花,尤见特色。

(上海《社会科学》1990 第 6 期,1990 年 6 月 15 日)

读《儒生与国运》

米 舒

由浙江人民出版社出版的《儒生与国运》一书，可以说是一部中国古代知识分子史。作者刘修明先生花了15年时间写成此书，计52万字，确实是耗尽心力。我读了之后，也深为佩服，该书是知识分子寻根与反思的一面镜子。

我国古代知识分子的主体是儒生，开创儒学的孔子有一套完整的人生观理论，并影响了后代的读书人。尤其是汉武帝"罢黜百家、独尊儒术"之后，儒学上升为统治阶级的基本思想。儒生的进步思想在于为国为民，仗义执言，重视教育，有很强的历史使命感。正如鲁迅所言，"我们从古以来，就有埋头苦干的人，有拼命硬干的人，有为民请命的人，有舍身求法的人"，这些人就是古代知识分子的精华。但是，具有正统儒学思想的人，也有他固有的缺点：软弱、迂腐、空谈、浮躁，他们是一个特殊的群体，没有独立的经济地位而成为统治者的依附体。在封建统治的高压政策下，他们反抗过、斗争过，很多人成为封建统治的牺牲品。

中国的封建史太漫长了，也太黑暗了。儒生最大的幸运，是遇到一个明君，施展他的聪明才智，但历史上昏庸的君主太多，不少儒生只能借酒浇愁，缄口不言，或者抛弃"兼济天下"之志，隐居山野，"独善其身"。《儒生与国运》通过对各个时期儒生命运的剖析，比如嵇康、韩愈、宋璟、李贽、王阳明各种典型，生动揭示了封建社会的黑暗与腐败，许多在夹缝中求生存的儒生在大劫大难面前，或知难而退，或舍生取义，后者成为中华民族可歌可泣的精华。

刘修明先生这部著作只印了2000册，我很为之惋惜，知识分子是中华民族的脊梁骨，他们"先天下之忧而忧，后天下之乐而乐"的襟怀，是值得我们后人尊敬的。《儒生与国运》对于新一代知识分子认识自己的时代使命感，有着诸多启示，其进步的思想是值得我们发扬光大的。

（原载《新民晚报》1997年5月7日，第20版）

在理想与现实的历史背面

——评刘修明新著《儒生与国运》

陈祖怀

国运隆昌,是中国人民的世代祈祝,也是孔子创建儒学后两千多年间儒生们的不懈追求。然而漫漫封建社会,"海晏河清"的"盛世"仅似昙花数现,满溢于神州时空的,是腐败专制统治下中国人民的贫困、愚昧和无尽的呻吟。连续不断的农民起义,绵绵不绝的封建王朝。以至在某些西方人眼里,中国成了一个只有"空间",没有"时间"的国度①。人们不禁要问:在这历史长河中,一直作为统治思想的儒家学说及其知识分子究竟扮演了何种角色?发挥了什么作用?这个疑问,成了穿越两千年的历史课题。

近几年来,有关这一课题研究的文章、专著不断出现,但多是某一侧面或片断的论述。最近,刘修明先生推出《儒生与国运》②这部52万字的专著,试图"将以儒生为主体的中国古代知识分子,同中国古代的政治史、社会史、思想史、文化史、学术史的某些侧面结合起来"(以下引文凡不注出处者,均引自《儒生与国运》一书),就两千年知识分子同封建社会治乱兴衰的内在关系,作一历史性的探索与总结。本文拟对此作一论述性的评析,以求教于方家和读者。

一、儒学的创始及其内在缺陷

对中国儒生与国运关系的研究,必须从厘清儒家理论的底蕴开始。在相当

---

① 黑格尔语,转引自王亚南:《中国官僚政治研究》,中国社会科学出版社1987年3月版,第41页。
② 浙江人民出版社1997年1月版。

长一段时期内,有不少人认为儒学是倡导复辟的倒退理论。其实,他们不知道儒学是一种以退为进的积极产物,所谓"诸子起于救时之弊",就是儒学宗旨的真实揭示。毫无疑义,在社会变动最终结局明朗之前,社会走向永远存在多种可能。在此过程中,若理智无法引导社会走向文明,那就只有任凭野蛮的力量自由泛滥。这是任何对社会怀有责任心与生命良知的人不愿看到的。儒学的创立即是如此,它是东周衰微、社会动荡的思想产物,孔子企望从前人已有的文明中找到安邦定国的智慧。

与同时代老子小国寡民的理想不同,孔子对社会持积极的入世态度。他充分肯定社会存在和运行的合理性。这种合理性,就表现为"仁"与"礼"的规范,以"礼"为手段,达到"仁"的境界。"礼"者,"绝恶于未萌","禁乱之所由生"①;而"仁"只是"爱人"的别称。孔子努力发掘人类内心美好的一面,要求每一社会成员将家庭中血缘至亲间的相互关爱扩大为全社会的行为,以消弭当时因私欲膨胀、恶性争斗而给社会带来的深重灾难。他要求人们彼此间多理解、少埋怨,要有"恕"的精神,要推己及人,"己所不欲,勿施于人"②,他告诫众人要节制一己私欲,在照顾对方的基础上实现社会的大同,所谓"克己复礼为仁"③,所谓"大道之行也,天下为公"④。由此出发,他憧憬这样一个美好的理想社会:"选贤与能,讲信修睦,故人不独亲其亲,不独子其子,使老有所终,壮有所用,幼有所长,矜寡、孤独、废疾者皆有所养,……"孔子上述理论的提出,在当时官民对立,官长处于矛盾主要方面的社会环境下,无疑具有十分鲜明的民本倾向⑤。

孔子认为"仁""礼"境界是教化的产物,是日身三省、自我修养的结果。在官本位条件下,统治者必须首先接受这种教化和进行这种自我修养,其合格者方能获得统治人民的资格。所谓"人不学,不知道"⑥,所谓"学而优则仕,仕而优则学"⑦,所谓"大学之道,在明明德,在亲民,在止于至善","自天子以至于庶人,亦是皆以修身为本",由此概括为儒家格物致知、正心诚意、修身齐家、治国平天

---

① 《礼记·经解》。
②③ 《论语·颜渊》。
④ 《礼记·礼运》。
⑤ 如"天视自我民视,天听自我民听"(《尚书·泰誓中》),"民之所好好之,民之所恶恶之"(《大学》),"君子贵人而贱己,先人而后己"(《礼记·坊记》),"民惟邦本,本固邦宁"(《尚书·五子之歌》)等语,皆是这一思想的表述。
⑥ 《礼记·学记》。
⑦ 《论语·子张》。

下的行为规范模式①。孔子特意删定六经,作为贯彻自己理想,训练后世儒生及从政者治国安邦的基本教材。

上述事实说明,儒学是一充满理想的学说。然而,作为儒学创建者的孔子,始终在回避一样东西,即避免同"恶"的正面交锋。对"恶"的膨胀,他只能仰天长叹:"道不行,乘桴浮于海。"②学界人们多将这类话③视作孔子"隐世"(或"遁世")思想的例证,殊不知这种"隐世"思想的背面,恰恰掩盖了儒家理论无法弥合的结构性缺陷。

这种缺陷,首先表现在"仁"与"礼"间操作上的矛盾。"礼"是政治范畴,"仁"是道德范畴。"礼"的表现在于人与人之间关系的确定,"仁"的实现依赖社会公德的价值判断。在孔子的观念上,"礼"是一种自守,"仁"是一种自觉,自守以自觉为基础,是一个人自控的内部平衡系统。问题在于这一主观内部平衡系统付诸实施时,还得受到客观外部系统的制约。历史表明,任何社会平衡系统的产生,只能来自不同力的较量结果。儒学创立者注意了自身系统的平衡,忽视了外部系统的配套,故"礼"的操作,就成了一个不稳定的、缺乏严格界定的主观范畴。换言之,"礼"的实施,便有了向恶善两端发展的无限自由性。

由于"礼"在实践操作上的不确定性,无可避免地引起了儒学实践"民本"还是"君本"的矛盾冲突。儒家民本观要求一切政治措施从人民利益出发,以人民利益为指归。然而,在阶级社会中,这几乎是一个"无法实现的理想"。从而造成了理论与实践交叉点上的空白,于是,封建帝王借儒发挥,扩张专制,践踏民本就有了足够的空间。

"民本"与"君本"的矛盾冲突,使从政儒生一开始就面临"道统"还是"政统"的两难选择。既要"笃信好学,守死善道"④,"不降其志,不辱其身"⑤,又要"事君不贰"、"君君臣臣"⑥。究竟是尚大公,以天下为己任,还是顺从君主,以帝王意志定取舍,成了儒学经世的又一不可克服的矛盾。在这矛盾条件下,历代儒生身处依附之位,却作治平之想。地位与职责、理想同现实结构上的脱节,使中

---

① 《大学》。
② 《论语·公冶长》。
③ 如"天下有道则见,无道则隐。邦有道,贫且贱焉,耻也。邦无道,富且贵焉,耻也"。(《论语·秦伯》)"邦有道则仕,邦无道则可卷而怀之。"(《论语·卫灵公》)。
④ 《论语·秦伯》。
⑤ 《论语·微子》。
⑥ 《国语·晋语》。

国古代知识分子从一开始就染上了不容稍解的千年"忧患"通病,儒生为此付出沉重的代价。刘修明对此作了深刻的剖析。

孔子对"道"观念有绝对化的倾向。与看透事理,认为"反者道之动"也是客观合理体现的老子不同,孔子执着于"仁""礼"的追求,并将其推到极致,成为一种绝对观念。他任鲁司寇七日而以思想罪杀少正卯,即其表现①。它引导后世儒生步入了一个误区。儒学理论的创建者不知道理论与学说的存在及其发展,都必须以其对立面的存在与发展为前提。他们没预见到,绝对精神一旦孤立,统治阶级便可以其主观扼杀所有不称意的客观对象,毫无顾忌地张扬一己私利而践踏"民本"观念,从而为独裁政治打开了方便之门。

儒家学说内在结构上的理论缺陷,成为而后两千年儒学经世发展与异化的影响至深的基本策源地。《儒生与国运》正是从这个潜伏着悲剧的策源地出发,顺应历史的脉络,深究了中国知识分子的心路历程。

二、儒学经世及其被阉割的悲哀

孟、荀之后,儒学开始了经世历程。从以后两千年儒学内容的演变过程来看,儒学大体经历了四个阶段,即韩非、李斯的"法术势"大一统理论阶段;董仲舒"三纲五常"和"天人感应"的"天道观"阶段;二程朱熹"存天理、灭人欲"的"理"学阶段;王阳明"除心中贼"、"致良知"的"心"学阶段。

儒学各阶段不同学说的出现,首先是历代儒生"以天下为己任"、顺应时代和统治者需要的自觉创造,但更本质的,是历代统治者刻意选择的结果。《儒生与国运》一书认为:"影响或左右思维模式的,首先不是思想观念自身的演绎过程,而是社会现实和社会矛盾"的产物。在学说创建者同选择者之间,后者居于决定的地位。在官本位客观条件下,儒家学说"只有合乎封建统治者的根本利益时,才能得到统治者赏识"。创建与选择达四次之多,说明了其间斗争的激烈性,以及创造、异化、再创造、再异化的艰难发展过程。《儒生与国运》一书通过一系列的历史事实,通过前后反复的严格比较、披沙拣金、沿波溯源,从而成功

---

① 孔子杀少正卯一事学界尚有争议,《儒生与国运》一书中对此有详细考订。但问题的实质是自荀子言及此事后,绝对观念便在儒生中繁衍,并成为后世儒学的突出特征。如李斯建议"焚书坑儒",董仲舒主张"罢黜百家",二程朱王视一切异学为谬论等皆是。

地揭示了隐秘于这创造、异化历史怪圈背后的历史真实。

如果说,赤裸裸地以"法术势"应世的韩非、李斯,在成功地辅佐秦始皇创建了秦王朝及全套的政治理论、国家制度后,一死狱中,一灭三族,是"始作俑"的儒生缺乏入世、救世政治经验的话,那么到了 80 多年后,45 岁应汉武帝诏试,提出"天人三策"的董仲舒时代,儒生们已有了丰富的经验。细析董仲舒的理论,不难看出"三纲五常"和"天人相应",只是当时社会现实的凝练和提高,属已有的东西。真正算得上创造的,是他本着儒家"道统"观念,设计并推出的一整套"天谴论"主张。借《儒生与国运》书中说法,是董仲舒"用宇宙中'天'的力量,限制帝王的君权和君威;用'灾异'吓唬帝王,要求他节制自己或反省自己的错误",达到儒家民本观的实现。但是,帝王是可以随便吓唬的吗？结果是拘泥不化的睢弘因阐发"天谴论"而被处死;董仲舒则始终不得重用,元光六年(公元前 129 年),更因他就汉高祖陵寝偏殿火灾事作天人感应阐释差一点掉了脑袋。睢、董的遭遇只是众多事例中的一个典型,它表明儒学在被接受为统治思想时,必须首先经由统治阶级依其"政治经济利益的要求"进行筛选与处理。

然而辩证法是无情的。封建统治者在剔除了董仲舒学说中的"民本"思想后,高度专制的政治体制只能不可逆转地陷于腐败趋势之中。"任何时代剥削阶级的统治思想,一旦以正统形式凝固为神圣不可侵犯的意识形态,就会逐渐失去其维护统治机构的经济基础的作用。"东汉末年的宦官专政、豪强横行,正是这一趋势的必然归宿。当理论的批判被专制者拒绝后,社会发展的洪流就只能以武器的批判开道。历史上从东汉中后期"上品无寒门,下品无世族",到南北朝后期"寒人掌机要",再到隋末农民大起义,义军所至,"得隋官及士族子弟皆杀之"①的政治转变,证明了历史辩证法的无情,也印证了儒家学说中"民本"思想的价值。

政治腐败往往伴以道德腐败,道德腐败又往往陷社会于混乱与动荡。汉王朝的腐败销蚀掉董仲舒"天谴论"最后一线道德生机后,中国社会便开始了长达几百年的割据混战。魏晋南北朝屡见不鲜的父子相弑、君臣相戮、比富夸奢、朝叛暮附,从历史的长期效应看,正是汉代高度专制独裁、导致道德败坏之后的社会反动。自东汉太学生运动被镇压与严酷的"党锢之祸"后,儒生在黑暗政治的高压统治下,只能以种种扭曲的形式出现。玄学、隐逸、谶纬、佛学、道学的轮番兴盛,正是这一时期儒学发展的隐晦形式。经东汉末年与中唐以后社会长期动

---

① 《资治通鉴·隋纪七》。

乱的连续冲击,董仲舒时代的"三纲五常"的伦理威信丧失殆尽,社会呼唤新的伦理的出现。在此背景上,二宋"理学"与明代"心学"应运而生。

"理学"与"心学"作为一门完整的儒家学说,本质上始终包含有教化人民与警策统治者的双重内容。然而实践的结果,人们只看到畸形高涨地扼杀人民自由思想和独立意识的程朱理学与王氏心学,其警策统治者的内容荡然无存了。《儒生与国运》历史地也是辩证地说明了儒家思想家精心构思的理论这一既矛盾又统一的特点及其变化过程。毫无疑义,二程确实说过"失节事大,饿死事小"①,作为一种意在治国平天下的理论建构,在长官意识决定社会走向的大环境下,儒学劝喻的主要对象,始终只能是封建统治阶级本身。张载所谓"为天地立心,为生民立命,为往圣继绝学,为万世开太平",正是儒学新说创立主旨的揭橥。王阳明"除山中贼"和"除心中贼"并列的还有"除宫中贼"一说。结论是清楚的。朱熹、王阳明终生郁郁,迭遭权贵忌刻、迫害,正有力地说明了他们创建儒学新说锋芒之所向。阉割儒家学说最典型的例子莫过于朱元璋。他规定科考以朱注四书为圈定,儒生作文只能"代圣贤立言",不准自己发挥。朱元璋立意不在敬仰"圣贤",不过是以"圣贤"作道具,扼杀知识分子的独立意识,训练与培养忠顺于专制统治的官僚奴才。所以,他对孟子曾说过的"君以臣为草芥,臣则视君为寇雠"及诛桀纣为诛一夫等言语极为愤怒,不仅下令将孟子逐出孔庙,删订《孟子》内容,还杀气腾腾地说:"使此老在今日,宁得免耶?"②历史反复叙说着一个事实:为统治阶级所用的儒家学说,已不再是原典意义上的学说,它是一个经过统治阶级删改,满足统治者的需要,体现统治阶级意志的被扭曲了的儒家学说,是被阉割了的儒家学说。

明乎此,人们就不难知道通常所谓的"儒家思想一直是中国封建社会统治思想"的说法,事实上存在着内涵上的巨大偏差。在中国历史上曾作为统治思想的儒家思想,是经过"处理",被"异化"了的儒家思想。造成这种"异化"的原因,固然有儒学理论自身缺陷的因素,但更本质的,是居中国封建社会统治地位的君主专制官僚政治借体欺世的结果。如若某天"儒家学说"成了阻碍社会进步的罪孽时,那么真正的罪孽不在儒家,因为在经于世的儒家这张"人皮"的背面,掩藏着君主专制制度这头"恶狼"。这也是儒家和儒家思想的悲剧。

---

① 《河南程氏遗书》卷二十二程颐语。
② 全祖望:《鲒崎亭集》。

三、儒生种种及其命运

　　以"修齐治平"为人生目标的儒生,从政是他们朝思暮想的不解情结:"居庙堂之高则忧其民,处江湖之远则忧其君。"①这决定了儒生们在从书斋走向官场的路途上有一从书生到官僚的人生角色转变。由于儒学内在理论缺陷与不同儒生在从政时的不同追求,在世俗名利面前,儒生们遂分解成种种不同人物。这是一个分裂的群体。以往许多学者对此一概而论,有违事实。《儒生与国运》从浩瀚史料中引用了数百名不同时期、不同秉性的儒生,就他们同情趣各异的帝王间的关系以及他们相互间的交往,进行了多角度的生动描述、儒生与国运的关系也就在此丰富多彩的历史演绎中展开。

　　同经世儒学一样,儒生们的从政及其人生作为,事实上也主要是统治者选择的结果,而非从政儒生自主意志的表现。传统所谓"先有伯乐而后有千里马,千里马常有而伯乐不常有"句,十分本质地反映了这一社会政治现象。漫漫封建时代,明君与贤相同属寥寥。即此极个别有幸成就一代贤相功名的儒生,从真实考证来看,作用也仅仅是技术性发挥,他们只是反映了封建帝王胸襟的尺度。敢越位犯上者,很难有好下场。即使如此,称得上"明君"的历史上仍然只是极少数,"治世"也仅为一个短暂。更多情况下和更长时期内,是坐享其成、只知维护一己权威的庸主和不治不乱的庸世。在这庸世中,君主以刚愎为圣明,群臣以曲学饰太平;引屑小为同侪,视正人为异己。于是缺少制衡,绝对垄断的王权不可阻遏地滑向腐败。

　　身处如许环境中的儒生也有一个"适者生存"的问题。就绝大多数儒生而言,"他们又要利禄,又要做事;既要追求个人利益,又想发挥社会功能"。可是,腐败风气一旦形成,任何违背这种风气的儒生只能被摈弃于"局"外,而"局"内之人亦只能随波逐流,寄人篱下,甘做当权者的附庸,逆风而行,始终坚持儒家理想者则如凤毛麟角。《儒生与国运》一书认为,在这种环境下,从政儒生中的"绝大多数人最终失去了支持他的精神世界的儒家治国平天下的政治理想(即使还有那么一点,也多转化为敲门砖),而拼命追求个人'黄金屋''颜如玉''千

---

① 范仲淹:《岳阳楼记》。

锺粟'的人生欲望,从而转化为封建统治阶层的一员","相当多的知识分子的心态被扭曲了,许多人的道德被腐蚀了"。激烈的科举竞争,更平添从政儒生又一分驯服与卑躬屈膝的奴气。所谓"收入既少,则争第急切。交驰公卿,以求汲引;毁訾同类,用以争先。故业因儒雅,行成险薄。非受性如此,势使然也"的史载①,是为实录。儒学的善与美,在官僚政治的熏陶下变得猥琐与险恶了。这时政坛上的儒生,已蜕变为一帮谋求升官发财的投机官僚,政治腐败和官僚腐败互为因果,王朝的末日到了。程子所云"孟子死,圣人之学不传。道不行,百世无善治;学不传,千载无真儒……"②,即其写照。

遭此时际,洁身自好者遁迹山林,雄强不羁者笑傲江湖;贤达闭户著述以寄后世,忠良罹难罪名竟然莫须。官场上腐败分子成堆。"同声相应,同气相求",无可救药。"官人则以顺志者为贤,擢才则以近习者为前",以致"谗人高张,贤士无名"。偶有一二贤达俊士,则常感"用不合时,行舛于世,发音则响于俗乖,抗足则迹与众忤"③。仕途不测,"一封朝奏九重天,夕贬潮州路八千"④,成为常例。官僚们为保护一已私利,增加安全系数,加紧结党营私,于是窃权罔利的权奸,乡愿式的儒臣与外饰忠鲠、内藏谄媚、翕肩屏气、舐痔折肢的小人布满朝廷。这既是官场腐败的产物,更是封建专制政治体制的结果。《儒生与国运》一书认为:"封建社会周期性政治经济危机,每每就是以吏治的极端腐败形式表现出来的。"在此期间,流行与崇尚的是权威,轻视与践踏的是道德。事实表明,"知识分子地位的沦落与下降,每每是时代的折光",反之亦然。

历史最清楚的说明在宋末、明末来临,在异族铁骑生死荣辱的威胁、利诱面前,宋末、明末官僚出现了"降将如毛,降官如潮"的可耻景观。同人民一起殊死抗击侵略者的史可法、文天祥这类忠臣义士屈指可数,他们只能以"杀身成仁"的方式来殉葬自己对儒家精神的最后忠贞。《儒生与国运》以明末作例分析说,士大夫中的"多数人是投降清朝的。降官、降将成为清统治者占领中原的依靠力量……没有投降派,清统治者不可能在短期内打败李自成的农民军,统一中国,建立清王朝"。这是儒学的悲哀与耻辱,也是儒生的悲哀与耻辱,所有这些悲哀与耻辱的产生根源,无不来自腐朽的封建专制制度。

---

① 《文献通考》卷廿九,《选举》二。
② 《宋史·道学传·程颐》。
③ 葛洪:《抱朴子》外篇,《自叙》。
④ 韩愈:《左迁至兰关示侄孙湘》。

四、子规啼血唤东风

明代专制政体与儒学唯心同趋极致之时,标志着中国封建社会进入了末世。从社会意义而言,南宋末年、朱明末年惊人相似的在异族入侵面前大批儒生官僚的叛降,某种程度上正是儒生官僚们对现实社会彻底绝望、走投无路的畸形反映。中国历史上继春秋战国之后又一个历史大转折的时期到来了。《儒生与国运》一书以"徐光启的转轨"为引子,开启了明末清初三大儒:黄宗羲、顾炎武、王夫之呼唤儒生解放的序幕,再到唐甄、戴震、龚自珍"封建末世的怒吼",用浓重的笔墨,淋漓酣畅地介绍了他们对君主专制政体的深刻批判,对儒生从政悲哀结局的沉痛总结和对新的民主社会的美好向往。

他们认为,在专制暴力的镇压与官禄名利的诱迫下,绝大多数从政儒生自束发读书之日起,便刻意以升官发财、娇妻华宅为奋斗目标,"而一旦服官,即求其所大欲,君臣上下怀利以相接,遂成风流"①。于是寄迹仕宦之儒生,"大抵龌龊治生"②,成了一群帮同封建帝王鱼肉百姓的"狐鼠之辈"、道德败类。他们从中国封建社会知识分子两千年间贯彻儒家理想漫长而又艰辛的苦难历程中,看到了一个历史真实:"治天下者惟君,乱天下者惟君。治乱非他人所能为也,君也。"③专制君王的一己之私,是中国封建社会沉疴不复的根本原因。具此认识,他们对董仲舒以来的"君为臣纲"等说教进行了激烈的抨击。他们认为天下者天下人之天下,专制君王将天下视作一己私产,"敲剥天下之骨髓,离散天下之子女",以供其"一人之淫乐",实乃天下人之公敌,人民应该视其如"寇仇",称其为"独夫",打倒他、消灭他。他们认为,专制君王之所谓"王法",不过是帝王予自己以自由而缚尽天下人的"一家之法",所以是为"非法之法"。只有推翻这种"非法之法",才能确立有利"天下万民"之"天下之法"④。

那么,中国出路何在呢?基于对专制政体和官僚政体下儒生们蜕变的切肤之痛和对西方学说的隐约认识,他们主张以民众之权取代君主之权,以"众治"取代

---

① 顾炎武:《日知录》卷十三,《名教》。
② 顾炎武:《南雷文约》卷一,《韦庵鲁先生墓志铭》。
③ 唐甄:《潜书·鲜君》。
④ 黄宗羲:《明夷待访录·原君》。

君主的"独治"①,主张废除作为封建官僚系统的生员制度②,以学校议政方式集中最广大民众的意见,再以"相权"取代"君权"③,实行天下人治天下的儒家理想。

近代君主立宪制模式已呼之欲出。

"日之将夕,悲风骤至。"封建末世前后两代儒生,在深重的民众苦难和国家凋零的社会现实中,苦苦地求索治国兴邦、国运隆昌的回天大道,其思想锋芒直逼封建专制官僚政体。在"四海变秋气,一室难为春"的大环境下,他们出自"六经"而另辟"生面",靠的是内心蕴藏的对祖国河山和这片土地上的人民及悠久文化的满腔挚爱,胸中激荡的是传统儒家以天下为己任的不屈信念。如果说,林肯"民有、民治、民享"的民主国家标志具有普遍意义的话,那么他们的思想与主张已包含了这三种基本因子。所以,《儒生与国运》一书认为,他们的理论创建已"超越了儒家思想体系",成了两千年儒学经世的总结和新时代思想发展的先锋。尽管他们看不到工业文明来临后,人类在立法、司法、行政方面有更精辟的理论建树,但在当时的社会条件下,他们的思想确实达到了前无古人的境界。弥补或重新检讨儒学理论的结构性缺陷提上了历史的日程。他们似夜半啼血的杜鹃,以其对父母之邦刻骨铭心的苦恋情结,呼唤着中华民族春天的到来。

《儒生与国运》一书,是我国改革开放时代的精神产品,是中国学人从20世纪向21世纪转折的历史思考,是作者几十年史学功力与博学精思的真诚结晶,是一本严格按照马克思唯物辩证法和历史唯物主义撰写的学术著作。唯其如此,在经过浩繁的原始资料的排比和删汰后,去粗存精,去伪存真,以往许多肤浅片面的评论剥落了。在多学科综合研究的智慧观照下,读者犹如被带上了一片高原,俯瞰历史河谷中中华两千年的曲折演变,其辩折与判断不少地方展示出了不平凡的色彩。从学术史角度看,它和王亚南1948年出版的《中国官僚政治研究》前后辉映,成为该领域互联互补的两部学术力作。

真理无穷尽。可以相信:《儒生与国运》的出版必定会将读者的思考引向一个更高的境界。

(原载《学术月刊》1997年第8期,1997年8月20日)

---

① 顾炎武:《日知录》卷六,《爱百姓故刑罚中》。
② 顾炎武:《亭林文集》卷一,《生员论中》。
③ 黄宗羲:《明夷待访录·学校·置相》。

评刘修明著《儒生与国运》

沈渭滨

儒生是中国古代知识分子的通称。儒的含义及其流变,古今学者虽多争议,但对其要旨,即以传统儒术为修业根本,以修齐治平为内圣外王之道,在看法上则基本一致。本书作者并未对儒的含义作专章探讨和界定,但从其所作序言和全书立论的基调看,似乎也以上述共识为指归。这样,就使本书避开了因考证和平议可能产生的冗杂和沉闷,直接切入作者确定的主题。虽然在学术性上不免有所削弱,但对读者迅速进入角色,效果还是好的。

本书在对儒的产生作了历史概述后,按照社会转型和时代转折所呈现的历史阶段性,分别叙议了自春秋战国至晚清 2 800 多年中近百位(集中写 40 多位)儒生典型人物与国家同呼吸、共命运的事迹。通过对典型的剖析,着力分析了知识分子的理想追求和价值标准,历史使命感和参与精神激发下的忧患意识,既依附又相对独立的双重人格,以及在时代精神塑造和政治格局建设中的作用等问题,从而使典型人物的个人命运与社会变迁、时代要求、国家兴衰治乱整合融通,成功地阐释了知识分子作为中国脊梁、社会良知化身的传统与使命。就作者的思考方位看,全书虽然以主要篇幅描述了典型人物的气节品性、立身处世,但作者追求的重点,则在诠释历史,发摅义理,寻绎知识分子在承担国运重负中所表现的入世精神和生命哲学蕴含的群体本色。这就使本书的相当一部分内容超越了描述史学的固有功能,带上了诠释史学的思辨色彩。

诠释史学属于高层次的历史哲学范畴。其主要特征是在详尽占有资料和尽可能借助各学科已有知识的基础上,来说明论据并加以证明。因此诠释历史、寻绎规律,不仅需要深厚的学养,而且需要精深的思辨。本书作者具有相当的中国古代史功底,对两汉史尤有较深的研究;从书中的思辨也看得出有较好的历史唯物主义理论素养,所以写人物则栩栩如生,其中刻画李斯的悲剧命运,贾谊的政见才智，叔孙通因时度势、制礼作乐，桓谭的独立意识，姚崇维护皇权的韬略等都很有个性；议论则有深度力度，如对荆公新学和王安石变法的分析，李贽异端思想的评议，明末清初三大儒——黄宗羲、顾炎武、王夫之的综合论析都言之成理，不乏启人心智的独到见解。尤其可观的是，作者在人物与时代的关系上、学术与治术的关系上、历史环境与人物思想感情对应的关系上、知识阶层的依附性与意识相对独立性的关系上，都有前人所未发的精到思辨。这些闪烁着史学智慧的思想火花，有的是对已逝时代整体思考的心悟，有的是从历史经验演绎出来的哲理，有的则是对专制政治的理性批判，也有的是作者对历史人物情不自禁的共鸣。可以说，对历史的思辨和用思辨诠释历史，构成了本书两个最显著的特点。

作为古代社会的特殊群体，儒生的人生哲学既有积极入世的一面，也有功利主义乃至消极避世的另一面，所以"明道救世"和"有道则见，无道则隐"的功利心共生；"以天下为己任"与"士为知己者死"的生死观互相标格。弘扬前者，自有阐发优秀传统之需要；而若不及后者，要实现作者所说"寻根"的意义，则恐怕不易。事实上，只通过剖析典型人物，也很难把中国知识分子的"形成、发展、作用及其分化、衍变的历史过程"说清楚、写全面。文学与史学固有相通之处，但史学毕竟是以人类社会的全部历史为研究对象的。典型在史学研究中，仅仅是个案。所以，本书确实"不是系统的中国知识分子史"，而是一部中国古代知识分子中的典型人物，即精英人物关怀国家命运的专题史。

（原载《文汇读书周报》1997年8月30日）

《儒生与国运》：解剖古代知识分子群体

河 洛

近年来，知识分子研究成为学术热点。然而，知识的多重性与从事这一活动的人们目的的不同，使知识分子队伍成为一个流品庞杂的群体，知识分子研究成了一个相当复杂的课题。迄今为止，几乎难以有一部专著能就此课题作出入木三分、深入浅出的综合论述。

刘修明的《儒生与国运》一书（52万字，浙江人民版）就在此背景上推出。该书以儒生为主体作为中国古代知识分子解剖对象，从该群体形成、发展、作用与分化、演变的历史过程，探索与研究东方社会知识分子特质。作者采用宏观概述、典型分析的方式，通过对孔子以后2 000年间几百名知识分子代表人物的典型剖析，揭示了一系列带有东方社会普遍意义的规律性认识。所以，这一课题有了为当代知识分子寻根的某种意义。由于作者运用了政治史、社会史、思想史、文化史、学术史的多学科、多角度论述，几百名解剖对象变成了有血有肉的立体形象和丰富多彩的性格特色，他们不同人生际遇背后的历史底蕴，清晰地展示在读者面前。而这种历史底蕴，恰恰又是正确认识与发挥当今知识分子社会作用的基本前提，也是中国知识分子加强自身修养，更好地服务于祖国和人民，当好社会主义现代建设排头兵的重要前提。

与其说该书因荣获国家社科基金而显其学术价值，莫若说该书是我国改革开放的时代产物。该书也是作者几十年功力掺合自觉的忧患意识的真挚结晶。在中国当代学术史上，该书或许有一定的学术价值和社会意义。相信它会将读者的思辨引向超越历史的纵深，从而以更清醒的目光看待当今社会转型期中国知识分子的特有性格与社会作用，为更好地推动我国现代化建设，提供坚实有力的理性根基。

（原载《文汇报》1998年3月6日，第12版）

文化史与政治史的新知

——读刘修明著《儒生与国运》

王子今

中国传统文化源远流长,可是却少有全面分析历代文化人社会文化表演和政治文化作用的论著。政治形势的演变对于文化人的文化心态的历史影响,也有必要进行说明。刘修明先生的《儒生与国运》(浙江人民出版社1997年出版),正是我们期望的对于这一命题进行成功探讨的学术专著。

《儒生与国运》一书依循历史进程,分别论述了不同时期文化人的政治表演和历史作用。所论"春秋战国的社会变迁和儒的产生""封建社会开创期和儒生的地位""封建制振荡与转变期的儒生及其特征""在封建社会巅峰期的历史潮流中浮沉""发展和僵化:宋元明时代儒生的两重性""末世的衰微与民主的曙光"诸专题,都各有新见。应当说,在各个历史时期中,在不同文化条件下,文化人的穷与达、沉与浮、失意与得意、觉醒与逃遁、奋争与消沉,以及其情操与媚骨、高节与奴性等等,和国家的政治形态、社会的演进历程的复杂的关系,都得到了清晰的说明。全书体现了作者探索社会文化发展规律的执着追求和把握宏观历史演进基本脉络的深厚学力。

刘修明先生认为,在专制制度的政治格局奠定之后,一些文化人由于自身社会实践和占有知识方面的优势,又由于具有独立思考的思维个性,每每能够产生同传统政治思想规范相背离的独立思想,其中更有杰出者,甚至可以建构为统治阶级所不能接受的离经叛道的思想体系。在中国专制时代,这些以思想家个体形态出现的文化人,他们的身份其实仍然隶属于统治阶级,他们的社会地位和生活方法,决定了他们对于专制主义国家的依附性。他们不可能单独成为一个阶级或阶层。这样就使得他们在依附身份和相对独立的思想意识的矛盾中难以自拔,从而造成了思想感情中的矛盾和人生道路上的不幸。不过,思想的创造正是在矛盾的冲突和运动中得以升华的。"在思想大一统局面形成以后,他们的思想文化创造与封建社会的发展趋势大体一致,而同统治者的需求则会产生某些不一致,乃至忤逆。此时的思想创造与贡献,在于以非正统对抗正统,以依附身份提出非依附性的思想,以个人身世的不幸作为追求真理的代价。这种状况,从另一个侧面表现了古代知识分子与时俱进的进步性。"刘修明先生还指出,与有思想创见的文化人对于社会的贡献相对应,社会"带给奉献者、创造者自身的命运,在历史天平上多数是不公正的"(第152—153页)。

这样的认识,堪称文化史和政治史的新知。

作者又进一步以东汉王朝前期和后期两位有影响的思想家桓谭和张衡为例,对于中国古代成为思想家的文化人在"独立意识和依附身份"的矛盾中的深沉思索和艰难抗争,进行了精辟的阐述。

"东汉太学生运动,是中国历史上第一次由当时封建社会的士大夫和太学生参与并引起巨大反响的政治运动,也是东汉末年由于宦官、外戚迭相擅权所造成的政治腐败和社会危机,在统治阶级内部激发的由部分官僚和太学生、郡国生徒组成的政治反对派,反对腐朽当权派的对抗运动。"(第132—133页)对于这种古代历史上少见的文化人结成群体同心奋争,形成政治运动的实例,作者进行了认真的分析和总结。从这一角度对东汉太学生运动的性质进行说明,可以给读者以重要的启示。同样,作者对明末"风声雨声读书声,声声入耳;国事家事天下事,事事关心"的东林党人与政治腐恶势力勇敢斗争的论述,也多可发人深思。

《儒生与国运》的作者在《自序》中这样写道:"这是一本有关中国古代知识分子的著作,又包含着为近现代知识分子寻'根'的意义。中国知识分子历史道路之悠长曲折以及他们的东方特色,在世界文化史上有一定的代表性。现实使人追溯历史,对尘封史籍的翻检又会反馈现实,引发历史与现实的共谐。中国有句老话叫'斯文一脉',相当准确地表述了中国古今知识分子的内在联系。"读到"斯文一脉",可以想到"今古同声"。讨论中国知识分子的历史道路,应当重视在"世代承载时代的使命、民族的使命、文化的使命"(第3页)的另一面,又可以看到"儒生们争名逐利的丑态"(第302页),正如作者所指出的:"在科举制的影响和腐蚀下,相当多的知识分子的心态被扭曲了,许多人的道德被腐蚀了。扭曲和腐蚀的结果,导致了'适者生存'。没有独立人格和独立意识的知识分子,完全同化为官僚阶层,成为他们中的一员。"(第303页)读到这里,抚卷而思,又想到"清浊二流",同样恰可与"斯文一脉"成对。

这部著作自作者 1987 年构思,历经 10 年终于面世。这与现今学界一些人几个月就"攒"出一本书、一套书的流行风尚,形成了鲜明的对照。我们希望,今后的史坛能够多出《儒生与国运》这样既有坚实的学术基底,又有精达的思辨风格的真正有分量的研究成果,以澄清当前的学术主流,不致于使我们这一代学人,受到后人的哂笑。

知识分子和政治历史的关系,是一个几乎涉及整个文化形态和全部历史过程的课题。我们当然不能强求在一部著作中使所有问题都得到圆满的说明。《儒生与国运》一书纵览千古历史,扫描百代心境,为我们勾画出大体合乎客观历史实际的文化人的精神生活史和政治生活史,同时使国家演进的有关过程和有关特质也得到说明,确实难能可贵。不过,个别观点或许仍有讨论的必要。例如,关于嵇康之死,作者写道:"随随便便发议论,也可能被杀头的,——在封建专制主义时代,这是非常犯忌的。不仅是在正统的封建时代,即使在玄学盛行、儒家正统地位动摇的时代,也会是这样。嵇康原来不懂这个道理,只知道'贵得肆志,纵心无悔'(《兄秀才公穆入军赠诗十九首》之十九),等他懂得这个道理,已经后悔莫及了。这是中国古代知识分子中的某些人的天真之处,也是他们的可悲之处。"(第 227 页)其实,嵇康当时可能并非"不懂这个道理"。在嵇康之前,"随随便便发议论"而"被杀头的",先已有之。孔融就是典型的一例。魏晋之交,政争尤其凶惨险恶。《晋书·嵇康传》说,嵇康往见隐者登,"(孙)登沈默自守,无所言说。(嵇)康临去,登曰:'君性烈而才隽,其能免乎!'"孙登所说,就是言及生死的严正的警告。从嵇康临终时非同寻常的从容来看,他对于死,应当也是有心理准备的。窃以为,嵇康可能并非"天真"而"可悲"之人。作者在《自序》中引用鲁迅语:"我们从古以来,就有埋头苦干的人,有拼命硬干的人,有为民请命的人,有舍身求法的人,……虽然等于为帝王将相作家谱的所谓'正史',也往往掩不住他们的光耀,这就是中国的脊梁。"嵇康,就是这样的"中国的脊梁"。

谨以此浅见,呈刘修明先生参考。

(原载《南都学坛》(哲学社会科学版)1998 年第 2 期)

《儒生与国运》：
一部为知识分子寻根的力作

白 丁

"这是一本有关中国古代知识分子的著作，又包含着为近现代知识分子寻'根'的意义。"——此为刘修明先生对其新著《儒生与国运》（浙江人民出版社1997年版）之题旨的概括。

中国知识分子历史道路的漫长坎坷，及其坚毅力行的"入世"品性，在世界文化史上具有特殊范型意义。本书由此着眼，并且准确地把儒生定位为这一特殊社会群类的主体加以研究，以"儒生与国运"的命题展衍开来。

以儒生为主体的中国古代知识分子群类，形成于中国文明社会史第一次发生大变动的时代，即春秋战国之际。社会剧变的投影焦点，集中在这个既是旧时代的弃儿，又是新时代的产儿身上；把个人命运及使命与国运的紧密联系，便成为这一社会阶层从产道里带来的固有的属性。从孔丘到孟轲再到荀卿，从儒家这个学派和儒生这个群体的创生形成到承继传续，再到发扬光大，自成一个不可割裂的阶梯性进程。对社会发展的适应和对统治阶层的依附，是其在几经磨难中走出来的基本轨迹，并愈益表现出在探索和前进中不断创造自身的社会价值，直至在生机勃发的西汉前叶作出为封建社会设计构建上层建筑的历史性贡献。

经历过魏晋南北朝的震荡和转折后，古代知识分子与时俱进地步入了封建社会的巅峰期。科举制度的确立与发展，为他们实现自己的理想和抱负开辟了前所未有的通衢，同时又成为强化他们对封建皇权依附性的重要契机。身份依附的强化既导致依附意识的深化和创造能力的弱化，乃至在整个两宋元明时代因日趋顽冥保守而表现出的因循僵化；同时也促成了这个本来就被称为流品复杂的群类在阶级矛盾、民族矛盾风云相激的动荡间与之谐振，加速了衍变和分化;或者是独立人格和独立意识因全身心的依附而最终泯灭,随着整个封建统治阶级无可挽回地走向衰亡而与之完全同化;或者是竭力挣脱依附的羁绊,追求独立人格和创造精神的回归,从而在更高一级的接近于历史发展的轨道上,重新实现作为社会神经的知识分子之觉醒与呼喊的价值——比照对现实社会和凝固成"正统"的传统理念的不适应性,亦可谓异化,这就是从李贽到清初三儒所留下的足印。而处在封建末世的唐甄、戴震和龚自珍等,则作为新时期降临前的风雷呼唤者,在封建社会的漫长的国运和世变的道路上,光辉地走完了最后的历程。

　　作为一部文史相通、评传兼备的史学撰述,《儒生与国运》的最突出的造诣,更在于它穿透过中国古代知识分子仪态纷纭的活动实践,揭示出一条蔓延2 000年的艰难而窘迫的历史轨辙,由此使读者在体验神会其深沉寥廓之际,又获得概念鲜明的理性认知:作为一个特殊的群体,中国古代知识分子从开始形成的那天起,就由于没有独立的经济地位而成为统治者的依附体;作为一个思想意识阶层的特点和秉性,他们对世界、对社会、对人生的探索与认识,又会形成不脱离时代条件的相对独立的思想意识,由是造成他们与统治阶层既统一又矛盾的特殊关系。正是这种相对独立的思想意识和难以改变的依附身份的"二律背反",支配着他们在被动和能动间艰难地从事思想、文化、学术的创造,或有限度地从事政治活动。作为社会的神经,他们能敏锐地感受却未必能有效地反馈;作为社会的喉舌,他们操纵舆评却未必能直抒胸臆;作为社会的镜子,他们洞察时弊却未必能切实有效地解决实际问题;作为社会变迁的先知,他们能预言新时代的真理却未必有促成实现的手段和实力。在历史天平的倾斜与升降中,他们因特殊的身份和地位所决定,必须承担起国运的重负和时代的使命(这同肯定人民群众是历史的创造者并不矛盾);反之,社会、国家和民族多灾多难的命运,反馈到他们身上激起的波澜和漩涡,又每每造成他们思想感情上的重负和人生旅途上的坎坷不幸。但是,在此一曲不乏感伤的历史变奏中,又始终贯穿着高昂的主旋律——宋代范仲淹倡导的"先天下之忧而忧,后天下之乐而乐"的崇高爱国主义精神,一直是支配中国知识分子灵魂的超越时空的生命哲学。

　　历史和逻辑是一致的。具体、生动的历史应该是逻辑与哲理的形象表述。循此见识,《儒生与国运》在通篇布局和撰述手法上,采用宏观概述下典型分析的方式,即运用政治史、社会史、思想史、文化史、学术史的多学科多角度切入,引导读者在与中国封建社会不同历史阶段的数百名知识分子代表人物作跨越时空的神交中,求得规律性的领略体认。比如,始终在既对新兴权势者严重不满,又不得不依附之双重情感中煎熬蹉跎的孔子。又如,从桓谭、张衡、王充,直至范缜、李贽,几乎都以个人身世的坎坷不幸作为追求真理的代价,遂使人们深沉地感受到独立意识和依附身份二律背反的离合力的沉重分量。

此书内容宏富,立意亦高,见解颇新,不妨视为一部中国知识分子的专史。由于作者善于剪裁,行文流畅,深入浅出,使该书具有较高的可读性,是其优长。

和许多传世名著的实际效果一样,《儒生与国运》也存在令人遗憾的欠缺:尽管作者声明过"这本书不是系统的中国知识分子史",但是他自觉诉诸的历史纵深程度,已经使该书确立了第一部"系统的中国知识分子史"的位次。从这种实际效用审视,该书没有把北朝和五代两个"乱世"中知识分子的价值观念取向及实际作为列入专节考察范围,似有漏卮之嫌。建议作者在修订再版时加以补充,使成完璧,岂不善哉!

(原载《天府新论》1998年第5期)

《儒生与国运》

——一本帮助你读懂中国知识分子的好书

李海生

近读刘修明先生的新著《儒生与国运》，掩卷之余，回味无尽，有些话，不吐不快。

"儒生与国运"，说白了也就是讲知识分子与国家前途命运的关系问题，这是一个大题目，也是一个好题目。

古人说中兴之兆，推崇人和为贵，而"和"字一节，便与知识分子总体的精神面貌与生存状况相关，他常常是测度世道盛衰清浊的晴雨表。春秋战国时期，贵族政治开始瓦解，封建君主专制政治逐步确立。刘先生认为，顺应社会的进步，这个时期以儒家思想为指导的知识分子就表现出三个非常明显的特点：第一是"探索"；第二是"前进"；第三是"创造"，显示了强大的精神活力。唐代是中国封建大一统社会由稳固走向强盛的时期，其时知识分子无论在政治上、思想上都有十分了不起的建树。刘先生洞悉毫末，同时注意到封建统治者取仕的积极态度（诸如隋唐科举制度的建立和实行）与壮阔胸怀（诸如唐太宗这样的贤明君主，揣有"天下英雄尽入吾彀"的宏愿），逼真地描摹了那个时期知识分子进取的人生态度和比较昂扬的精神风貌。记得钱穆先生也有类似的看法，他在《中国知识分子》一文中说，"中国知识界，精神气魄最活跃的时代，第一自推战国诸子，第二便该轮到唐代……战国学者有豪杰气，三国有豪杰气，那些都是乱世豪杰，唐代则是盛世豪杰"，说具体了，亦即"战国学者在理论上是严肃的，生活是放纵的、浪漫的、豁达而无拘束的"。唐代知识分子则"有气有才"，实干如西汉，气度却更恢伟，他们"好发大议论，好作大计划，好有大组织"，所谓唐人"大器"，唐人"阔达"云云。可见，搭住知识分子命运之脉搏，以窥视国家盛衰过程中些许内涵丰富的东西，非但有利于总结历史，同时亦益于造福当今。

墨子在《尚贤》篇中曾经说过这样的话,"贤良之士众,则国家之治厚;贤良之士寡,则国家之治薄",率先从启用知识分子和用好知识分子的角度,向统治者提出了忠告。虽然这番道理很少有不赞成的,但为政者真要想得清楚、看得明白、行得端正,却也千难万难。这里有立场问题、观念问题,也有方法和智慧的问题,真应了一句老话叫:"有口无心,于事无成。"此心乃心诚则灵之心,此心乃运用之妙、存乎一心之心。

其实,用好知识分子,重要的在于了解知识分子,须从大处着眼,看到他们可贵的一面。刘修明先生在《儒生与国运》一书的《自序》中深情又不失精辟地指出:"无论是过去、现在还是将来,一切有良心的曾饱经忧患和贫寒的知识分子,在他们心中都永远保持着祖国这块神圣的净土;即使他们远在世界各地,也不会忘记养育了他们的中华民族和滋润了他们灵魂的华夏文化。"寥寥数语便把中国知识分子关心国家命运、热爱祖国的民族根性勾勒了出来。

从总体上说,中国知识分子是一个理性的群体,他们勤于思考,善于用社会尊崇的基本准则去判断是非,引导自己的言行,刘先生称其为"社会的神经""社会的镜子""社会的喉舌""社会变迁的预言者和促进者",因此在社会进步的历史过程中,他们是前卫的,同时又是愤世嫉俗的。反映在与统治阶级相处的关系上,忧国忧民使他们热衷于仕途,以实现治国平天下的宏愿;愤世嫉俗又使他们不愿与政治浊流合污,时不时地与统治阶层发生冲突,于是围绕着信疑废用的几多波折,也演绎出了数不尽的欢歌悲曲,为后世留下一串长长的沉思。

今天的西方人善称知识分子为"社会的良心",因为他们是社会基本价值最忠实的维护者。由于文化渊源的差异,中国知识分子与西方知识分子的价值观念尚有差异。西方人看重理性、个人自由和公平;我们则在人生本位上讲求普遍的道德价值,进而上升为政治理想。因此中国知识分子谋求的政治,大多充满着绮丽的伦理色彩,它的崇高性与浪漫性,常常会冲淡政治运作中必须注重功利和讲求效率的原则,这也是导致他们在被统治者取用时多有坎坷的重要原因。刘先生一针见血地指出:封建统治者"在权力斗争和现实统治中,从来是近视的、短见的",由此也造成了"某些对封建制度有重大贡献的思想家生前潦倒、死后哀荣的奇怪现象"的层出不穷。

与此同时,刘先生还在书中叙述了许多诤臣、谏臣以及清议名士的故事,一方面凸显着知识分子纯正的根性;另一方面也从他们不幸的遭际中,反映出封建统治者在取用人才时胸襟的褊狭与眼光的短浅。细读第三章:"两位名士,两种命运"一节；第六章："气节与媚骨"一节，看似在说知识分子的入世之道，字里行间对封建统治者的鞭挞，同样血痕历历。它的深刻性在于告知后世：看待知识分子必须重大节轻末节，以雅量容之，否则湮灭的不仅是几个读书人的报国热情，而是一个群体所主持的"社会良心"。

《儒生与国运》还告诉我们：一个统治者要无愧于贤明二字，仅仅读懂知识分子的心是不够的，他必须审时度势，知人善任。享其用要有肚量；尽其才要有智慧，而且是高屋建瓴的政治大智慧。刘先生以盛唐为例，讲了一桩极具意味的事，他说：有一次，唐玄宗看见宰相姚崇走路有些瘸，便问他："脚有毛病吗？"姚答："臣没有足疾，却有腹心之患。"玄宗愿闻其详，姚崇便提出了"天下已定，宜益求纯朴经济之士"的建议。姚崇为什么这样说呢？刘先生总结道：在夺取权力的斗争中，重用"谲诡纵横"的士人，十分必要，而天下已定，需要建设的时候，"纯朴经济"的士人，应该成为国家委以重任的对象。道理很简单，"谲诡纵横之士，可与履危，不可得志"，让他们留在权力中枢，容易成为不稳定、不安全的因素。相反，"纯朴经济"之士，有建设国家的才能，却无个人的政治野心，在大局基本确定之后，他们可以垂范朝野，立功当代。姚崇本人就是一个"纯朴"的"经济之士"。开元四年，山东发生大规模的蝗灾，被迷信陋俗弄昏了头脑的老百姓，误以为蝗虫是"神虫"，不敢杀灭。眼见禾苗将为食尽，国家经济遭受重创，姚崇当机立断，上奏玄宗，称"蝗虫有赴火的习性，建议在夜间烧火，火边掘坑，蝗虫飞来，即被烧死，随即埋在坑里，这样定可除尽蝗虫"。当时，朝中有人反对这样做，生怕触怒神灵，撺掇得玄宗皇帝迟疑难决。姚崇谙于经济之道，深信遵循自然规律的道路不错，最后还是说服了玄宗，下旨灭蝗，从而使得蝗灾迅速得到控制，没有酿成巨祸。姚崇的才能由此得到印证，玄宗对他更加信用，"军国庶务，多访于崇"。可见，用人治世的政治智慧驾驭用人之道，这样的善任亦是一门不亚于知人的大学问。

当然，中国知识分子也有其先天不足的一面。《儒生与国运》没有回避这个问题，认为：中国知识分子"从开始形成的那天起，就由于没有独立的经济地位而成为统治者的依附体"，他们要生存，要发挥才能，实现自己的社会价值，"唯一的出路就是投靠或依附于统治阶级"，去朝廷做官。他们既不自主，又不自由，乃至"在任何历史时期，都不能成为一支独立的政治力量"，充其量也就是凭着根性与良心，做一个好官。而发挥作用的前提，尚须有一个好皇帝、好上司。一旦皇帝昏聩，上司奸邪，正直的读书人的命运便足可堪忧了。

于是,在统治者的淫威下,留意于"公""私"挚着程度的不同,禀赋根性厚薄的不同,社会道德责任强弱的不同,也使得知识分子队伍发生分化,出现了良莠不齐的状况。刘先生在书中有一段话将这种状况表述得很清晰,他说,"在封建一统的专制政治体制下,要想官运亨通,飞黄腾达,保住禄位,最大的秘诀,就是曲学阿世,善于对最高统治者阿谀逢迎。许多读书人出于书生秉直的本性,不懂或不会运用这种处世哲学,而因此命运坎坷,一生潦倒,或者遭受牢狱之灾,甚至送掉性命。血的教训也因此造就了封建体制下一群适者生存的儒生",即"曲学阿世之徒"。接着,刘先生在写了许许多多正面典型的同时,也写了不少出卖灵魂、奴颜媚骨的反面典型,尽管他们不能代表中国古代知识分子的主流,但作为先天根性上的不足,出现这样的悲哀也是必然的。不过,反过来想想,政治浊浪翻滚之际,为什么正直的知识分子屡遭不幸,那些出卖良心、奴颜媚骨之徒却能大获殊荣呢?恐怕根子还在统治者那里,上梁不正下梁歪,皇天幽冥,用人之道不出偏差才怪呢?

常言道:以铜为镜可以正衣冠,以古为镜可以知兴替。今天,中国的知识分子作为国家发展、社会进步的中坚,正在走出前世既定的怪圈,重铸新的人生。然而,传统并不像换件衣裳那样容易摆脱,历史的积淀、陈旧的观念、有缺陷的制度以及种种人治的因素,无时无刻地影响着领导者和知识分子本身,在如何造就培养社会新人、信任使用知识分子的大节上,存在着许多值得思考和亟待解决的问题。有鉴于此,现今当领导的,可以也应该抽出点时间翻一翻《儒生与国运》,它可以帮助你读懂中国知识分子这本"书",并在思考中反省前愆,清洁思想,改善作风,端正态度,进而把团结、帮助、培养、使用知识分子的这篇大文章做得更好。

(原载《党政论坛》1998年第10期)

永久追忆

刘修明：才华横溢的史学家

翁长松

我和刘修明先生相识于47年前1974年的上海社会科学院历史研究所。那年他34岁，是所里最年轻的研究人员，留在我脑海里的印象：修长身材，白质肤色，鼻梁上架着那副素色眼镜折射着一双睿智灵动的眼神，风度翩翩，文质彬彬，尽显文人本色。

1963年刘修明从复旦大学历史系毕业后，便进入历史所从事史学研究工作，一直到年龄退休，与历史所结下了不解之缘。他天赋极高，思路敏捷，又关心国家时势和变化，凭着聪明睿智，不久便在《解放日报》头版上发表了长文，《红旗》杂志紧接着转载了，这也充分展示了他长于撰文的才华。1969年初他被调入上海市委写作组历史组工作，同组有来自复旦大学的王守稼、许道勋、董进泉，历史研究所吴乾兑等人。历史组先在国际饭店对面上海图书馆（今上海市历史博物馆）老大楼东楼的2014室办公，后迁到了康平路182号7楼。"文化大革命"期间，他也常来历史所查阅史料，撰写上级交办的写作任务，比如《鲁迅批孔的资料汇编》及毛泽东晚年所阅古典文学"大字本"的注释工作。"文化大革命"结束后，他又回到历史研究所，从事科研工作。他凭借笔头快、能写的特长，接连在全国史学权威杂志《历史研究》上发表了《中国封建社会的典型性与长期延续原因》《两汉的历史转折》等三篇文章，接着又在《中国史研究》上发表了七八篇学术论文，这在当年的上海史学界是比较罕见的。因为这些论文主题围绕秦汉史，使得他在全国秦汉史研究领域的学术声誉越来越高，被选为中国秦汉史学会副会长。

刘修明是个才华横溢，能撰文又长于编纂的史学家，而且也是个为人真诚谦和、平易近人的学者。我和他一见如故，很谈得来，所以即使我离开历史所后，我们也是联络不断。在上海史学会开会或学术研讨会议上，都有碰头、交流及聊天。自他一度出任上海《社会科学报》常务副主编后,还多次邀我为他主编的报纸撰文,例如《〈诗经〉与服饰》(《社会科学报》1992年5月7日)等。这种友情直到我们先后退休后还不褪色,始终保持着。晚年我们碰头除在学术会议上外,还相约一起拜访史学前辈或老师,例如2012年12月29日下午,我们相约同去80余岁高龄的朱永嘉先生府上探访,重叙友情,交流读书和治史的心得。斗转星移,人生易老。近年来,因修明年事已高又患帕金森症,手脚不便了,好在他脑子依然清晰、思维敏捷,不忘读书和思考。所以晚年我们经常电话交流,除互相问候外,还推荐读经典。记得他曾向我推荐读冯友兰先生的《中国哲学简史》。冯友兰曾经书写一副对联以叙生平,联曰:"三史释今古,六书纪贞元。""三史"即《中国哲学史》《中国哲学简史》和《中国哲学史新编》,"六书"则是指在抗日战争时期"贞元之际"所著的6本书。从时间上来看,《中国哲学简史》成书于"贞元六书"之后,冯友兰的"新理学""新儒学"体系已经完成,而又在冯先生经受建国初期的动荡变迁之前,可以说是处于其一生哲学研究成就的巅峰时期。因而《中国哲学简史》也理所当然成为冯友兰流传最广、影响最大的著作。读了修明推荐的这部冯著哲学史,我仿佛在中国上下几千年的思想海洋中畅游了一番,耳边时时回荡着先哲对于事物的认知与表述,或睿智机辩,或哲理洋溢,令我获益匪浅。我们甚至还联手撰文,2019年10月7日合撰和发表了《董其昌其人其事》长文,很受好评。唐代著名史学理论家刘知几曾提出史学家必须具备"史才三长"的观点。所谓"史才三长",包括史才、史学、史识。所谓"史才",是指写史的能力;"史学"是指具有渊博的历史知识,掌握丰富的历史资料;"史识"是指对历史是非曲直的观察、鉴别和判断能力。我们可从刘修明撰写的著作和编纂的作品中窥见他的史学才华。现在让我接着来谈谈刘修明所撰写的史学成果吧!

他是史才和史识精湛、史学著作甚丰的史学家

1998年刘修明在《人生的路、探索的路》一文中,颇有感触地说:

> 社会人生的路,是不断探索、追求真理、造福人民的路。这就决定一个学者应该是安贫乐道的。心浮气躁、急功近利的人不能成为真正的学者。

只有能静得下心、坐得下来、联系实际、勤于思考、不赶浪潮、不求浮名的人,才算得上一个真正的学者。在商品大潮汹涌、社会分化剧烈导致学者心态不平衡时,强调这点,对一个学者也许不是多余的。如果说,建国初期学者的一本专著可以买一套不错的房子的话……那么,今天学者即使笔耕不止也不可能发财。学者这一职业注定必须付出多而回报少。即使有回报也是对社会的回报,对学术的贡献,对文化的积累。"安贫乐道"的"道"的追求和顿悟,是他真正的幸福和快乐。这使我想起隐居乡间的德国大哲学家康德和明清之际静思山村的大思想家王夫之,想起我们院里许多辛勤耕耘、不问报酬、不求闻达的俭朴的学者。他们没有名利的羁绊,不受利禄的诱惑,但他们不会丧失对国家、社会和民族的道德担当,也不会沉湎象牙之塔而忘却社会责任。"生有涯、知无涯"的认识论也使他们恰当地估量自己。即使著作等身,他也不会志得意满。因为他懂得在探索真理的大海边上,他至多只能拾得几颗彩贝。狂妄的自我标榜者没有资格成为学者。

言者心中,字字珠玑,反映出作为新时代学者刘修明感恩国家、感恩人民的高尚思想境界和崇高使命意识。他是这样说,也是这样做的。他长期挑灯苦读、刻苦钻研、埋头撰写,硕果累累,著作甚富。在我的印象中,他先后著有《雄才大略的汉武帝》《汉光武帝刘秀》《中国古代的饮茶与茶馆》《从崩溃到中兴——两汉的历史转折》《老子答客问》《儒生与国运》等多种,特别是后三种让我拍案叫绝,印象深刻。

刘修明所著《从崩溃到中兴——两汉的历史转折》(上海古籍出版社1989年版),是他赠我的第一种著作,也是一本很有特色的史学读物。用他自己的话说:"作者试图在继承和学习中外古今一切优秀著作优点的基础上,对中国古代社会的一个重要转折阶段——两汉之际的历史,从纵横两方面尽可能恢复它生动活泼的历史面貌,再现它壮阔、雄伟又曲折、坎坷的历史场面。"(第1页)同时,他又指出:"历史应当成为全民族的精神财富。唯其这样,才不致于使历史成为少数人醉心其中的象牙塔,也不是少数人研究'治术'或'权术'的教科书。当全民族的大多数人都自觉要求学习历史、了解历史并吸取历史经验、展望未来的时候,这个民族的现代化、科学化、民主化的进程就会加快。"(第5页)这段话不仅精准地展现了他研究历史的目的和意义,而且时过数十年也不过时,并与习近平总书记所倡导的学历史、学"四史"的指导思想极为吻合,可见刘修明也是个具有远见卓识的史学家。

早年我聆听过他讲授春秋战国百家争鸣的课，精彩纷呈，知晓他对这段历史了如指掌，很有研究，学术造诣极深。这从后来他的《老子答客问》（上海人民出版社1999年版）中，也可进一步领教和认识到了他的史识精湛。书中他以问答形式，巧妙地揭示了春秋时代思想家老子的种种疑点问题。比如，老子是什么年代的人？《老子》究竟是谁撰写的？这些问题在既往的我国史学界存在长期的争论，难以统一。现经刘修明多年深入研究和考证，基本揭开了谜底，形成了共识。书中他以老子的口吻答道："我（老子）是春秋时代的人，《老子》书是我在春秋晚期所写的书。说《老子》书不是我写的，而是战国时代别人整理的我的语录，那是一种假设。只要从《老子》书中包容的春秋时代的时代特色和其中所反映的社会内容来分析，就可推定它的时代。它是我的专著而不是后人的纂辑。"（第22、23页）他寥寥几句，幽默的口吻，巧妙地破解了这个难题。

当然刘修明留给我印象最深刻的著作当数《儒生与国运》。据他对我说："这本书是我用心最勤、下功夫最深、最有思想和学术价值的一本研究古代知识分子的专著。该书构思于1987年，十年磨一剑，直到1997年1月才由出版社正式出版。为了完成这本书的写作任务，多年来我闭门苦读，上下求索，收集史料，反复推敲，几乎花尽了我数十年学术研究的知识积累，洋洋洒洒地写出了这本58万字、展现中国古代知识分子和国家共命运波澜壮阔的历史巨著。"书出版后很受学术界的好评。2014年1月他又推出修订本，由花山文艺出版社出版。全书共6大章30个小章节。卷前有他2013年重阳节撰写的《自序》："这是一本有关中国古代知识分子的著作，又包含着为近现代知识分子寻'根'的意义。中国知识分子历史道路之悠长曲折以及他们的东方特色，在世界文化史上有一定的代表性。现实使人追溯历史，对尘封史籍的翻检又会反馈现实，引发历史与现实的共振和反思。中国有句老话叫'斯文一脉'，相当准确地表述了中国古今知识分子的内在联系。我的立足点和出发点是现实，归结于当代知识分子。"（《儒生与国运》，花山文艺出版社2014年版，首页）可知他撰写这本书，不仅是一项学术研究，更是一项富有现实政治意义的研究工作，力图通过对中国古代知识分子的剖析、研究，以及对发展轨迹的探索，尝试着为中国知识分子寻找出一条富有思想启迪的发展道路和处世做人的基本准则。认为中国知识分子从开始形成的那天起，由于没有独立的经济地位而成为统治阶级的依附体，但他们也是一个与时俱进，对世界、对社会、对人生不断做出积极探索，并伴随社会的变化而不断分化的活跃阶层和群体。

他以丰富和扎实的史料,以及优异的史识和严谨的文字,为我们展现了这个群体中的优秀分子代表的多彩形象,比如他不仅描绘了作为春秋末期第一位具有代表性的知识分子和儒家学派创始人孔子的"追求与挫折"、"理想与思想"和心系天下、忧国忧民的信念,还展现了他孜孜以求、"以教育使命终结余生"的思想教育家的人物风采。他在书中还常有不同凡响的史才和精湛见解,不仅阐明了儒家的学术思想,还为我们叙述和展示了儒者绝不是文弱书生,许多还是有血性和敢于担当的贤臣良将。他认为中国的知识分子理应成为国家和

《儒生与国运》书影

社会栋梁,南宋末年爱国者文天祥就是个"为天地立心,为生民立命",敢于担当的贤臣良将。

在读史热日灼一日的今天,人们也许并不需要更多新鲜的内容与素材,需要的是如何看待历史的新视角和新方法,需要考察和研究历史对现实的影响和启迪作用。修明在《儒生与国运》中就是以全新的视野,又糅合丰富的史料及史识,展示了中国古代知识分子的是非曲直、别样风采和历史沧桑。同时,《儒生与国运》也是他自己数十年中出版的个人史学著作中最珍爱的一种,更是他多年倡导"理论、历史、现实,三者一定要紧密结合"治史理念的代表性史学经典。古为今用,期望读者,尤其是广大的知识分子在读完此书后,能从中感悟和汲取历史的经验和教训,成为无产阶级民本思想的倡导者和实践者。

他是史学知识渊博、呕心沥血编纂史学经典的学者

刘修明是写作奇才,也是编纂高手。自 1990 年起他先后编纂完成了《封建末世的积淀和萌芽》《话说中国》《毛泽东晚年过眼诗文录》等多种。

记得他的好同事、好朋友、史学家王守稼先生英年早逝后不久,他对我说:"守稼是个很有才华的史学家,他英年早逝太可惜了。我再忙也要尽力收集好

他的作品和遗稿,为他编一本史学遗作,以告慰和纪念他。"他说到也做到了。1990年秋,当我迁入上海西区新居后不久,一天正在"书友斋"中夜读,突然电话铃响了!是修明打来的,他告诉我:"告诉您一个好消息!为王守稼编纂的《封建末世的积淀和萌芽》出版了!书中还请谭其骧先生作了《题辞》,又请顾廷龙先生挥毫为封面题了签。我手里留有几册,准备送一册给您,以作留念!"我如闻佳音、如沐春风,快乐地答道:"好,谢谢!"两天后,我收到了书,如饥似渴翻阅起来,该书为上海人民出版社1990年版。全书包括关于中国封建社会的周期性危机、封建硬壳的突破性试验、晚明江南知识分子和社会思潮等5个部分,是一本研究我国古代社会,尤其是明代社会和江南知识分子的力著。卷前有修明1990年2月撰写的"序言":"我和守稼相处近二十年,他的史学论文我读了很多。俗话说,文如其人,守稼似乎'文胜其人'。谦诚的微笑,朴实的语言,内向的性格,就是这样一位温文尔雅、含而不露的一介书生。他的文章字里行间饱含着一种对科学、对真理热情追求的信念,文字表现形式也有一种不同凡响的新风格,具有一种勇往直前的雄浑而又清新的气势。更重要的是,他对历史的发掘和创新,每每能从人所常见的材料中,得出别人没有得出又能为人信服的结论。在编辑、整理他的遗著时,我不时感受到他那睿智之见的启示,真像炎夏掠过额头的习习凉风,令人精神为之一振,不由得击节称赏。"修明以热情而真诚的语言,恰如其分地道出了他和王守稼的深情厚谊,也道出了王守稼是个具有"温文尔雅"文人秉性的学者。同时,当年王守稼也是我们学员学习写作的辅导老师之一,也是大家公认老师中的写作高手。记得1974年在上海社科院历史所与他相识时,他也才32岁,风华正茂,意气风发,剃着一个朴实的板式头,鼻梁上架着一副再普通不过的眼镜,透过镜片他那灵性的眼神,给人一种睿智、坚毅和富有知识分子风范的感觉。谭其骧教授称赞他:"王守稼同志温文尔雅,忠诚恳笃。治学博览慎思毋意毋必。一辈子与人为善,一辈子为钻研历史科学而勤苦学习述作。不问时势处境如何,不断地奋志于探索历史真实。在大学读书时代,就为老师所器重,同学所钦佩。工作二十余年来,著作数十万言,取材翔实,论证精核,为海内外许多知名史学家所一致肯定,这样一个具有卓越才学识、崇高的奉献精神的优秀知识分子代表人物,天不假年,竟以四十余岁,遽尔谢世,这是近年中国史学界的一大损失。"(王守稼著《封建末世的积淀和萌芽》,上海人民出版社1990年版,第1页)谭其骧是王守稼在复旦大学读书时的老师,老师对学生的这段评语,足以反映出王守稼文章的精彩和人格的魅力。守稼自幼好学，天资聪慧，勤于思考。大学时代，对明史的研究已初露头角。他读史勤奋扎实，每读古籍都会抄录资料和卡片，甚至不厌其烦地做好读书札记，为史学研究打下了扎实基础。守稼虽然走得有些早，令人惋惜，但足以告慰的是他的音容笑貌始终留在同仁和朋友们的心中。他的著作不算多，却篇篇有思想、有新意，绝不人云亦云，所以有一本精品作品存世也够了，也足以告慰人生了。

刘修明的作品在我脑海中印象深刻的还有他编纂的《毛泽东晚年过眼诗文录》。修明对我说过：1972年10月至1975年6月，他和上海的几位学者、专家，例如谭其骧、杨宽、王守稼、许道勋、董进泉、吴乾兑等，在党中央的要求下，按照毛泽东主席的布置和要求，校点和注释了一批古代历史文献，共计86篇，皆打印成大字本，直接呈送毛泽东主席。为了纪念毛泽东诞辰100周年，花山文艺出版社曾于1993年5月出版了《毛泽东晚年过眼诗文录》排印本。该书得以出版完全是刘修明策划和奔波努力的结果，他也颇以此为自豪，曾对我真情流露地说："回顾自己60余年的学术生涯，也出版了不少学术著作，然而让我最足以为荣和感到自豪的是为《毛泽东晚年过眼诗文录》出版做出了贡献。"确实如此。花山文艺出版社前任总编辑娄熙元2011年4月8日在《〈毛泽东晚年过眼诗文录〉印行记》中也坦言："认识了上海社会科学院院刊主编刘修明先生，才有了《毛泽东晚年过眼诗文录》一书的问世。"该书出版后，立即引起了社会各界的广泛关注，尤其受到一些老同志和国内外毛泽东研究者的重视。修明为此专门撰写了《从印制"大字本"古籍看毛泽东晚年的思想和心态》研究文章，阐述了毛泽东晚年的思想、心态和情感。他说前后近4年共86篇的大字本，按时期和内容划分，大致可分为三个阶段：1972年10月至1973年7月为历史传记借鉴期——这期间共选注了《晋书》《旧唐书》《三国志》《史记》《旧五代史》等史书中的23篇传记。另有屈原的《天问》、柳宗元的《天对》两篇古典哲学文献。从1973年8月5日至1974年7月为第二个阶段——这期间共选注了自先秦至近代的"法家著作"26篇，包括了《商君书》《韩非子》《荀子》和晁错、柳宗元、刘禹锡、王安石、李贽、王夫之、章炳麟等人的著作文。1974年5月10日至1975年6月14日为辞赋诗词阅读期——这期间共校点注释了包括庾信、谢庄、谢惠连、江淹、白居易、王安石、陆游、张孝祥、陈亮、辛弃疾、张元幹、蒋捷、萨都剌、洪皓、汤显祖等人的辞赋、诗词、散曲共35篇。这三个阶段大体相衔接，又有所区别。结合这三个阶段的历史背景，可以清楚地看到毛泽东在他生命的最后4年（不含1975年6月以后的一年多时间）中关注和思考的问题，当时某些政治行动和方针政策的

"历史触发点",以及他在黄昏岁月的复杂心态。

自《毛泽东晚年过眼诗文录》排印本出版 1 万册后,在较短的时间内便告售罄,所以花山文艺出版社 2008 年 6 月又出版了宣纸线装影印版的《毛泽东晚年过眼诗文录》(仅印 1 000 册)。我收藏的就是这套珍贵收藏本。全书装帧为"大字本"仿宋 16 开、玉版宣纸手工线装开本,共计 2 函 10 册本。高档礼品盒装

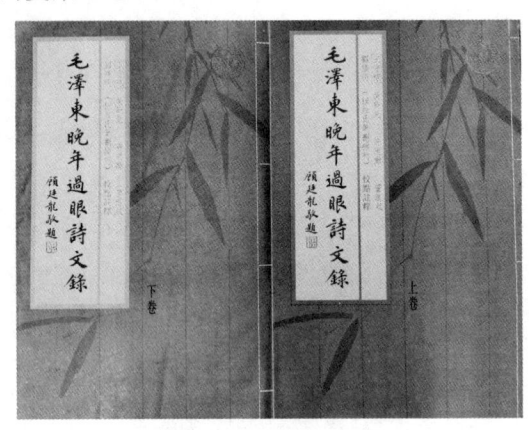

《毛泽东晚年过眼诗文录》书影

内附有该书"影印出版说明"及刘修明撰写的《前言》《〈毛泽东晚年过眼诗文录〉篇名总目时间表》《从印制"大字本"古籍看毛泽东晚年的思想和心态》《影印出版后记》等。在版权页"校点注释"中,注明:"(按姓氏笔画排列)王守稼、吴乾兑、许道勋、董进泉、刘修明,参加本书部分注释工作的还有:谭其骧、杨宽、王运熙、顾易生、章培恒、邹逸麟、王文楚、李霞芬、潘咸芳等。"遗憾的是那时参加校点、注释的学者谭其骧、王守稼、许道勋等先后逝世了。好在当年修明还健在,经他尽心努力,使该书得以出版问世,可谓功德无量,也是为逝去的学人、学友,做了件很具纪念价值的好事。至于说起这部书的价值,刘修明在《前言》中也作详尽而透彻的介绍,大致可归纳为五点:一、这套"大字本"是毛泽东亲自指定篇目,专供毛泽东本人阅读;二、"大字本"印数极少,一般只印 5～7 份,最多时不过 20 余份;三、"大字本"是毛泽东通过专门途径布置,在极为保密的状态和条件下,由上海的专家学者校点、注释完成的;四、"大字本"一些篇目前面有内容提要和作者简介,是按毛泽东的指示和意图写的,毛泽东针对一些篇目的注释,提出了自己与众不同的观点;五、"大字本"与毛泽东晚年关心和思考的一些重大政治、历史、现实问题,以及思想情感的活动轨迹密切相关。尤其是第五点,极为可贵,是研究毛泽东晚年思想和心态不可多得的珍贵文献。在这一点上修明在他 1994 年撰写发表的《从印制"大字本"古籍看毛泽东晚年的思想和心态》(见《当代中国史研究》1994 年第 2 期)长篇宏文中已作详尽又透彻、精辟又生动的阐述介绍,似乎无须我再赘言了。

当读完《毛泽东晚年过眼诗文录》后,却依然让我浮想联翩,难以释怀,不得

不承认毛泽东晚年在吸取中国古代的历史经验,为现实服务上是颇具匠心、独树一帜的。以政治家兼诗人的气质,通过阅读古人的史传、政论、辞赋、诗词、散曲等抒发自己的情怀和思想。所以联系当时的历史背景分析研究这些古典文献,可以在深层次上探讨"文化大革命"后期老人家的思想、心态和相关的许多问题。某种意义上可以说,"大字本"是研究晚年毛泽东的直接或间接的第一手材料。当这些文献和一位关系到中国前途和命运的伟大人物在特定历史时期的活动相联系时,其所包含的内容和意义,就超出了它们的本来价值和原有意义,而具有重要文献的价值。

行文至此,我有话要说:"感谢修明!"因为他的友情、慷慨,使我能成功地收藏了这套书。清楚记得修明得到样书后,就打电话通知我说:"长松,出版社给了我两套《毛泽东晚年过眼诗文录》,我知道您爱藏线装书,我决定将其中一套送您留念!""您的这套书我是喜欢和欣赏的,也想收藏,但我要出钱买!"接着他答道:"宝剑赠英雄,马鞍赠骏马,这套书送您是我心目中最合适人选,请不要推辞了!"我坚持要出钱购买。谁知不久他就派小儿子开着车将这套书送到我家里,让我难以推辞了。我感激不尽,也再次领教了他的友情和真诚。

修明始终是个富有时代使命感的史学家。记得20世纪后期,他对我说,新中国成立以来,我国史学界前辈已编纂出版了多种中国通史,为我国高校开展通史授课教育和普及中国史知识起到了积极作用。可综观当今有关中国历史文化的出版物,主要分为两类,一类是如同白寿彝《中国通史》这样的理论研究巨制,这是一种阐释精深、鞭辟入里的高端读物,它满足了专业历史研究者的需求;另一类如同20多年前出版的《上下五千年》这样的历史普及读物,它以通俗浅显的内容与形式,曾经获得了以青少年群体为主的读者的青睐。介于这两者之间,既立足学术,又着眼大众,具有现代意识和表现手段、能够符合广大读者需求的历史文化出版物,是一个空白。为此他根据时代的呼声和要求,立志要编纂一套符合广大读者需求的历史文化出版物。有志者事竟成,不久他应邀出任《话说中国》主编之职。他不畏艰辛,精心撰稿,严苛审阅,呕心沥血,历时8年从满头乌发到白发如霜,在孟世凯、许倬云、葛剑雄、朱瑞熙、陈高华、熊月之、杨善群、陈祖怀、程念祺、江建中、汤仁泽等一批史学专家参与和编撰下,胜利地完成了这项任务——《话说中国》由上海文艺出版社2005年4月出版问世了。这套16卷本大型历史通俗文化图书,展示了3 000多张历史图片,讲述了1 500多个故事,涉及的历史文化知识点7 500多个,总计4 800页。书中对我国各朝各代的社会、文化、经济都有涉及,非常全面。既有影响时代的事件和人物,也有经济、文化层面的有趣故事,可读性强,启迪心智,便于读者接受。《话说中国》出版后,专家学者、社会各界与广大读者好评如潮。中国史学会会长、教育部历史学教学指导委员会主任李文海评价说:"《话说中国》这套书很不错。全书的编辑意图很明确,就是要把中国的历史,比较准确地但又是非常生动地表达出来。而且其形式上很讲究、很精美,是一个精品。所以《话说中国》出现了这么一个现象,群众喜欢看,对于专家学者来讲,也是一个参考资料。在两方面都有它的作用,很了不起。"不久该书又被列入中宣部"民族精神史诗出版工程"。

《话说中国》之所以能受到读者好评和欢迎,关键是在内容上实现了三大突破:一是突破了以往大众历史读物主要讲述大历史事件、政治斗争、朝代更替、制度沿革等内容的局限,有细节、多方位、全面地展示中国历史。史学专家李文海教授说:历史要具体、生动,否则就没有生命力,没有价值。对历史细节内容的重视,使《话说中国》形成了依靠大量丰富的细节来调动读者阅读时的情感,带领读者在文化的传播和渗透中认祖归宗的鲜明特色。

刘修明主编《话说中国》书影

二是突破传统的历史观,及时将中国史学界新观点、新成果生动地加以反映。他们在编辑过程中强调不但要有现代意识,还要有科学意识;不但要参考已有的史料,还要及时收集新的信息。2003年春,陕西眉县杨家村出土了窖藏西周青铜器,其中一个四足附耳盘上的铭文达370多字,追述了文王至厉王12代周天子的业绩等,是建国以来出土的铭文最长的西周青铜重器。作者就及时地把这条信息补充进了《话说中国》,纠正了以前的一条不正确的判断,此举得到了西周史专家许倬云教授的高度评价。

三是突破了单一的叙事模式,以多种表现手法,多角度、全方位地展现历史生活。比如,在讲述赤壁大战时,就配有当时将领们的年龄表格,还有军队所用的战船模型图等。另外在许多细节上,也想办法进行知识拓展,如在页面左边,记录了故事发生的时间和中国发生的大事,而在右面相应位置,则告诉读者,世界当时发生了什么大事。通过中国和世界大事记的对比,展现出中国和世界文明比较发展的脉络,给读者提供了更宽阔的阅读视野。

《话说中国》的成功出版,对当今学术界同样具有深刻的启示作用。主编刘修明很有感触地谈道:"《话说中国》出来后,拿到样书的作者这才感到几年的辛苦没有白费。一部有巨大文化价值有创意的精品,让学者们通过'转规改制',为历史学回归人民做出了贡献。这比起评上教授职称,或者论文刊登于《历史研究》权威刊物,何尝不是学者的荣幸?"他此话也道出了参与《话说中国》编纂的学术同仁的共同感受,也是他数十年治史的理念和精神追求。刘修明的人生就是个能"静得下心、坐得下来、联系实际、勤于思考、不赶浪潮、不求浮名",心系国家和人民,对社会、对学术有卓越贡献的史学家。

春去秋来,人生苦短。刘修明先生于 2021 年 2 月 17 日驾鹤西去,享年 80 周岁,史学界失去了一位极具才华和影响力的学者,也使我失去了一位良师益友。俗话说:"雁过留声,人过留言。"他为我们留下的史著和数百万字的精彩文字,必然惠及后来,让人难以忘怀。

撰于 2021 年 3 月初

2013 年刘修明先生(左)与本文作者合影

忆修明，灵动生花笔一支

司徒伟智

悉修明兄逝世，悲从中来，静默良久，难以回神，虽说是缠绵病久，"挥手自兹去"也算一种解脱吧。

我是早就听闻修明兄的大名，仰慕久矣。但直到1973年新春，进入原上海市委写作组，才有机会拜识。我分到文艺组，在康平路。他们历史组，主要队伍原先在南京西路的上海图书馆，同年稍晚些时才搬过来的。那时交往还不多，只是为撰写《拉萨尔传》，我认真阅读、琢磨过他的《孔子传》，感觉很生动形象。对我后来的写作，是有帮助的。

到1976年暮春，我调往历史组，接触才多起来。非科班出身的我，只在念中学时发过一篇历史短论，还属"错误观点"（《廉贪有别》，载1966年3月21日《文汇报》)，再就是1975年编改历史组外围青年学员的一系列短文，资本就这点儿。感激几位饱识的师友不弃浅薄，热情接纳。但很快，十月惊雷，形势陡转，写作组成员都进入学习班。冷静下来反思，觉今是而昨非，大伙检查各自的既往文章，直至1978年学习班结束。王守稼、吴乾兑和刘修明去上海社科院历史所，董进泉到信息所，许道勋回复旦大学，丁凤麟和我进解放日报社，两位翻译阿姨潘咸芳、李霞芬（她俩和丁凤麟都没有文章债，不用检查，陪我们办班而已）各回上外和复旦。分手前，我们（加上友人）拍过一张合影，现仍在，今重睹，或可改用曹丕话语，王吴许刘"诸友俱逝，痛可言耶？"

好在，旧人新传，在改革开放新时期，在各自的工作岗位，我们又都振奋精神，做出成绩。成绩有大小，惭愧，我是特小。修明学识渊博兼文采斐然，就大了。一些大书的主编，重要座谈的发言，历史剧的顾问，都曾虚位以请。记得30年前报社理论部举办"九十年代上海人"专题讨论会，受邀专家系各方推荐，计有袁恩祯、李君如、厉无畏、黄奇帆、邓伟志、俞吾金、王新奎、夏禹龙等，均一时

刘修明先生后排居中,笔者后排右二

之选,其中又有我们的修明!"忆昔午桥桥上饮,坐中多是豪英"(陈与义词),我与会旁听,为老友欣慰,感觉是与有荣焉。

以丰厚的历史为垫足石,俯视面就阔,看问题就深。"上海是一座移民城市","查一查上海居民来源,至少八成是上一代或再上一代的移民,歧视农民工没道理",他说透了。上海民众的精神文化既有纵向继承,又有横向影响。"上海处于长江三角洲'弓'的中间,各地人都往上海跑,各种观念首先在上海碰撞,历史的发展使上海人形成自己的特点:'容纳、吸收、总汇、开拓'。这是历史积淀给上海的精神财富,应该在新的历史条件下发扬。"(载《解放日报》1991年12月30日)好个历史学家,操一口乡音难泯的普通话,论点论据,抽象形象,侃侃而谈,每一回都赢得众人赞许。

不消说,欲论他的学术成就和地位,轮不到外行如我置喙。却是想到另一个话域,即把历史诠释得灵动漂亮,引人入胜——这其实也是修明突出的长处,是吗?

作为读者、编辑,我特别欣赏他的一种努力,即他多次跟我说起,极认真的:"历史是最丰富的,我们何必写成孤零零几根筋呢?我想做一点还原的工作,让书上的历史像过往的历史一样丰富多彩。"曾几何时,五彩缤纷、变化无穷的历史啊,一落入我们某些史论、史书,就立地走样变形——满足于高度抽象的教科书式的论述,自以为完成了规律性讲解,结果却是满纸枯燥、干巴、面貌可憎,受众阅读的感觉、吸收的效果都大打折扣。修明认准了,想突破,他真做到了。譬如为给他的《从崩溃到中兴——两汉的历史转折》(上海古籍出版社 1989 年版)写书评,我通读了书稿清样,扑面而来的,是一股新颖的讲述和阐释风气。在这部纵论由西汉王朝崩溃到东汉王朝勃兴的断代史著中,"中兴之主"光武帝刘秀及其团队的系列措施是关键唱段。刘氏再创,敢作敢为,前史多载,不算稀罕,但是人有我特,特在观点,且特在表达。例子实多,可信手拈来,如写光武帝是怎样迥别于那班粗鲁的农民军首领:"在群雄纷扰、旌旗乱野的征战环境下,只要有时间,刘秀就投戈讲艺,息马论道,认真读书。读书学习,对这个当年长安城中才高识远的太学生,不啻是最好的调剂与休息。"又如写光武的新政机构将会特别重视关注文化宣传教育:"刘秀的车驾进入洛阳城。洛阳市民万人空巷出来观看浩浩荡荡的入城大军。他们惊异地注意到,在络绎不绝、威武雄壮的队伍中,竟有两千多辆装载着经牒秘书竹帛的马车。"

字里行间,诸如此类的表达,看得出来,意在减少抽象、避免简化,尽量地具体描写、见诸形象。诚然,表达属于形式,内容统辖形式。但是,形式也会反过来影响内容,会促成人物立体化,意义凸显化。欣喜之余,我写书评《史笔与文笔》(载1989年8月12日《解放日报》)抒发读后感:"两年前听说他着手写作《从崩溃到中兴》,我当然希望他成功,不过确也有点担心他能否成功。不是担心他在论点上站不站得住脚,因为他对两汉的研究已是轻车熟路;而是担心究竟能否在'还原历史'即表现形式丰富多彩上有一番新意。也正是后一方面,我以为在目前的史学界亟待重视。孰料修明先生今日送来该书排定的样稿,粗读一遍,殊觉可喜!人物的刻画、场景的描写,给人一种身临其境的真实感。寓结论于叙述之中,熔史实考辨和理论判断为一体,处处读来津津有味,一点没有枯燥感。"

作史不易。一名史学家,临纸动笔,既要无一字无来历,又要无一处不生动,两相结合才是上乘,才叫良史。史笔与文笔,求实与灵动,质言之,学术探求与艺术表达,修明恰是兼擅胜场。而且还为此种兼擅的写作模式溯源,即《从崩溃到中兴·自序》所言:"我是有意识、有选择地吸取了祖国史学名著《左传》、《史记》、《资治通鉴》和国外古今许多历史名著的写法,通过有血有肉、有'虚'有实、

《从崩溃到中兴》书影

有人物形象、有历史场景、文史结合等写法,具体形象地阐述这一转折时期的历史发展的必然性和规律性。"原来,一支灵动生花笔,岂是石头蹦出,实属渊源有自,系左丘明、司马迁、司马光的先哲真传!我们是在创新,却又是承古,我们背靠大树,紧靠着雄伟的民族文化优秀传统。他就这样,让我们平添底气,涌起自信。

自信之来,在于传统绵延不绝,有先哲,又有近贤。前几年,读到蓝英年撰文忆及郑佩欣如此比较史学家文字功力:史学界以翦伯赞的文字最好,著作易于流传,有的史学家功力深厚,材料扎实,观点新颖,但文字不太好,是很吃亏的。(载《悦读》丛刊)颔首之余,马上联想到从前修明和大伙聊天,也屡次涉及翦伯赞,最佩服翦老注重学术与艺术的统一。一篇《内蒙访古》,当年从历史所图书馆借来后诸同事相互传看,如今一晃近半个世纪,仍作为语文教材在课堂上琅琅诵读哩!可见审美效应于史著传播之巨大影响力。

一支灵动生花笔,突破史料堆砌、语言呆板的文风,我想其意义不仅近在中国,也远播海外。因为欧美学人,大洋彼岸,史学专著的文风也没好到哪里去,未能免俗来着。唐德刚在《晚清七十年·自序》里叹息过:"学术文章,不一定必须行文枯涩。言而有据,也不一定要句句加注,以自炫博学。美国文史学界因受自然科学治学方法之影响,社会科学之著述亦多佶屈聱牙,每难卒读。治史者固不必如是也。笔者在作博士生时代,对此美国时尚即深具反感,然人微言轻,在洋科场中,作老童生又何敢造反?"不敢公开批评,但腹诽阵阵,是不免的:"笔者嗣读此邦师生之汉学论文,其中每有浅薄荒谬之作有难言者,然所列注疏笺证洋洋大观焉。时为之掷卷叹息,叹洋科举中之流弊不下于中国之八股也,夫复何言?!"中外学术之流弊,似有灵犀一点通。唯此,反对佶屈聱牙,扫除繁琐冗长,力倡生动清新文风,竟是具有一层世界意义。

"你对诠释历史的生动形象写法如此赞誉,那么现在摊头上'戏说''乱谈'之类好看的历史书多起来了,二者区分何在?"需要好看,又需要不止于好看。这里,楚河汉界,了了分明。只消一问:那些惊艳猎奇、光怪陆离的书刊,下过认真研究功夫,经得起史籍检验吗?听听修明在序言里阐释《从崩溃到中兴》写作规则时说的:"历史必须以事实为根据,不允许小说家的想象。可读性、形象化,必须建立在科学和事实的基础上。"

一支灵动生花笔,第一要义即科学性。你没见那笔端,长年流泻出"科学地探索+艺术地表达"的辛勤血汗!

(原载《炎黄子孙》2022 年第 1 期,2022 年 3 月 31 日)

永怀刘修明老师

马　军

今年2月19日入夜，酒后归家的我突然看到了潇江兄发来的微信，得知其父刘修明先生已于2月17日（大年初六）因肺炎而离世。我不禁泣不成声，"历史研究所的老人又走了一位，哎呀，我还有很多问题没有问他呢……"潇江兄又告知：因春节期间不便广而告之，所以遗体已经火化，与之相伴的是父亲的两部著作《儒生与国运》和《老子答客问》。

刘修明老师，1940年生，原籍江苏滨海，九三学社社员。1963年从复旦大学历史系毕业后分配到上海社会科学院历史研究所，1991年被评为研究员，2000年退休。曾任《史林》副主编、《社会科学报》常务副主编、中国秦汉史研究会副会长，主要从事中国古代史、秦汉史和史学理论研究。

我第一次见到刘老师是在1992年年底的某天，那时我入历史研究所不久，本所的世界史研究室即将转隶淮海中路的院部，所里便假田林路2号4楼的新闻研究所会议室召开欢送会。在李华兴常务副所长、潘光室主任、方诗铭先生发言之后，一位身材挺拔、身着蓝色滑雪衫的中年学者风尘仆仆赶到会场，他有一句话我至今记忆犹新，"历史所独自在外，现在院里有人把历史所称为社科院的西伯利亚……"旁人告知，这位是刘修明老师，原来在本所搞古代史研究，现在调到了院部的《社会科学报》编辑部当副主编。

不久后，刘老师又调回了历史研究所，按其本人的说法：新闻行业责任重，节奏快，尤其是每次签字付印时，心理压力很大，以致自己的血压直线上升，不得不又回到所里来了。他有一次告诉我，他的高血压病是原发性的，从29岁时就查出来了。我还听闻，由于是业务上的佼佼者，他也是在那一时期被选派、借调到了"文化大革命"时的上海市委写作组。不过按他本人的解释是，"那只是外围而已，不知内情的人以为我们是'四人帮'爪牙，其实我连张春桥也没见过",而且"那时写文章没有稿费,发几本笔记本而已"。

"文化大革命"结束以后,刘老师重回历史研究所继续专注于秦汉史研究。我1992年进所工作时,曾偶然间在学术秘书室读到过他的一部专著《从崩溃到中兴——两汉的历史转折》(上海古籍出版社1989年版),立刻被他强烈的史感和明晰的文笔所吸引,印象最深的是绿林军攻进新莽朝廷的短兵鏖战,写得真是惊心动魄!那一时期,我还聆听过刘老师在所里的两次学术报告。一次大约在1993年的5月间,当时学界正忙于纪念毛泽东诞辰100周年,刘老师就他整理出版的《毛泽东晚年过眼诗文录》(花山文艺出版社1993年版)发表了介绍性的讲话,记得他的大意的是:对毛泽东晚年的问题和错误,与其归咎于他个人,不如从中国这个东方古老国家的历史发展中去寻找原因。还有一次,是他就美籍德裔汉学家魏特夫(K. A. Wittfogel)关于"中国古代社会是一个治水社会"的观点,专门发表了自己批评性的见解。总之,在我的印象中,刘修明老师是一位治学至正、功力深厚的父辈学者,而且向有"才子"之誉。

在日常的谋面交谈中,在单位组织的若干次旅游、疗养中,刘老师让众人最能感知的就是他的亲和力,他自己是一位学富五车的大学者,但无论对同事或晚辈,无论对科研人员还是行政人员,都一贯平易待人,没有一点架子,完全一介平民的样貌。记得有一次他甚至告诉我,自己的母亲是一个纺织女工,母亲有个小姐妹,曾将自己的女儿介绍给他做女朋友,但该女最终还是嫌他是个穷书生而另攀了高枝。"为此,自己痛苦了好一阵子。"刘老师讲这番话的时候,正值读书无用论,尤其是读历史书无用论盛行之时,其中的落寞感颇能引起我的些许共鸣。还有一次,他谈到了自己的名字"刘修明",说在"文化大革命"中"修"字常被人戏谑地与"苏修"联在一起。

书生不忘忧国忧民,平日里刘老师常喜谈国事、政事,对社会上的不平现象,多有批评和忧叹之言。我猜想,这恐怕与他治秦汉史有关,那是中国传统时代基本理念和国家秩序的成型时期,离不开对天、君、民等大命题的深切关怀。

我曾因缘际会两次到刘老师位于长寿路桥附近的寓所拜访。第一次是在1992年入所不久,作为学术秘书给他送去评审材料。进屋后,他邀我入座稍谈,很随和地与我这个毛头小伙聊起家常。一室一厅的房间内,两侧放置着五六个书橱,记得每排书架的空隙处放满了各类的小型工艺品,尤以茶壶居多。第二次大概是在五六年以后,其时刘老师研究中国古代知识分子的倾力之作《儒生与国运》（浙江人民出版社1997年版）已经出版，刘老师向我表示，自己的身体和视力都不行了，以后不准备搞（学术）了，以养身体为主。谈毕，他将我送至了车站。以后，他长期寄情山水，以茶为乐，即出于此。

1995—1998年，我在本院研究生部攻读在职研究生，同学之中有刘老师的长公子刘潇江君。潇江攻读的是法律学，志趣、性格与其父迥异，唯身材、长相倒是相像。潇江还曾引其弟潇春前来游玩，潇春身材中等，不似其兄高挑。20多年过去，如今的刘氏兄弟均已事业大成。我不禁感叹，刘修明老师青灯黄卷，辛勤一生，福报都在儿子身上了。

顺便一提的是，读研究生时刘老师有一次曾示意我："马军，你们是同学，刘潇江有什么'活动'，你要向我报告啊。"我笑而不答。后来我才知道，刘老师对他人宽，对自己的儿子是很严的。

……

去年10月某日，我在微信朋友圈里看到翁长松先生晒出了一张他去徐汇区中心医院探望刘修明老师的照片：翁氏与卧床的刘老师紧紧握手。几日后，我亦循路前往探望。刘老师已长住该医院有年，虽然坐着轮椅，人见老见瘦，但谈吐、听力均不成问题。尽管有五六年未见了，但他一下子就认出了我。寒暄之后，我们谈了约20分钟，我询问了他一些有关本所所史的问题，特别谈到了以前的副所长徐崙先生，他说："徐崙是'文化大革命'前所里发表文章最多的人。"刘老师同意我的看法：今天的历史研究所，是历史上的历史研究所的延续，对所史要好好总结。我请他多多保重身体，以后寻机再谈。

当然，此时此刻的我完全明白，这样的机会以后是不会再有了！

这么多年来，相较于所内其他前辈，刘修明老师给我多添了一份亲切感。我想，除了他朴实的个性外，恐怕还有其他一些因素，那就是我们都是平民子弟（其母是纺织女工，而家母是电梯女工），而且从复旦大学历史系毕业后，一直都在上海社会科学院历史研究所服务。这些或许是我们两人的相似之处，但不太相似的是，他的学术成就令我望尘莫及。他在20世纪的八九十年代，以没有休息日的工作热情，日录夜作，竭力想补回"文化大革命"中丧失的时光，从而迸发出极高的学术活力。最近，我在编纂他的成果目录时发现，他的发文之多，尤其是高级刊物用稿之多，远远超过了我的预料。特别是在1980年代上半期，几乎年年要发表十几篇论文、文章。在那个手写的时代，他实在是太辛苦了。

前一段时间，与潇江兄谈及其父，潇江不无遗憾地表示，在父亲生前，自己几乎没有好好读过他的文章,我遂喃喃地应道:"虽然令尊走了,但他的文章和书都在,以后你可以在字——里——行——间——再——见——到——他。"

对我来说,又何尝不是这样呢!以往我读的刘老师的书太少了,也没有机会多聆听他的讲课,以后亦只能在字里行间重新拜会他了。当然,我还有另一个途径,那就是在潇江兄的举止和声音之中,常让我感知有刘老师的风采蕴含其中,毕竟父子连心。

潇江兄有一子,在伦敦大学大学学院留学,据说其专业与历史学有关,刘老师曾为此甚感欣慰。

撰于 2021 年 4 月 11 日

(原载马军著《故纸与往事——上海社会科学院历史研究所所史文论集》,上海人民出版社 2022 年版)

我认识的刘修明先生

张剑光

昨天早晨读马军教授为刘修明先生的论著所作的编年。马军兄谈到因为工作单位在社科院，所以刘修明先生没有入门学生，人在今年早些时候过世了，但没有人为他的学术做点整理。有感于此，马军兄为他的各类文章按时间先后做了个编年。刘修明先生的文章数量很多，而且质量很高。20世纪80年代初期就在《历史研究》《中国史研究》上发表了多篇论文，很有影响力，人大复印资料、《新华文摘》转摘了很多，包括我们的高校文摘，也摘过他的文章。

马军兄说他做的论著编年收录的可能不够全，还会有漏。看到这里，我马上翻到1999年，主要是看刘修明先生为《中国太湖史》作的序言有没有收录。一看果真没有，于是就在公众号上留了个言，后来觉得马军兄不一定会看见，于是找出《中国太湖史》上册，拍了几张照片。因为我没有马军兄的微信，于是将照片发给蒋杰，托他转给马军兄。

《中国太湖史》上的前言是刘修明先生写的，题为《太湖流域历史发展的轨迹、特点和规律》，共33页，算字数约有2.5万字左右，对历史上太湖地区发展的条件和轨迹，发展的三个特点，发展的规律作了高屋建瓴的总体论述。此书出版于1999年，由中华书局出版，主编是宗菊如、周解清。在参与写作的过程中，我认识了刘修明先生。

这本书其实最初是无锡教育学院太湖史研究所吕锡生先生他们搞的一个集体项目，吕锡生先生和我们所的顾吉辰老师关系特别好，所以具体各章写作的人员大都是顾吉辰老师邀请的，以上海地区的居多。当时各章请了不少名家参与，如魏晋南北朝的是华东师大的刘精诚先生和江苏社科院的郭黎安先生，原始社会是苏州大学的程德祺先生，等等。我加入写作，纯是偶然，因为原定写作隋唐五代章的是《学术月刊》编辑部的乔宗传先生，由于身体欠佳而退出了，所以顾吉辰老师问我是否能接下来？由于我当时刚写过一篇唐代环太湖地区经济发展的论文，虽然没有发表出来，但觉得对资料有点把握，就答应了下来。顾老师说知道我写作动作很快，所以半路上加入编写，他认为完全来得及，提纲全由我定，不必按乔宗传原来列的。其次，他说参与编写的部分老师之前去过无锡一次，无锡市的领导十分重视，亲自出场鼓气，招待得很好，还拿了一笔费用，好像是一人2 000元。其实我对钱并没有多少兴趣，只是觉得独力承担一章，这是很有吸引力的，因为这之前我还没有出版过专著。

不久，写作的部分人员在我们学校桃李居聚了一次，主要是无锡来了个宣传部副部长，他兼《无锡日报》主编，一同来的是社科联副主席黄胜平，上海的学者大多出席了。我当时刚任古籍所副所长，所以黄胜平老师来敬酒时就直接叫我张所长，弄得我有点不太自在。聚会上，认识了社科院的几位老师，刘修明先生也来了，但因为是第一次见面，只是礼节性地点头示意。不过我觉得他长得很儒雅，很有风度，人挺拔，讲话有水平，很有气场，我这样的猥琐型小青年，在他面前简直有点抬不起头的样子。

过了一段时间，我们又来到了太湖边《无锡日报》记者站的一幢二层楼里，四周全是农田。当然来去的路上，刘修明先生，以及孟彭兴、吴刚、许映湖，以及市委党校的严桂林，我们都是坐在一起同行。记得党校还有陶柏康，说是我们学校历史系77级的，反正觉得很脸熟的。去的时候，我记得和刘修明、吴刚话说得最多。我是小青年一个，他们都是高我一辈的成名学者，所以说话都是没有顾忌，谈到这本《中国太湖史》，谈到社科院历史所，谈到其他的学术八卦，反正我主要是听，说得很少，他们也没有多少兴趣听我们上师大的事情。一路上我的感觉，刘修明先生很有风度，虽然对很多事情他都加以评论，但讲话留有分寸，并不过激。和我说话的时候并不是高高在上的样子，比较容易倾听别人的说话，脸上一直是笑眯眯的，我当时心里的评价是有大将风度。

后来听顾老师说，他和刘修明先生是在复旦的同学，但刘修明好像比他高一二级。顾老师的脾气是天不怕地不怕的，他自己发表了很多文章，所以对学者，他常是以水平论高低的，但说到刘修明，他说刘的水平很高，很会写文章，写出的文章很有水平，是国内秦汉史的名家。所以在组织《中国太湖史》编写人员时，顾老师一定要让刘修明先生写序言，说只有他才能胜任这个序。顾老师也是挺傲的一个人，但对刘修明是佩服得一塌糊涂。虽然我从没看过刘修明先生的文章，听了顾老师的话，也对刘修明先生渐生钦佩起来了。

在无锡，主编宗菊如来了，他当时是政协副主席，此人很有领导风范，讲话时的节奏掌握得很好，说的话也比较中听，既督促大家抓紧完稿，又让宣传部为我们提供方便。《无锡日报》的主编这次成了配角，没说多少，倒是黄胜平说了一通，而我们上海的主要是刘修明先生说了一些话。具体内容早就忘了，反正是说写作中应该把握住的一些基本问题，还牵涉到分工中的一些问题。不过这一次无锡给我们的吃喝和上一次大概差别很大，主要是以农家菜为主，就像家里自己平时烧的一样，有个猪脚爪炖萝卜我记得很牢，因为这是最好吃的一道菜，记得孟彭兴先生说："我家里也能烧这个菜，把我们召到无锡干吗？"是啊，我当时也这样想。

《中国太湖史》后来我们都是赶在时间节点前完成的，书经过校对一次后于1999年正式出版。

编《中国太湖史》结束后，我到社科院去过一次，我也忘了当时去是为了什么事。来到了田林路和柳州路交界的历史所，见到了孟彭兴和刘修明先生。孟彭兴先生当时拿到新出的《史林》在欣赏不停，和我打个招呼后忙自己的事情去了，刘修明先生和我说了一通编书的内幕。因为我是晚加入写作的，之前也没有到无锡去，也没有提前拿钱。待写好后，按多少元1 000字，最后拿了好像是4 000元稿费，心里也挺满足的，因为这笔钱相当于两三个月的工资呢。刘修明先生给我说，之前各人拿的钱，顾老师转达无锡的说法是预支的稿费。刘修明认为既然是稿费，你提前给我们干吗？干脆说说清楚到最后结算就可以了。他说他的一个序言，算下来还不到2 000元，所以后来写了这么长一篇序言，最后一分钱的稿费也没有了。所以他说顾吉辰硬拉着我写这个，要不是看在复旦同学的面上，这事我要骂他了。我说是这样啊，不过顾老师也是没办法，无锡这样算，顾老师也只能这样转达。以前他大概也是认为2 000元是给大家的辛苦费，和稿费没有关系的。刘修明先生说，顾吉辰是拉我们参加写作的，不看在他的面子上我才不会接这种活。不过说归说，刘修明先生也就不当回事了。这事谈毕，他和我聊到其他的问题上去了，还是把我当作后辈的小青年学者看待，有说有笑。

和刘老师的最后一次碰头，好像是2003年还是2004年。闸北区的卢祺义先生给我写信，说是看到过我写过一篇关于茶叶的小文章，邀我参加茶文化的会议。记得在闸北区召开的那个会议上，我有点意外见到了两个人，一是江西的陈文华；另一个是刘修明先生。陈文华先生主编的《农业考古》是刊发我那篇小文章的杂志。当时和他说了一些话，谈到了我的一位同学，也是对茶特别有兴趣。见到刘修明先生，真有点没想到，因为我不知道他对茶叶是很有研究的。我只了解他是著名的秦汉史专家，因此和地方上的茶文化爱好者混在一起，著名学者是来错地方了。当时还和他谈到顾吉辰老师，他笑着说这事心里有气，但不会记在心里，不过和顾老师很长时间没有联系了。因为中间休息的时间不长，就没有谈得太深。今天在马军兄编的目录中，才知道刘修明先生21世纪后写了不少关于茶叶的文章，他是人家请的权威，倒是我才真正是胡乱凑了一篇文章去混会的。

昨天有朋友对我说，没想到刘修明先生的文章这么多，从没想到上海社科院古代史有这样厉害的学者。我对他说社科院古代史我见识过的厉害的人很多，刘修明先生是他们中间的一位。他是我真正仰望的有思想境界的一位古代史学者！

撰于 2021 年 10 月上旬

（原载 https://weibo.com/ttarticle/p/show?id=2309404689591302226241）

谈修明兄

杨善群

　　研究员、原《史林》副主编、《话说中国》主编刘修明，是我在学术研究中关系最密切的同室好友。他不但学识渊博、成绩斐然，而且重情义，乐于助人。他的老同学、同事、好友王守稼英年早逝，令人惋惜。为把守稼的遗作搜集成书，整理出版，他忙碌奔波，到上海人民出版社联系，终于实现了朋友的遗愿。我从大西北回到上海，关系不熟，他也热情帮助，曾介绍我为上海人民出版社撰写《孙子答客问》，又推荐我为上海古籍出版社校补《秦会要》。选择《话说中国》的撰稿人，他首先想到的就是我。浙江人民出版社有一项《中国文史百科》的大工程，由刘修明担任编委，他又邀集我们一起撰写。

　　由于修明兄如此热心，为大家介绍撰著工作，与本室研究人员关系融洽。上海古籍出版社要出版一套生动有趣、雅俗共赏，如《万历十五年》那样的历史著作，修明得此消息后也主动邀请我一起参加。这是一个很能出成果、造就人才的计划。我当时报的选题是《周公东征》，可惜因为后来要写《中国思想家评传丛书》中的《孙子评传》，这部书的写作就中途搁浅了。

　　修明兄写过许多古代史著作，对茶文化也深有研究。他每出版一部著作，都要赠我一本，并亲笔题词。他用功最勤、分量最重的一部力作是《儒生与国运》，写知识分子在历史上各个时期的遭遇和作用。这里有他的思想和感慨，寄托着他的理想和希望。修明编纂的另一部重要文献是《毛泽东晚年过眼诗文录》，这是他对史学界的又一重大贡献。这部书装帧考究，是研究毛泽东晚年思想极重要的历史资料，定价1 680元。这样一部珍贵的图书，他向出版社联系，也送了我一部，原因是我父亲也曾参加过这部书的校点工作。同时，他还把这部书寄给谭其骧之子收藏。由此不但可见他对历史重任的担当，更可见他高尚的为人和品格。

（摘自杨善群:《学术生命赖以依托的大树——为庆祝历史所成立60周年而作》,原载上海社会科学院历史研究所编《史苑往事:上海社会科学院历史研究所成立60周年纪念文集》,上海社会科学院出版社2016年版）

怀念我的父亲

刘潇江

今天是父亲去世一周年的日子，感谢这场追思会，感谢各位前辈、老师能够参加，特别感谢我的硕士同学马军先生，为召集会议、编纂纪念册，倾注了大量的精力。

去年的今天，此时此刻，我和弟弟坐在徐汇区中心医院ICU病房门口。我们的感觉很不好，父亲可能撑不住了，他终于要走了。

7年来，父亲饱受帕金森症的困扰，最后两年生活不能自理，长期卧床，大部分时间是在医院度过的。2021年2月8日，因为肠梗阻，引发高烧不退，继而造成呼吸系统与循环系统衰竭。最后三天，父亲一直处于昏迷之中，医生说他没有经历太大的痛苦。

父亲在陷入昏迷以前，已经说不出话了，但神志还清晰，他拉着我和母亲的手，写了一个字——"死"。

我明白父亲的意思：卧床不起的无奈，他已经受够了；给母亲造成的痛苦，应该结束了；开胸插管、靠呼吸机延长生命的挣扎，他不愿再经历了。

在ICU病房，我签了承诺书，明确放弃电击、插管、呼吸机等抢救手段，让他走吧，这是父亲最后的要求，也是读书人的体面。

父亲走的时候，正值大年初六，我们没有通知单位，也没有联系亲朋好友，参加葬礼的只限家人。没有悼词，没有啜泣，只有李斯特的安魂曲，寄托哀思，那是远在伦敦的孙子，专门为爷爷的离世而录制的钢琴曲。

回想大年初一，孙子从伦敦给爷爷送来新年祝福，视频中，他为爷爷弹奏了舒曼的《童年情景》，祝爷爷早日康复，健康长寿。母亲说，父亲在昏迷以前，反复在看这段视频，满脸的幸福和慈祥。

父亲退休后，在苏州太湖西山岛的明月湾古村住了13年，所以，我跟母亲将他的墓地选在西山岛的名流陵园,正南,面朝太湖,春暖花开的时节,很美。冬至落葬那天,弟弟告诉我,十几年前,他和父亲曾经来过这里,不是选墓地,而是来拍照。父亲说这里的风景很好,是太湖最美的地方。没想到,十几年后,父亲也长眠于此,真是"日月见光华,托体同山阿!"

我是1972年出生,1999年结婚的,其间我跟父亲共同生活了28年。我没有读过父亲的论文,也没认真读过他的书。在我的印象里,父亲是个穷人,我还记得20世纪80年代,他穿着打补丁的中山装,被我的小学老师叫到办公室的情形;父亲是个勤奋的人,母亲时常对我提起,寒冷的冬夜,他披着棉袄在破旧的写字台上奋笔疾书的样子;父亲是个骄傲的人,他经常洋洋自得地在我和弟弟面前"吹嘘"他在《历史研究》上发表了多少篇论文;父亲是个直率的人,退休前几年,他老是自叹"刘郎才尽",再也写不出上品的学术著作。我认为他最快乐的时光是在退休后的十几年里,采茶读书,含饴弄孙,那真是一段阳光灿烂的日子。

关于我的父亲,我还想说的是:小的时候,父亲是家里的绝对权威,说一不二的独裁者;长大以后,父亲走下神坛,看着我们小马奔腾,满心欢喜;晚年的父亲变得小心翼翼,谨言慎行,生怕因为自己的无心之失而让马儿受了惊。这些年来,父亲躲在一旁,偷偷地看护着自己的孩子们。这样的情景,大概就是父爱如山吧。

我就说到这里,谢谢大家!

2022年2月17日

"将一生与历史学和历史研究所紧紧地连在一起"

——刘修明研究员逝世一周年追思会记述

江文君

2022年2月17日,刘修明研究员逝世一周年追思会在上海社会科学院历史研究所大会议室举行。首先,由追思会的发起人马军研究员发言,他高度褒扬了刘修明先生的学术业绩。他说道:

> 刘修明先生在去年的2月17日因病离世,今天是他的周年祭。他自1963年从复旦大学历史系毕业后,直至2000年退休,始终在上海社会科学院历史研究所服务。其间,他勤奋钻研,成果极为丰硕,在中国古代史研究领域,尤其是先秦史领域,享有很高的声誉,是他那一代人中的佼佼者。他为人内敛,即使离去之后,按照其遗愿,也没有举行追悼会或告别仪式,而是很快火化,不愿给众人添麻烦。但是,我们这些他昔日的挚友、同事、晚辈和读者,总是想着能尽可能多地、尽可能长地把他留住,所以便有了今天的追思会。对我们历史研究所来说,首先不仅同人获奖是非常重要的,不仅成果的出版是非常重要的,而且老同人的离世也是非常重要的。特别是像刘先生那样,把一生都献给了历史所的资深学者,这更是一件极为重要的事,所以我们要在这里郑重地缅怀他,重温他的事迹。
>
> 大家手头上已有了我为刘先生编纂的纪念册,其中包括有我写的《永怀刘修明老师》一文,我和刘老师的交往,和我视野中的刘老师,已经在字里行间反映得很清楚了。我在这里就不重复了,只想申明一点,为什么我会对刘老师有更多的体认呢?那是因为我和他同样都出身于工人家庭,从复旦大学历史系毕业后,也长期在上海社会科学院历史研究所服务,我和

他的人生轨迹确有不少暗合之处,尽管在学术业绩上实在不可同日而语。我甚至在他的身上也看到了自己的未来,从一而终,将一生与历史学和历史研究所紧紧地连在一起。此外,刘老师生前对我平易近人,毫无他同辈人中某些大学者的架子,这一点对我也有很深的影响。

刘修明先生虽然远去了,但是聊以欣慰的是,他的子辈、孙辈都在各自的人生道路上有着优异的发展,正以自己的努力实践着父亲和祖父生前浓浓的"家国情怀"。我坚信,他们一定会给刘先生的名字带来更多的光荣!

我提议大家起立,为刘先生的离世默哀一分钟。

……

随后,与会者畅所欲言,缅怀与感恩刘修明先生给学术界留下的贡献和功德。首先是由上海社科院国际问题研究所的吴前进研究员发言。吴老师在20世纪90年代初曾是刘先生授过课的历史所研究生。吴老师回忆道,当年她听课时,刘修明先生还是50岁出头,他对学生是特别友善与平和,把学生当作朋友来推心置腹。她记得刘先生很推崇的学人是历史所同仁王守稼先生。刘先生看淡了个人名和利,读书写作是他人生最大的快乐。历史所张剑研究员提到了自己初来所工作时,刘老师还未退休,他印象较深的是刘老师对传统茶文化深有研究,自己曾有两次在清明节前请刘先生帮忙买茶。张剑研究员还提议将来应该为刘先生编一本人物大事记,将他学术活动之外的社会事务,譬如出版编辑等事迹记录下来。

历史所退休同人程念祺老师接着发言,他说自己和刘老师认识很早,早就拜读过他的文章,感到非常佩服。刘先生后来曾邀请他参加"话说中国"丛书的编写,他也积极参加了。在写作过程中遇到过一些困难,也经常能得到刘先生的指点与鼓励。刘先生话不多,但在丛书写作过程中总能点到要害,指点迷津。刘先生退休后就过起了田园生活,他总是到太湖边上长住休养,同时也将这些生活点滴写成随笔小文在《新民晚报》等报刊上发表。

历史所老同人汤仁泽老师说,他和刘先生的交往也很早,其父汤志钧先生与刘先生是老同事,刘先生曾带着自己儿子到汤家来做客。30多年后,自己也与刘先生成为同事,在古代史研究室里共事。刘先生主编的"话说中国"丛书也曾邀请自己参与编写其中的一卷。尤为难得的是,在2013年上海社科院举办的纪念汤志钧先生学术成就的一次会议上,刘先生仗义执言,述说往事真相,令人十分感动。

《解放日报》资深编辑司徒伟智先生则深情回忆了当年与刘修明先生在上海市委写作组共事的若干情景。"修明兄具有宽容的品格,对人包容。""徐家汇学员班的青年学员要向他请教问题,他都不遗余力,亲自给予指导、答疑解惑。"而刘修明先生的好榜样大量体现在1978年重新投入史学研究工作之后,他的学术成果如泉涌般喷发。"1980年代初期自己在《解放日报》理论部工作,修明兄常来报社编辑部商讨。有一次理论部的负责人赞扬修明兄从来都不浪费时间,经常从理论部弃置的旧报纸里搜集有用的学术资料。大家一致认为刘先生一心向学,分秒必争。"

历史所的吴健熙老师回忆了刘修明先生在学术生活之外闲情雅致、业余爱好的一面。他说,刘先生曾写过一本有关茶文化的书赠送给自己。此外,刘先生对佛乐也有欣赏的兴趣,借此可以排遣杂事、烦心事。他晚年住在太湖边上的明月湾,借此一方宝地陶冶性情,颐养天年。可见,刘先生有入世的一面,也有出世的一面。

曾在锦江国际集团任职的翁长松先生表示,自己和修明先生是忘年交、老朋友,自1974年自己到历史所学员班就学以来,就和刘老师长期交往,大家彼此经常见面、通电话。在同时代的一些老先生眼里,刘先生文笔好,出笔快,写文章漂亮。刘先生也重情谊,譬如王守稼先生的遗著《封建末世的积淀和萌芽》(上海人民出版社1990年版)是由他一手操持完成出版的。刘先生一生著述颇多,他晚年最为得意的著作,同时也是最能体现其一生心志的就是《儒生与国运》一书。他当年曾表示,写该书就是想为中国知识分子寻找一条现实的出路。从字里行间,可以发现处处是对现实有所指,和现实有联系,归纳起来,就是知识分子尤其是史学工作者一定要有时代关怀。

华东政法大学的杨师群老师代表他远在加拿大的兄长杨善群研究员发言。杨善群老师的书面发言指出,"刘修明先生是一位优秀的历史学家"。当年他从兰州回沪工作后,在上海人生地不熟,经常仰仗研究室同人刘先生的鼎力相助。譬如,刘先生曾介绍自己到古籍出版社联系出版事宜。后来刘先生出版的《毛泽东晚年过眼诗文录》也曾赠送给自己一套。"还记得在单位组织的一次赴浙江旅游活动中,自己和刘先生一路同行,相谈甚欢。当时他健步如常,本想他可以更为长寿的,不想他就这样走了。"

《学术月刊》退休编辑谢宝耿先生接着发言,他表示:"今天来参加刘修明先生的追思会,心情非常沉重。按刘先生这个年龄不应该那么早走的,他的才华还应该有更大的发挥余地。昨天晚上为了来参加他这个追思会,自己专门翻阅了以前和刘先生的往来信函,看了以后感慨万千。粗粗计算一下,刘先生生前在《学术月刊》一共发表了 10 多篇文章。这些文章都是自己经手的,自己很幸运能够刊发刘先生的稿子。"他认为,刘先生的稿子立论好,文笔好,论证也严密,自己感觉不是在审稿,而是在拜读学习。"自己和刘先生相识 40 多年了,那个时候他还年轻,很多方面对自己有指导和教益。后来刘先生一度从历史所调到《社会科学报》,我们大家在一个大院子里,经常有碰头,交流也更多了。晚年他经常到苏州去居住,因为他说自己眼睛不太好,到苏州休养可以看到一望无际的绿色田野,对眼睛有好处。刘先生还热心助人,推荐过不少人的文章到《学术月刊》编辑部,不但帮小青年,也经常帮老朋友。"

历史研究所周武研究员亦强调,刘老师在学术上有他独到的建树。"自己和刘先生算是差一代人,自己 1989 年到历史所,因为学科差异,交集不是很多,但刘先生出版的每一本书都是送给我的,而且这些著作上都有他的亲笔签名,可见他对我们这些后辈是非常提携的。刘先生那代学人是比较艰难的,他是在那一代学人中能够成功突围,并且取得重要成就的屈指可数的几位。还有一件事,王守稼先生 1988 年去世后,他们家里很困难,儿子也很小。所里有几位同人,记得有刘修明、吴乾兑、吴桂龙等人,每个月从自己工资里拿出一部分钱来资助王先生家里人,一直资助到王先生儿子高中毕业。另外,刘老师还为王守稼编过一本书,这本书是 1990 年出版的,那个时候出书很不容易,刘老师是动员了自己所有的关系和人脉来做这件事的,在这么困难的情况下,他还是想尽一切办法来帮挚友完成了遗愿。"

复旦大学历史学系傅德华教授代表刘老师的母校发言。傅老师指出,刘修明老师是复旦历史学系的杰出系友,自己查了 80 周年系庆纪念时编的一本系友名录,刘老师是 1958 年这一级的,可以说这一级里没有其他人取得像刘老师那样大的学术成就。傅老师又说,自己是 1970 年入校的,之后经常到徐家汇的老历史所来查资料,由此也和刘老师认识了,向他请教过问题。他还有一个遗憾,就是刘老师晚年住在太湖边上疗养,曾邀自己去聊聊,谈谈复旦历史学系的人和事,但是因为一些事情耽搁了,一直没去成。

历史所同人施扣柱老师发来了书面发言,她提到:"刘修明老师是才子型的学者,著述丰厚,嘉惠学林多多!他气质儒雅,性情温和,尤其善待后辈学人。

我曾旁听过刘老师的研究生课程,他的循循善诱给人留下深刻印象!他曾推荐我参与太湖通史项目,因那时我正在华东师大读博难以分身,无奈辜负了他的雅意,深感内疚!他对后辈学人的关心堪称无微不至。"

最后,刘修明老师的长子刘潇江先生作了书面发言(因防疫原因,无法进入会场)。他首先感谢了会议的组织者和出席的各位师长,接着回忆了其父生活的诸片段:"在我的印象里,父亲是个穷人,我还记得20世纪80年代,他穿着打着补丁的中山装,被我的小学老师叫到办公室的情形;父亲是个勤奋的人,母亲时常对我提起,寒冷的冬夜,他披着棉袄在破旧的写字台上奋笔疾书的样子;父亲是个直率的人,退休前几年,他老是自叹'刘郎才尽',再也写不出上品的学术著作。我认为他最快乐的时光是在退休后的十几年里,采茶读书,含饴弄孙,那真是一段阳光灿烂的日子。"刘潇江在感恩"父爱如山"的词句中,结束了发言。

……

部分与会者合影

(原载"澎湃新闻"2022年4月5日)

钻研轨迹

刘修明研究员主要学术成果目录

马　军　编

编者按： 自 2021 年 2 月 17 日刘修明研究员离世以后，我一直在编这份目录，经多方搜检，现在算是基本告成了。刘老师自 1963 年从复旦大学历史系毕业后，进入上海社会科学院历史研究所工作，从一而终直至退休。由于长年置身于研究单位，所以并没有严格意义上的学生。他在 1989 年曾伸出援手，为自己早逝的同学、同事和挚友王守稼先生编过文集《封建末世的积淀和萌芽》。出于对他重情重义的敬仰，作为同人、校友、系友和晚辈的我，很乐意为他多产的学术成果编目。现正式推出，有请学界公识、校订、补充。

1979 年

001
第一个喊出"打倒孔家店"的吴虞
　　刘修明　《解放日报》1979 年 4 月 30 日，第 4 版。

002
读江淹《别赋》《恨赋》——兼评南北朝文学的"形式主义"
　　吴乾兑、刘修明　上海《社会科学》1979 年第 2 期，1979 年 7 月。

003
上海小刀会起义的社会基础和历史特点
　　方诗铭、刘修明　《历史学季刊》1979 年第 3 期，1979 年 9 月。

上海小刀会起义的社会基础和历史特点

  方诗铭、刘修明　中国人民大学复印报刊资料《中国近代史》1980 年第 2 期，1980 年 2 月。

004

唐太宗与贞观之治——读《贞观政要》

  刘修明、刘运承　《社会科学》1979 年第 3 期，1979 年 10 月。

005

简论唐太宗对历史经验的总结

  刘运承、刘修明　《解放日报》1979 年 11 月 12 日，第 4 版。

1980 年

006

封建中央集权制和中国——读中国政治制度史札记

  刘修明、吴乾兑　上海《社会科学》1980 年第 5 期，1980 年 10 月 20 日。

007

邓广铭教授来上海历史所讲学记

  刘修明　上海社会科学院历史研究所编《史学情况》第 17 期，1980 年 11 月 10 日。

1981 年

008

论《吕氏春秋》——兼论杂家的出现

  方诗铭、刘修明　上海《社会科学》1981 年第 1 期，1981 年 2 月 20 日。

论《吕氏春秋》——兼论杂家的出现

方诗铭、刘修明　中国人民大学复印报刊资料《中国哲学史》1983年第3期,1983年3月。

009

《走向世界丛书》出得好

　　刘修明　《书林》1981年第3期,1981年6月。

《走向世界丛书》出得好

　　刘修明　载湖南省出版事业管理局编印《湘版图书评集》,1982年11月版。

010

老将军赵充国屯田卫疆;戚继光抗击倭寇

　　刘修明　载上海人民出版社编《中国古代爱国者的故事》,上海:上海人民出版社1981年11月版。

011

长安行——参加秦汉史学术讨论会见闻

　　中国古代史研究室刘修明　上海社会科学院历史研究所编《史学情况》第22期,1981年12月5日。

012

中国封建社会的典型性与长期延续原因

　　刘修明　《历史研究》1981年第6期,1981年12月15日。

中国封建社会的典型性与长期延续原因

　　刘修明　中国人民大学复印报刊资料《历史学》1982年第1期,1982年1月。

中国封建社会的典型性与长期延续原因

　　刘修明　载《历史研究》编辑部编《〈历史研究〉五十年论文选》理论与方法下,北京:社会科学文献出版社2005年7月版。

013

学术动态:秦汉史研究会成立大会在西安举行

　　刘修明　上海《社会科学》1981年第6期,1981年12月20日。

014

论"时代价格"——历史研究中的一个问题

　　刘修明　《中国史研究》1981年第4期,1981年12月20日。

论"时代价格"——历史研究中的一个问题

　　刘修明　中国人民大学复印报刊资料《历史学》1982年第1期,1982年1月。

1982 年

015

"无为而治"与"让步政策"——兼论农民战争的历史作用

　　方诗铭、刘修明　载中国农民战争史研究会编《中国农民战争史研究集刊》第2辑,上海:上海人民出版社1982年1月版。

016

《甲申三百年祭》的历史地位

　　刘修明　《书林》1982年第1期,1982年2月。

《甲申三百年祭》的历史地位

　　刘修明　载杨瑞光编《历史的启示》,北京:中央文献出版社1991年8月版。

《甲申三百年祭》的历史地位

　　刘修明　载明新胜编《以史为鉴》,淅川县史志研究室印。

017

试论唐代文化高峰形成的原因

　　刘修明、吴乾兑　《学术月刊》1982年4月号,1982年4月20日。

018

中国封建主义方法论讨论会在太原举行

　　刘修明　上海社会科学院历史研究所编《史学情况》第24期,1982年7月27日。

019

史学方法论的"引进"要慎重

　　刘修明　《光明日报》1982年12月15日,第4版。

史学方法论的"引进"要慎重

　　刘修明　中国人民大学复印报刊资料《历史学》1982年第12期,1982年12月。

史学方法论的"引进"要慎重

　　刘修明　载光明日报社史学专刊编《史坛纵论》,重庆:重庆出版社1984年8月版。

020

两汉乡官"三老"浅探——中国封建制和村社关系的一个问题

　　刘修明　载上海市历史学会编《上海市历史学会1981年年会论文选》,1982年印。

两汉乡官"三老"浅探——中国封建制和村社关系的一个问题

　　刘修明　《文史哲》1984年第5期,1984年9月7日。

两汉乡官"三老"浅探——中国封建制和村社关系的一个问题

　　刘修明　中国人民大学复印报刊资料《先秦、秦汉史》1984年第9期,1984年9月。

021

陆贾"无为"思想:西汉统治思想选择过程中的一个环节

　　刘修明　载上海市历史学会编《上海市历史学会1982年年会论文选》,1982年12月印。

1983年

022

坚持我国马克思主义史学开拓者的正确道路

　　方诗铭、刘修明　载上海《社会科学增刊(上海社会科学院纪念马克思逝世一百周年论文选)》,上海:上海人民出版社 1983 年 1 月版。

坚持我国马克思主义史学开拓者的正确道路

方诗铭、刘修明　中国人民大学复印报刊资料《历史学》1984 年第 2 期, 1984 年 2 月。

023

封建家族宗法制是中国封建社会长期延续的重要原因

刘修明　《学术月刊》1983 年 2 月号, 1983 年 2 月 20 日。

封建家族宗法制是中国封建社会长期延续的重要原因

刘修明　中国人民大学人大复印报刊资料《历史学》1983 年第 3 期, 1983 年 3 月。

封建家族宗法制是中国封建社会长期延续的重要原因

刘修明　《新华文摘》1983 年第 5 期, 1983 年 5 月 25 日。

024

可贵的艺术追求——谈彩色历史故事片《张衡》

刘修明　《文汇报》1983 年 9 月 11 日,第 4 版。

025

"汉以孝治天下"发微

刘修明　《历史研究》1983 年第 6 期, 1983 年 12 月 15 日。

026

经、纬与西汉王朝

刘修明　中国社会科学院编《中国哲学》第 9 辑,北京:三联书店 1983 年版。

1984 年

027

从"四民月令"看汉代封建村社制

刘修明、曹莉芳　载上海市历史学会编《社会经济论集》,1984年2月印。

从"四民月令"看汉代封建社会

刘修明、曹莉芳　载中国秦汉史研究会编《秦汉史论丛》第3辑,西安:陕西人民出版社1986年7月版。

028

汉代统治思想选择的重要环节(浅论陆贾思想的时代条件和历史作用)

刘修明　《湖南师范大学社会科学学报》1984年第2期,1984年3月15日。

汉代统治思想选择的重要环节(浅论陆贾思想的时代条件和历史作用)

刘修明　中国人民大学复印报刊资料《中国哲学史》1984年第4期,1984年4月。

029

桂湖春色

刘修明　《新民晚报》1984年5月27日,第5版。

030

汉代统治思想选择的重要环节——浅谈陆贾思想的时代条件和历史作用(摘要)

刘修明　载叶桂生等编《中国史研究文摘(1984年1—6月)》,郑州:中州古籍出版社1985年5月版。

031

两个历史人物不幸相遇

刘修明　《新民晚报》1984年6月18日,第6版。

032

汉代监察制度述论

刘修明　《光明日报·史学(360)》1984年8月29日。

033

八仙有真有假

刘修明 《新民晚报》1984年8月30日,第6版。

034

试论历史和现实在历史哲理上的统一

刘修明 《社会科学研究》1984年第5期,1984年10月20日。

试论历史和现实在历史哲理上的统一(摘要)

刘修明 载中国史研究文摘编辑委员会《中国史研究文摘(1984年7—12月)》,郑州:中州古籍出版社1986年2月版。

035

雄才大略的汉武帝

刘修明著 上海:上海人民出版社1984年11月第1版。

1985 年

036

秦俑坑的主人究竟是谁

刘修明 上海《社会科学》1985年第2期,1985年2月。

037

秦汉游侠的形成与演变

刘修明、乔宗传 《中国史研究》1985年第1期,1985年3月20日。

秦汉游侠的形成与演变(文摘)

刘修明、乔宗传 《史学情报》1986年第1期,1986年1月。

038

从东汉农村社会看东西方封建社会的差异

刘修明 《上海社会科学院学术季刊》1985年第2期,1985年6月底。

从东汉农村社会看东西方封建社会的差异

刘修明 载南开大学历史系等编《中外封建社会劳动者状况比较研究论文

集》,天津:南开大学出版社 1989 年 3 月版。

039

方诗铭着手研究殷商史

　　刘修明　《文汇报》1985 年 7 月 15 日,第 3 版。

040

只有忠实于事实,才能忠实于真理——坚持我国马克思主义史学开拓者郭沫若的正确道路

　　方诗铭、刘修明　载中国郭沫若研究学会《郭沫若研究》第 1 辑,北京:文化艺术出版社 1985 年 8 月版。

041

有血有肉写人物——评章映阁的《诸葛亮新传》

　　刘修明　《读书》1985 年第 10 期,1985 年 10 月 10 日。

1986 年

042

历史研究新园地——《史林》创刊

　　刘修明　《社会科学报》1986 年 3 月 9 日,第 2 版。

043

东汉宦官集团的社会基础

　　刘修明　《史林》1986 年第 1 期,1986 年 4 月。

044

上海社科院历史所创办《史林》杂志

　　刘修明　《文汇报》1986 年 6 月 3 日,第 3 版。

045

新时代和新史学

　　刘修明　《历史教学问题》1986年第3期,1986年6月15日。

046

中国需要多几个蔡元培

　　刘修明　《社会科学评论》1986年第6期,1986年6月23日。

047

贾谊的民本思想和汉初社会

　　刘修明　《学术月刊》1986年9月号,1986年9月20日。

048

光辉的一生——李亚农同志传略

　　史林编辑部(方诗铭、刘修明合作)　《史林》1986年第3期,1986年10月。

049

汉代监察制度的渊源、作用和演变

　　刘修明　载上海市历史学会《中国史论集》,1986年11月印。

1987年

050

刘修明谈中国文化

　　《社会科学报》1987年2月12日,第2版。

051

中国传统文化与现代化

　　刘修明　上海《社会科学》1987年第2期,1987年2月15日。

052

中国政治制度史学术讨论会将在南昌召开

  刘修明　《社会科学报》1987 年 3 月 5 日,第 2 版。

053

东汉外戚集团和皇权土地所有制

  刘修明、曹莉芳　《史林》1987 年第 1 期,1987 年 3 月。

054

非"一切真历史都是当代史"——兼评一种现代史学思潮的形成与前途

  刘修明　《江汉论坛》1987 年第 5 期,1987 年 5 月 15 日。

055

控制论和历史唯物论——兼论现代史学方法的形成问题

  刘修明　载《中国史研究》编辑部、《近代史研究》编辑部等编《系统论与历史科学》,郑州:中州古籍出版社 1987 年 5 月版。

056

民主运动与人民本位主义——评《青铜时代》和《十批判书》

  方诗铭、刘修明　载中国郭沫若研究学会《郭沫若研究》第 3 辑,北京:文化艺术出版社 1987 年 6 月版。

057

古代史研究文摘

  刘修明　《中国史研究动态》1987 年第 8 期,1987 年 8 月 15 日。

058

有关历史认识论的一些探讨——第四届史学理论讨论会综述

  刘修明　《社会科学报》1987 年 10 月 1 日,第 2 版。

059

历史认识论之我见

　　刘修明　《社会科学研究》1987 年第 5 期,1987 年 10 月 20 日。

060

史学评论:历史科学发展的杠杆

　　刘修明　《安徽史学》1987 年第 4 期,1987 年 10 月。

061

汉光武帝刘秀

　　刘修明著　上海:上海人民出版社 1987 年 11 月版。

062

两汉的历史转折

　　刘修明　《历史研究》1987 年第 6 期,1987 年 12 月 15 日。

两汉的历史转折

　　刘修明　中国人民大学复印报刊资料《先秦、秦汉史》1988 年第 3 期,1988 年 3 月。

两汉的历史转折

　　刘修明　载上海社会科学院历史研究所编《史苑英华:上海社会科学院历史研究所论文精选》,上海社会科学院出版社 2008 年 7 月版。

1988 年

063

秦王朝统治思想的结构和衍变

　　刘修明　《学术月刊》1988 年 1 月号,1988 年 1 月 20 日。

秦王朝统治思想的结构和衍变

　　刘修明　中国人民大学复印报刊资料《先秦、秦汉史》1988 年第 3 期,1988 年 3 月。

064

论历史研究的低谷期与高峰期——对史学现状与未来的思考

  刘修明 《江汉论坛》1988年第6期,1988年6月15日。

论历史研究的低谷期与高峰期——对史学现状与未来的思考

  刘修明 中国人民大学复印报刊资料《历史学》1988年第8期,1988年8月。

065

历史科学和社会改革

  刘修明 《史林》1988年第2期,1988年6月。

古代史研究文摘:《历史科学和社会改革》

  刘修明 《中国史研究动态》1988年第10期,1988年10月15日。

066

汉代监察制度的渊源、作用和演变

  刘修明 《上海社会科学院学术季刊》1988年第2期,1988年第二季度。

067

一次对近现代中国社会形态的争论——一九八八年全国史学理论会议记述

  刘修明 《社会科学报》1988年8月11日,第2版。

068

封建残照,它的历史和未来

  刘修明 《社会科学报》1988年9月1日,第4版。

封建残照,它的历史和未来

  刘修明 中国人民大学复印报刊资料《历史学》1988年第9期,1988年9月。

069

汉初"黄老之学"盛行一时原因何在?它对汉初政治起了什么作用?"天人三策"是怎么一回事?"罢黜百家,独尊儒术"是在什么样的形势下提出的?它对后世发生什么影响？今文经学与古文经学之间的论争是怎样产生的？两派的学术倾向有何根本区别？石渠阁会议和白虎观会议,各讨论些什么问题？起了什么作用？刘向、刘歆父子在学术上有哪些贡献？他们的哲学思想有何特点？扬雄是怎样建立"太玄"体系的？这个体系是唯物主义的还是唯心主义的,或者是二元论的？桓谭是怎样反对谶纬的？他在形神论上有何发展？《新语》、《新书》各为谁所著？两书有些什么共同之处？

  刘修明 载夏乃儒主编《中国哲学三百篇》,上海：上海古籍出版社 1988 年 9 月版。

070

"一字值千金"的《吕氏春秋》为何被称为是杂家的代表著作？

  刘修明、汪晓鲁 载夏乃儒主编《中国哲学三百篇》,上海：上海古籍出版社 1988 年 9 月版。

1989 年

071

秦汉历史变迁中的知识分子及其作用

  刘修明、卞湘川 《学术月刊》1989 年 7 月号,1989 年 7 月 20 日。

秦汉历史变迁中的知识分子及其作用

  刘修明、卞湘川 中国人民大学复印报刊资料《先秦、秦汉史》1990 年第 3 期,1990 年 3 月。

072

(46)徐福东渡与秦汉方士是怎么回事？(53)汉武帝刘彻是怎样实现他文治武功的？(54)董仲舒"天人感应"思想是怎么回事？(57)"绿林好汉"是怎样反抗新朝暴虐统治的？(58)光武帝刘秀是怎样实现"光武中兴"的？

  刘修明 载上海古籍出版社编《中国历史三百题》,上海：上海古籍出版社 1989 年 9 月版。

073

从崩溃到中兴——两汉的历史转折

  刘修明著 上海：上海古籍出版社 1989 年 12 月第 1 版。

1990 年

074

历史的视角：中国知识分子的主体意识和客观属性的矛盾

  刘修明、卞湘川 《江汉论坛》1990 年第 1 期，1990 年 1 月 15 日。

075

中国传统文化的承续、扬弃和开拓——关于中国历史和文化的几点思考

  刘修明 《历史教学问题》1990 年第 1 期，1990 年 2 月 15 日。

中国传统文化的承续、扬弃和开拓——关于中国历史和文化的几点思考

  刘修明 中国人民大学复印报刊资料《历史学》1990 年第 3 期，1990 年 3 月。

076

发展的中国社会和凝固的超稳定系统——对金观涛《兴盛与危机》等书的质疑

  刘修明 《世界历史》1990 年第 2 期，1990 年 4 月 15 日。

发展的中国社会和凝固的超稳定系统——对金观涛《兴盛与危机》等书的质疑

  刘修明 中国人民大学复印报刊资料《出版工作、图书评介》1990 年第 6 期，1990 年 6 月。

077

四十年史学理论得失和展望

  刘修明 《社会科学报》1990 年 4 月 19 日，第 1 版。

078

评金观涛的"超稳定结构"史观

刘修明　《求是》1990年第11期，1990年6月1日。

评金观涛的"超稳定结构"史观

刘修明　中国人民大学复印报刊资料《历史学》1990年第7期，1990年7月。

079

钱仪吉稿本和新版《三国会要》

刘修明　《史林》1990年第2期，1990年6月。

080

"无组织力量"和中国封建社会的阶级对抗

刘修明　载《史学理论丛书》编辑部编《八十年代的西方史学》，北京：中国社会科学出版社1990年6月版。

081

"风雨如晦，鸡鸣不已"——评《中国古代社会研究》

方诗铭、刘修明　载中国郭沫若研究学会、巴蜀文化研究基金会编《郭沫若史学研究》，成都：成都出版社1990年6月版。

082

郭沫若和《盐铁论读本》

刘修明　载中国郭沫若研究学会、巴蜀文化研究基金会编《郭沫若史学研究》，成都：成都出版社1990年6月版。

083

序言

刘修明　载王守稼著《封建末世的积淀和萌芽》，上海：上海人民出版社1990年8月版。

084

两汉之际社会变动中的知识分子及其命运——刘歆与新莽王朝的浮沉

刘修明　《中国史研究》1990年第4期,1990年11月20日。

两汉之际社会变动中的知识分子及其命运——刘歆与新莽王朝的浮沉

刘修明　中国人民大学复印报刊资料《先秦、秦汉史》1991年第1期,1991年1月。

1991年

085

实事求是的学风与社会主义建设实践

刘修明　载上海社会科学学会联合会编《马克思主义与中国社会主义实践》,上海:中国大百科全书出版社上海分社1991年6月版。

086

《甲申三百年祭》的历史地位

刘修明　载杨瑞广编《历史的启示:重印〈甲申三百年祭〉》,北京:中央文献出版社1991年8月版。

《甲申三百年祭》的历史地位

刘修明　载郭沫若纪念馆、中国郭沫若研究会、四川郭沫若研究学会编《甲申三百年祭　风雨六十年》,北京:人民出版社2005年8月版。

1992年

087

历史学家和历史剧

刘修明　《文汇报》1992年2月11日,第6版。

088

李贽的思想历程和价值取向

刘修明　《复旦学报》社会科学版1992年第2期,1992年3月15日。

李贽的思想历程和价值取向

  刘修明　中国人民大学复印报刊资料《明清史》1992年第5期,1992年5月。

089

杜甫主张"痛洗"农民起义吗?

  刘修明　《文汇报》1992年5月10日,第5版。

090

桓谭与张衡:独立意识和依附身分(摘要)

  刘修明　载中国秦汉史研究会编《秦汉史论丛》第5辑,北京:法律出版社1992年8月版。

091

毛泽东和《枯树赋》

  刘修明　《社会科学报》1992年10月1日,第4版。

092

成就和品格

  刘修明　《文汇报》1992年10月8日,第5版。

093

时代风云与知识分子沉浮的一面镜子——记郭沫若与中国现代文化发展国际学术讨论会

  刘修明　《社会科学报》1992年12月3日,第1版。

1993年

094

市场经济和理想人格:碰撞还是协调?

刘修明　《社会科学报》1993年1月21日,第1版。

095

农业和吃饭:将军崖天书破译
　　刘修明　《社会科学报》1993年2月25日,第4版。

096

中华民族生存发展的伟大精神支柱
　　刘修明　《文汇报》1993年4月23日,第6版。

097

汉末至魏晋文人的心态转变与人生择向
　　刘修明　《学术月刊》1993年5月号,1993年5月20日。
汉末至魏晋文人的心态转变与人生择向
　　刘修明　中国人民大学复印报刊资料《魏晋南北朝隋唐史》1993年第8期,1993年9月20日。

098

毛泽东晚年过眼诗文录
　　王守稼、吴乾兑、许道勋、董进泉、刘修明校点注释　石家庄:花山文艺出版社1993年5月版。

099

前言
　　刘修明　载王守稼、吴乾兑、许道勋、董进泉、刘修明校点注释《毛泽东晚年过眼诗文录》,石家庄:花山文艺出版社1993年5月版。

100

传统与开拓:历史意识和理性思维的升华——评瞿林东著《中国史学散论》
　　刘修明　《史学理论研究》1993年第3期,1993年9月1日。

101

史学要发展须立足于时代——第八届全国史学理论研讨会重新认识马克思主义史学理论和毛泽东史学思想

  刘修明　《社会科学报》1993年9月30日,第4版。

102

传统学科面临新挑战——秦汉史国际学术讨论会在南昌召开

  刘修明　《社会科学报》1993年10月14日,第7版。

103

豪强盛国运衰

  刘修明　《社会科学报》1993年12月9日,第4版。

104

"治水社会"和中国社会——兼评K. A. 魏特夫的《东方专制主义》

  刘修明　《上海社会科学院学术季刊》1993年第4期,1993年第4季度。

"治水社会"和中国的历史道路

  刘修明　《中国史研究》1994年第2期,1994年5月20日。

"治水社会"和中国的历史道路

  刘修明　中国人民大学复印报刊资料《历史学》1994年第7期,1994年7月。

1994 年

105

开创马克思主义史学的新时代——全国第8届史学理论研讨会学术纪要

  刘修明　《学术月刊》1994年1月号,1994年1月20日。

开创马克思主义史学的新时代——全国第8届史学理论研讨会学术纪要

  刘修明　中国人民大学复印报刊资料《历史学》1994年第3期,1994年3月。

106

过去和未来、历史与现实的辩证统一

  刘修明　《学术月刊》1994 年 4 月号,1994 年 4 月 20 日。

107

历史长河不能任意切断

  刘修明　《探索与争鸣》1994 年第 3 期,1994 年 5 月。

108

正视转型期的史学功能

  刘修明　《社会科学报》1994 年 9 月 1 日,第 3 版。

109

为当代中国社会转型承担学者责任,中外学者探研地域社会与传统中国

  刘修明　《社会科学报》1994 年 9 月 1 日,第 1 版。

110

太监也有好的——读余华青著《中国宦官制度史》

  刘修明　《社会科学报》1994 年 9 月 22 日,第 4 版。

111

学者聚集临潼探索秦俑和秦文化

  刘修明　《社会科学报》1994 年 9 月 22 日,第 1 版。

112

中国古代军事思想研究的宝贵收获——《孙子评传》

  刘修明　《中国社会科学》1994 年第 6 期,1994 年 11 月 10 日。

113

虞山风雨梦迟迟——钱谦益、柳如是墓寻访随想

  刘修明　《社会科学报》1994 年 11 月 24 日,第 4 版。

114

何故南阳有远亲——光武故里行

  刘修明　《社会科学报》1994年12月29日,第4版。

115

秦汉文化的衔接与发展

  刘修明　载秦始皇兵马俑博物馆编《秦文化论丛》第3辑,西安:西北大学出版社1994年12月版。

1995 年

116

苏州河水悠悠流

  刘修明　《新民晚报》1995年6月12日,第10版。

117

中国古代的饮茶与茶馆

  刘修明著　中国古代生活丛书本,北京:商务印书馆国际有限公司1995年6月第1版。

中国古代的饮茶与茶馆

  刘修明著　台北:台湾商务印书馆2000年12月版。

118

为"上海龙井"正名

  刘修明　《新民晚报》1995年7月14日,第10版。

119

不断的断桥

  刘修明　《新民晚报》1995年9月13日,第10版。

120

基础理论与"东西联动"

  刘修明　《社会科学研究》1995 年第 5 期,1995 年 9 月 15 日。

121

"德风"和"德草"

  刘修明　《文汇报》1995 年 9 月 30 日,第 3 版。

122

大宁河船夫

  刘修明　《新民晚报》1995 年 10 月 9 日,第 11 版。

123

唐文治与交通大学

  刘修明　《新民晚报》1995 年 10 月 31 日,第 14 版。

124

农民问题——东方社会发展的关键(论纲)

  刘修明　《社会科学报》1995 年 12 月 13 日,第 2 版。

农民问题——东方社会发展的关键

  刘修明　《求是》1996 年第 7 期,1996 年 4 月 1 日。

农民问题——东方社会发展的关键

  刘修明　《新华文摘》1996 年第 6 期,1996 年 6 月 25 日。

农民问题——东方社会发展的关键

  刘修明　载中央电视台经济部编《中国农民》,北京:中国广播电视出版社 1997 年 3 月版。

125

儒生参政和汉代政治与思想机制论纲

  刘修明　《江汉论坛》1995 年第 12 期,1995 年 12 月 15 日。

126

翠湖海鸥

　　刘修明　《新民晚报》1995年12月15日,第10版。

127

牛李党争和李商隐的《无题》诗

　　刘修明　《史林》1995年第4期,1995年12月。

1996年

128

逼死坡记吴三桂

　　刘修明　《新民晚报》1996年3月9日,第14版。

129

第9届全国史学理论研讨会评述

　　刘修明　《学术月刊》1996年第3期,1996年3月20日。

第9届全国史学理论研讨会评述

　　刘修明　中国人民大学复印报刊资料《历史学》1996年第6期,1996年6月。

130

重视农民史的研究

　　刘修明　《光明日报》1996年5月7日,第5版。

重视农民史的研究

　　刘修明　中国人民大学复印报刊资料《历史学》1996年第7期,1996年7月。

131

呵,正红里

　　刘修明　《新民晚报》1996年5月9日,第15版。

132

老茶人和小茶人

　　刘修明　《新民晚报》1996年6月9日,第15版。

133

书评:读一部磨剑十五年的史学论著———评《魏晋南北朝选官体制研究》

　　刘修明　《史林》1996年第2期,1996年6月。

134

校园里种过庄稼

　　刘修明　《新民晚报》1996年7月14日,第14版。

135

科举功名和真才实学

　　刘修明　《党政论坛》1996年第8期,1996年8月5日。

136

罗布泊的芦苇和野鸭

　　刘修明　《新民晚报》1996年8月7日,第14版。

137

秦汉史研究仍是广阔领域———第7届秦汉史国际研讨会在广州举行

　　刘修明　《社会科学报》1996年9月12日,第3版。

138

"绝代才人、薄命君王"的真实写照——读《李煜传》

　　刘修明　《文史知识》1996年第9期,1996年9月13日。

139

金币和银壶

　　刘修明　《新民晚报》1996年9月15日,第14版。

140

白城子的沉吟

　　刘修明　《新民晚报》1996年10月24日,第14版。

141

"煎茶四药"

　　刘修明　《文汇报》1996年10月26日,第7版。

142

官吏和精神文明

　　刘修明　《文汇报》1996年11月9日,第3版。

143

陆贾和岭南

　　刘修明　《史林》1996年第4期,1996年12月。

1997 年

144

历史研究和历史哲学

　　刘修明　《学术月刊》1997年第1期,1997年1月20日。

历史研究和历史哲学

　　刘修明　中国人民大学复印报刊资料《历史学》1997年第3期,1997年5月6日。

145

儒生与国运

　　刘修明著　杭州:浙江人民出版社1997年1月第1版。

儒生与国运

　　刘修明著　石家庄:花山文艺出版社2014年1月版。

146

珠峰下的圣茶

  刘修明　《新民晚报》1997年2月8日,第10版。

147

绿色长城

  刘修明　《新民晚报》1997年3月3日,第14版。

绿色长城

  刘修明　载《中学生阅读》初中版编辑部编《99篇震撼心灵美文》,桂林:漓江出版社2005年10月版。

148

帝王制度研究的开卷——谈徐连达、朱子彦《中国皇帝制度》

  刘修明　《社会科学报》1997年3月13日,第4版。

149

陆羽的塑像

  刘修明　《新民晚报》1997年4月25日,第14版。

150

史学工作者的心态转换

  刘修明　《史学月刊》1997年第3期,1997年5月。

史学工作者的心态转换

  刘修明　中国人民大学复印报刊资料《历史学》1997年第3期,1997年10月6日。

151

两汉之际的历史选择——论刘秀

  刘修明　《史林》1997年第2期,1997年6月。

152

楼道灯亮了

刘修明 《新民晚报》1997年9月22日,第13版。

153

"当代茶圣"的爱国主义精神

刘修明 载陈翰笙、夏衍等著《吴觉农纪念文集》,北京:奥林匹克出版社1997年版。

1998 年

154

狼虎谷的回声

刘修明 《新民晚报》1998年2月13日,第28版。

狼虎谷的回声

刘修明 载陈锋主编《中学生阅读》精华本高中版上,桂林:漓江出版社2002年5月版。

155

后妃和王朝兴衰——读朱子彦《后宫制度研究》

刘修明 《社会科学报》1998年4月16日,第4版。

156

汉节、国旗和人格

刘修明 《文汇报》1998年4月27日,第10版。

157

苏武在匈奴

刘修明 《新民晚报》1998年5月20日,第28版。

158

沧桑明月湾

　　刘修明　《新民晚报》1998年6月13日,第29版。

159

兰亭诗会

　　刘修明　《新民晚报》1998年8月25日,第20版。

160

黄河曾经安流

　　刘修明　《新民晚报》1998年9月3日,第20版。

161

人生的路,探索的路

　　刘修明　《新民晚报》1998年9月21日,第20版。

人生的路,探索的路

　　刘修明　载上海社会科学院工会编《跨越不惑:我与上海社科院征文选》,1998年印。

162

枸菊乌龙茶

　　刘修明　《文汇报》1998年10月10日,第6版。

163

过仙游寺,记法王塔

　　刘修明　《新民晚报》1998年10月31日,第20版。

164

重上天马山

　　刘修明　《新民晚报》1998年12月12日,第20版。

1999 年

165
老子答客问
　　刘修明撰　圣贤自述丛书本(郭志坤主编),上海:上海人民出版社 1999 年 1 月第 1 版。
老子答问录
　　刘修明著　石家庄:花山文艺出版社 2014 年 11 月版。

166
唐代的打马球
　　刘修明　《新民晚报》1999 年 2 月 2 日,第 20 版。

167
茶文化公园漫步
　　刘修明　《新民晚报》1999 年 4 月 26 日,第 21 版。

168
李世民和报本寺塔
　　刘修明　《新民晚报》1999 年 5 月 29 日,第 20 版。

169
秦俑发现 25 年断想
　　刘修明　载秦始皇兵马俑博物馆《论丛》编委会编《秦文化论丛》第 7 辑,西安:西北大学出版社 1999 年 5 月版。

170
太湖流域历史发展的轨迹、特点和规律(前言)
　　刘修明　载宗菊如、周解清主编《中国太湖史》,北京:中华书局 1999 年 5

月版。

171

新安江清月近人

　　刘修明　《新民晚报》1999年7月9日,第20版。

172

大境阁饮茶记

　　刘修明　《新民晚报》1999年8月12日,第20版。

173

乱世纵横多豪杰　成就大业能几人——试论刘秀的才智与胆略

　　刘修明　载吴祥明、赵万爽主编《史家论刘秀》,北京:中国文联出版社1999年9月版。

174

又到秦俑馆

　　刘修明　《新民晚报》1999年10月2日,第20版。

175

有感于人文素质的衰退

　　刘修明　《世纪》1999年第6期,1999年11月15日。

176

中国古代文官体制的现代启示

　　刘修明、夏禹龙　《齐鲁学刊》1999年第6期,1999年11月15日。

中国古代文官体制的现代启示

　　刘修明、夏禹龙　《新华文摘》2000年第4期,2000年4月15日。

中国古代文官体制的现代启示

　　刘修明、夏禹龙　《高等学校文科学报文摘》2000年第2期,2000年3月31日。

177

寻找坑儒谷

　　刘修明　《新民晚报》1999年12月27日,第20版。

178

读书累

　　刘修明　《新民晚报》1999年12月29日,第27版。

179

让世界奏响《欢乐颂》

　　刘修明　载上海社会科学院工会编《世纪之交畅想曲》,上海:上海社会科学院出版社1999年12月第1版。

2000 年

180

评《周秦汉唐文明》

　　刘修明　《中国史研究动态》2000年第6期,2000年6月25日。

181

岁末天寒悼炳权

　　刘修明　载上海市浦东新区史志编纂委员会办公室编《江东学人——献身史志事业的顾炳权》,2000年印。

2002 年

182

当年我写《汉武帝》

　　刘修明　载曹正文主编《我的第一本书》,上海:文汇出版社2002年3月版。

当年我写《汉武帝》

  刘修明　《炎黄子孙》2022 年第 2 期,2022 年 6 月 30 日。

183

登缥缈峰

  刘修明　载戴文妍、龚建星选编《行旅印痕:新民晚报夜光杯文选》,上海:上海科学技术出版社 2002 年 10 月版。

登缥缈峰

  刘修明　载吴仁安著《明清史事与江南望族探微》,上海:上海书店出版社 2017 年 1 月版。

184

难忘的一本儿童读物

  刘修明　载曹正文主编《影响我人生的一本书》,上海:上海书店出版社 2002 年 11 月版。

2003 年

185

茶与茶文化基础知识

  刘修明主编　北京:中国劳动社会保障出版社 2003 年 2 月版。

186

"话说中国"丛书

  刘修明主编　上海:上海文艺出版社 2003 年至 2005 年版。

187

总序:现代人与历史

  刘修明　载刘修明主编"话说中国"丛书,上海:上海文艺出版社 2003 年至 2005 年版。

2007 年

188
雅室品茗
　　徐传宏、刘修明编著　文明上海丛书本(茶文化系列·朱匡宇主编),上海:上海人民出版社 2007 年 3 月第 1 版。

189
碧螺春与碧螺峰
　　刘修明　载蒋星煜、卢祺义编著《文人品茗录》,上海:上海远东出版社 2007 年 4 月版。

2010 年

190
切切实实为"茶"做点事
　　刘修明　载卢祺义、张小霖编著《茶人茶语》,上海:上海人民出版社 2010 年 4 月版。

2016 年

191
口述:理论、历史、现实三者要结合
　　刘修明口述　徐涛采访整理　载上海社会科学院历史研究所编《史苑往事:上海社会科学院历史研究所成立 60 周年纪念文集》,上海:上海社会科学院出版社 2016 年 7 月版。

胸怀天下一隐士:刘修明研究员访谈录

刘修明口述　徐涛采访整理　载上海社会科学院老干部办公室等编《岁月无痕,学者无疆——上海社会科学院老专家口述史》,上海:上海社会科学院出版社 2018 年 8 月版。

感怀有韵

让世界奏响《欢乐颂》

刘修明

今天,过去,未来,
在历史车轮上转换。
逝者如斯夫,
没有终极,直到永久。

历史的门槛,短促,沉重。
人类在一瞬间跨越,
企盼在不同中有共同:
世界早日奏响贝多芬的《欢乐颂》。

亿万人的血汗做动力,做墨汁,
记载了20世纪的灾难与辉煌。
人民,是英雄的后盾,
也为暴君掘了坟墓。
切莫颠倒了本末,
以为是几个人铸就历史篇章。

多难兴邦的中国,
在百年中受辱,沉思,苦斗。
赢得了独立,抬起了头颅,
也经历了征途的艰辛、坎坷。
新世纪的大道,不全是坦途,

饱经沧桑的中国人会坚定沉着地走。

善恶的两极在岁月经纬中交织，
进步与倒退牵连，战争与和平搅拌；
革命和独裁变幻，科技同环境相忤。
福兮，祸兮，哲学的答案很难完满。

痛定要思痛，
人类从未在一个世纪中付出如此代价。
全世界都要反躬自问：
在发展中我们做了多少蠢事？
莫忘了，
我们都生存在这小小的蓝色星球。

人类，地球的骄子，
不必为灾难吓退，
不要为胜利陶醉。
不要用霸权、独裁酿造仇恨，
不要以贪婪、无知污染家园。
不要强化贫富两极折断社会，
不要为人间悲剧推波助澜。
在世纪的门槛上要回眸反思，
因为你们是万物之灵。

新世纪的曙光升起，
是挑战，有希望；有险阻，也有机遇。
大胆、审慎、坚定、沉着地向前走！
百万年来，人类就是这样的接力、交手。
重要的是吸取历史的教训，
不要重复犯过的错误。

在世纪转折的门槛上,
人类应完成从"自在"到"自为"的转换,
不应该轮回在短见、功利的"自我"。
大同世界,这才是历史和哲学的顿悟。

(原载上海社会科学院工会编《世纪之交畅想曲》,上海社会科学院出版社1999年第1版)

刘修明先生长眠在他挚爱的太湖之滨——名流陵园

编　后　记

这部书仅20余万字,但从今年9月初到10月底我花了整整两个月的时间予以细校,原因在于想尽可能地去寻找原籍以核对刘修明先生当年的引文。由于时代的原因,其中的漏字、错字亦在所难免,但订正之余却使我这个从未涉足中国古代史研究的人在古史知识方面也有了些许提高。希望刘先生的在天之灵对此能够有所体察,晚辈若有错谬或画蛇添足之处,亦请海涵。

自2021年2月17日刘先生离世之后,我即产生了为他编一部纪念集的想法,当然这也符合我多年来编纂"历史研究所名人堂"丛书的构想。今年2月17日刘先生一周年祭时,我曾向参加追思会的每一位师友赠送了我初编的纪念集(征求意见稿)。之后,又经刘潇江先生(刘修明先生长子)的大力支持,以及上海社会科学院出版社霍覃先生的精心编辑,翁长松先生题写书名,李志茗研究员全文审读,终于即将率先付梓了。

在编纂尤其是校对的过程中,沉浸其字里行间,常感觉刘修明先生仿若就在眼前、在身旁,像生前一样向我讲述着他的真知灼见。我也因此有缘系统地领悟了他的治学理路和行文风格。刘先生受业于20世纪五六十年代之交,是典型的马克思主义史学家,其基本思维是历史唯物主义的,强调主要从经济原因来考察中国历史发展的方向、规律和特征,具体来说,就是把生产力和生产关系,经济基础与上层建筑这两对关系作为分析问题、研究问题的出发点和着眼点。秉承着马克思主义"五种社会形态"的历史观,刘先生就像他那一代的大多数学者一样,认为中国历史是不断向前进步的,中国封建社会存在着从萌芽到发展,又从高峰到末世的演变过程。特别是,他还从个人历程的体认出发,结合大量的史料,对中国传统社会中的知识分子群体进行了缜密研究,充分展现了历代统治集团与儒生们之间的合与不合,并揭示了其中的深层原因,进而又能对抗争者褒之,对遁世者惋之,对鹰犬者挞之。这也使我联想到,平日里刘先生就是一位是非观念很分明的人,这应该是他治学的生活基础。此外,我还从他那一贯朴实而又逻辑严密的文字中,深切体会到了作者对祖国历史文化的热爱和眷恋……

这几天,我还从旧相册里找到一张 1994 年 9 月 14 日刘先生和我与几位同事的合影,那是一同参加了单位组织的赴无锡、苏州等地疗养。只见 5 人在宾馆的草坪上并排而坐,戴着墨镜的刘先生居中,我居右一,大家神情怡然。那年的刘修明先生差不多就是我现在的年龄,他当时自然不会想到,居他左侧的一位 25 岁的小青年将在 28 年后为他编纂了这样一部书,以此唤起学术界对他人品、学品的缅怀和追忆。

这个小青年现在已经 53 岁了,或许多少年后,也有一位现在的青年将会为他编一本书,但愿吧……

学术的故事需要一代接着一代人来讲述。

马军

2022 年 10 月 29 日

刘修明先生居中,本书编者右一

图书在版编目(CIP)数据

历史学家刘修明纪念集 / 马军编 .— 上海 ：上海社会科学院出版社，2023
ISBN 978-7-5520-3938-2

Ⅰ．①历… Ⅱ．①马… Ⅲ．①刘修明—纪念文集 Ⅳ．①K825.81

中国版本图书馆 CIP 数据核字(2022)第 147637 号

历史学家刘修明纪念集

编　　者：马　军
责任编辑：霍　覃
封面设计：黄婧昉
出版发行：上海社会科学院出版社
　　　　　上海顺昌路 622 号　邮编 200025
　　　　　电话总机 021-63315947　销售热线 021-53063735
　　　　　http://www.sassp.cn　E-mail：sassp@sassp.cn
照　　排：南京理工出版信息技术有限公司
印　　刷：上海龙腾印务有限公司
开　　本：710 毫米×1010 毫米　1/16
印　　张：18
字　　数：299 千
版　　次：2023 年 1 月第 1 版　2023 年 1 月第 1 次印刷

ISBN 978-7-5520-3938-2/K·657　　　　　　　　　　定价：108.00 元

版权所有　翻印必究